EXAMPRESS®
運行管理者試験学習書

運行管理者

貨物 テキスト&問題集 第3版

特定社会保険労務士・行政書士 山田信孝・著

SE
SHOEISHA

本書内容に関するお問い合わせについて

このたびは翔泳社の書籍をお買い上げいただき、誠にありがとうございます。弊社では、読者の皆様からのお問い合わせに適切に対応させていただくため、以下のガイドラインへのご協力をお願い致しております。下記項目をお読みいただき、手順に従ってお問い合わせください。

●ご質問される前に

弊社Webサイトの「正誤表」をご参照ください。これまでに判明した正誤や追加情報を掲載しています。

正誤表　https://www.shoeisha.co.jp/book/errata/

●ご質問方法

弊社Webサイトの「書籍に関するお問い合わせ」をご利用ください。

書籍に関するお問い合わせ　https://www.shoeisha.co.jp/book/qa/

インターネットをご利用でない場合は、FAXまたは郵便にて、下記"翔泳社 愛読者サービスセンター"までお問い合わせください。
電話でのご質問は、お受けしておりません。

●回答について

回答は、ご質問いただいた手段によってご返事申し上げます。ご質問の内容によっては、回答に数日ないしはそれ以上の期間を要する場合があります。

●ご質問に際してのご注意

本書の対象を超えるもの、記述個所を特定されないもの、また読者固有の環境に起因するご質問等にはお答えできませんので、予めご了承ください。

●郵便物送付先およびFAX番号

送付先住所　〒160-0006　東京都新宿区舟町5
FAX番号　03-5362-3818
宛先　（株）翔泳社 愛読者サービスセンター

はじめに

本書は、運行管理者試験の必須の参考書として、（株）WING ジャパンが主催する合格率の高い WING 塾合格講座で使用している教材を基に 1 冊にまとめたものです。

運行管理者は、輸送の安全を確保するため、事業用自動車の運転者に対して点呼を行い、報告を求め、確認を行い、運行の安全を確保するために必要な指示を与えるなど、現場の最前線において重要な任務を担っています。

運行管理者になるためには、運行管理者資格者証の交付を受ける必要があります。その一つの方法として、年 2 回（3 月頃、8 月頃）実施される試験に合格することが求められます。

平成 24 年 4 月の関越道の高速ツアーバス事故を契機として、運行管理者試験の大幅な見直しが行われた結果、運行管理者試験の難易度は上がり、平成 25 年 3 月の試験以降、合格率の低下が顕著になっています。

コロナ禍の令和 3 年度の試験から CBT 試験方式に全面的に移行しました。

そこで、本書は、事業用自動車の業務に従事する傍ら運行管理者試験を受験する皆様方が“一発合格”できるように、出題傾向の高い項目に要点を絞って、簡潔でわかりやすい文章にし、また、語呂合わせにより覚えやすいように工夫を凝らしています。

本書は、合格するために必要としない法令の条項を使用しないで、わかりやすく解説しているところが特長です。

運行管理者試験に合格するには、まずは、本書を重要度（5 つのランク）の高いランクから優先して、覚えるまで学習を繰り返してください。

学習の効果をさらに上げるためには、過去問を解いたら、必ず本書に戻って、その出題箇所の確認をその都度行うことをお勧めいたします。

本書における繰り返しの学習こそが、まさに「合格への近道」といえましょう。

本書を十分にご活用いただきまして、運行管理者試験に合格されることをこころより祈念しています。

株式会社 WING ジャパン代表取締役
特定社会保険労務士・行政書士
山田 信孝

Contents

本書の使い方

本書は第 1 章から第 5 章、付録、模擬試験で構成されています。

第 1 章から第 5 章は試験の出題範囲に沿った知識解説部分です。以下のような様々な工夫を施しています。

■重要度

各単元の重要度を 5 段階で表しています。“5”が最も重要度が高い項目です。優先して取り組みましょう。

重要度

送事業の運営を 適正かつ合理的 な

■よく出る間違い項目

誤った情報に置き換えられて試験に出題される文言に「†」を示しています。「×」がよくある誤りです。

する者は、国土交通大臣の**許可**†を
×認可†
ら **5 年**を経過していない者は許可

■チェック

よく問われる項目をピックアップしています。覚えているかをチェックしておきましょう。

☑チェック

□**貨物自動車運送事業の種類**は 3 種

■アドバイス

やや理解が難しい項目について解説しています。また、注意が必要な関連情報を紹介しています。

アドバイス

疾病に起因した運転中の事
づく措置が義務付けられま

■重要

必ずマスターしておきたい、重要な項目について、わかりやすく整理しています。

重 要

事業者は、休憩または睡
いますが**運行管理者**は、
いません。

■定義

法律に定められた言葉や専門的な用語など、意味を正確に理解しておきたい項目を挙げています。

定 義

「許可」…禁止されている行為を、

■覚えるコツ

重要項目を楽に頭に入れるためのコツや数字を、覚えやすい語呂合わせなどで紹介しています。

覚えるコツ！

事故の報告は、まず速報を覚えて

■囲み

穴うめ問題として出題されたことがあるまたは重要な語句・数字をあわらします。

ない場合**は電話その他の方法***
ついて 報告 を求め、及び 確認 を行
確保するために 必要な指示 を与えな

■確認テスト

本試験に実際に出題された問題をもとにした確認テストを単元ごとに掲載しています。赤いシートで答えを隠して、問題を解いてください。□（チェックボックス）は、問題が解けたかを設問ごとにチェックできます。

■過去問にチャレンジ

誤りやすい過去問を厳選していますので、分野ごとに理解力を測ることができます。

■特別講座

覚えるだけでは正解できない難問の対策として、例題とともにポイントを詳しく解説しています。じっくり読み込んで、計算問題の解き方や、事例を読み解く力をつけてください。どれもすべて重要度５の内容です。

■付録

1. 事業者と運行管理者の業務の整理

事業者の遵守すべき事項と、それに対応する運行管理者の業務を一覧表としてまとめています。
2. 数字総まとめ
試験で出題される「人数」「期間」「距離」などの数字を一覧表にまとめています。

■模擬試験

これまでの出題を分析して狙われやすい問題を最新傾向にアレンジして作成しています。合格点がとれるように挑戦しましょう。

■赤いシート

本書には赤く着色された透明のシートが付属しています。重要な項目や穴うめ問題の答えの部分は**赤色のインク**で印刷されているので、赤いシートを重ねて読むと消えて見えます。暗記にお役立てください。

読者特典

本書の読者特典として、以下の2つを提供しています。

1. PDFファイル

下記のPDFファイルをダウンロードすることができます。
・スマホで使える暗記チェックシート
・荷扱い指示マーク一覧
・試験の最新傾向の解説（書籍刊行後に変更があった場合に提供いたします）

提供サイトのURL

https://www.shoeisha.co.jp/book/present/9784798184562

2. CBT試験対応のWebアプリ

過去問3回分、模擬試験1回分に、スマホやタブレットからチャレンジできます（過去問題は書籍に掲載のものと重複しています）。
※実際のCBT試験の画面と同じではありませんが、パソコン上で行われる試験を体感することができます。

WebアプリのURL

https://www.shoeisha.co.jp/book/exam/9784798184562

PDF ファイルのダウンロード及び Web アプリのご利用にあたっては、SHOEISHAiD への登録と、アクセスキーの入力が必要になります。お手数ですが、画面の指示に従って進めてください。

アクセスキーは本書の**各章の最初のページ下端**に記載されています。画面に示された記載ページのアクセスキーを、**半角英数字**で、**大文字**、**小文字を区別**して入力してください。

※ PDF ファイルをご覧いただくためには、コンピュータおよびそのコンピュータに Adobe Reader がインストールされていることが必要です。Adobe Reader がインストールされていない場合は、Adobe Systems 社の Web サイト（https://get.adobe.com/reader/?loc=jp）から無償でダウンロードすることができます。

※付属データに関する権利は著者および株式会社翔泳社が所有しています。許可なく配布したり、Web サイトに転載することはできません。

※付属データの提供は予告なく終了することがあります。あらかじめご了承ください。

※図書館利用者の方はダウンロードをご遠慮ください。図書館職員の皆様には、ダウンロード情報（URL、アクセスキー等）を伏せる処理をしていただきますよう、お願い申し上げます。

運行管理者試験の概要

1．試験の回数及び時期

毎年 2 回（8 月初旬～9 月初旬、3 月初旬～4 月初旬）、公益財団法人運行管理者試験センター（https://www.unkan.or.jp/）により実施されています。

2．出題分野、出題数、最低正解数、試験時間

出題分野	出 題 数	最低正解数	試験時間
（1）貨物自動車運送事業法関係	8	1	1 時間 30 分 （90 分）
（2）道路運送車両法関係	4	1	
（3）道路交通法関係	5	1	
（4）労働基準法関係	6	1	
（5）実務上の知識及び能力	7	2	
合　計	30	6	

3．合格率

概ね 30%前後

4. 合格基準

合格基準は、次の①と②を同時に満たすこと。

①総得点が満点の 60%（30 問中 18 問）以上であること

②正解が各分野 1 問（ただし、実務上の知識及び能力は 2 問）以上であること

5. 受験資格

（1）実務経験 1 年以上

試験日の前日において、自動車運送事業（貨物軽自動車運送事業を除く）の用に供する事業用自動車又は特定第 2 種貨物利用運送事業者の事業用自動車（緑色のナンバーの車）の運行の管理に関し、1 年以上の実務の経験を有する方。

（2）基礎講習修了

国土交通大臣が認定する講習実施機関※において、平成 7 年 4 月 1 日以降の試験区分に応じた基礎講習を修了した方。

①貨物自動車運送事業輸送安全規則（以下「安全規則」という）に基づき国土交通大臣から認定された講習実施機関で基礎講習を受講された方は、貨物試験の受験資格となります。

②旅客自動車運送事業運輸規則（以下「運輸規則」という）に基づき国土交通大臣から認定された講習実施機関で基礎講習を受講された方は、旅客試験の受験資格となります。

※著者の株式会社 WING ジャパンも国土交通大臣の認定機関です。

（3）基礎講習修了予定

国土交通大臣が認定する講習実施機関において、試験区分に応じた基礎講習を受講予定の方（試験日の一定前日までに基礎講習を修了予定の方）。

6. 受験料

（1）受験手数料：6,000 円（非課税）

（2）新規受験申請：660 円（税込）（システム利用料）
　　再受験申請　：860 円（税込）（システム利用料、事務手数料）

（3）採点結果通知手数料：140円（税込）（希望者のみ）

7. 試験方式

（1）CBT試験によりパソコン教室等の会場で実施されます。

CBT試験とは、Computer Based Testingの略で、テストセンターに行って、問題用紙やマークシートを使用せず、パソコンの画面に表示される問題を見てマウス等を用いて解答する試験です。

（2）CBT試験の流れ

①メールアドレスを登録し、受験に必要な申請情報（本人確認書類・顔写真等）を入力します。

②運行管理者試験センターにおいて書類審査を行います。

③運行管理者試験センターから、書類審査完了の案内が届きます。

④ CBT試験専用サイトにアクセスします。

⑤試験会場と試験日時を予約し受験手数料を支払います。

⑥入金完了後、試験会場の案内等の受験確認メールが届いたら申請手続き完了となります。

⑦顔写真付き身分証明書（運転免許証等）及び受験確認書メール（スマートフォンに表示も可）を持参のうえ、予約した試験会場で受験します。

CBT試験の体験版（運行管理者試験センターのホームページより）

https://www.prometric-jp.com/personal/unkan/procedure/

学習する前に知っておきたい法令用語等

許可	法令により禁止されている行為を、特定の場合に限りその禁止を解除して適法にこれをすることができるようにする行政行為をいう （例）一般貨物自動車運送事業を経営しようとするとき
認可	行政庁の同意が得られなければ法律行為が有効に成立しない場合、行政庁が同意を与えてその効果を完成させる行政行為をいう （例）車庫の新設、運送約款の定めまたは変更
届出	行政庁に対し一定の事項の通知をする行為（申請を除く）であって法令により直接に通知が義務付けられているものをいう （例）営業所の名称の変更、運行管理者の選任
以上	**その数を持って上がる**こと （例）10 以上（10，11，12…）
以下	**その数を持って下がる**こと （例）10 以下（10，9，8…）
超える	**その数を含まずそれより大きい**こと （例）10 を超える（11，12，13…）
未満	**その数を含まず、それより小さい**こと （例）10 未満（9，8，7…）
遅滞なく	事情の許す限りできるだけ早いこと 「直ちに」、「速やかに」よりも時間の即時性は弱い （例）営業所の名称の変更（届出）、運行管理者の選任（届出）
あらかじめ	物事の始まる前に備えておくこと（法令用語ではない） （例）事業用自動車の種別ごとの数の変更（届出）

第 1 章 貨物自動車運送事業法

学習のポイント

総　括

貨物自動車運送事業法は、試験では 30 問中 8 問と、一番出題数が多い分野です。出題範囲が広いため、単元ごとに知識を定着していくことが必要となります。

目　安

出題 8 問のうち、5 問は正解しましょう。

頻　出

毎回出題されている「運行管理者の業務」「点呼」「自動車事故報告書」のほか、「過労運転の防止」「運転者に対する指導及び監督」「記録（業務、事故、運行記録計等)」「輸送の安全」「貨物の積載方法」などが頻出問題です。繰り返しの学習によって必ずマスターしましょう。

1 法の目的、事業の種類

「事業の種類」（3 種類）及び特別積み合せ貨物運送、貨物自動車利用運送の定義をしっかり理解しましょう。

貨物自動車運送事業法の目的

重要度 3

貨物自動車運送事業法は、貨物自動車運送事業の運営を 適正かつ合理的 なものとするとともに、貨物自動車運送に関するこの法律及びこの法律に基づく 措置の遵守等 を図るための民間団体等による自主的な活動を促進することにより、輸送の安全を確保するとともに、貨物自動車運送事業の 健全な発達 を図り、もって 公共の福祉の増進 に資することを目的としています。

貨物自動車運送事業の種類

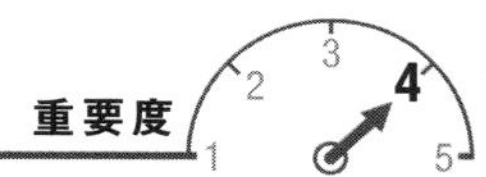

重要度 4

貨物自動車運送事業法では、貨物自動車運送事業を表 1.1 の 3 種類に定めています。

表 1.1　貨物自動車運送事業の種類

事業の種類	内　容
①一般**貨物**自動車運送事業	他人の需要に応じ、有償で、**自動車**（3 輪以上の軽自動車、2 輪の自動車を**除く**）**を使用して貨物を運送する事業**であって、**特定貨物自動車運送事業**以外のものをいいます。
②特定**貨物**自動車運送事業	特定の者の需要に応じ、有償で、**自動車**（3 輪以上の軽自動車、2 輪の自動車を**除く**）**を使用して貨物を運送する事業**をいいます。
③**貨物**軽自動車運送事業	他人の需要に応じ、有償で、**自動車**（3 輪以上の軽自動車及び 2 輪の自動車に限る）**を使用して貨物を運送する事業**をいいます。

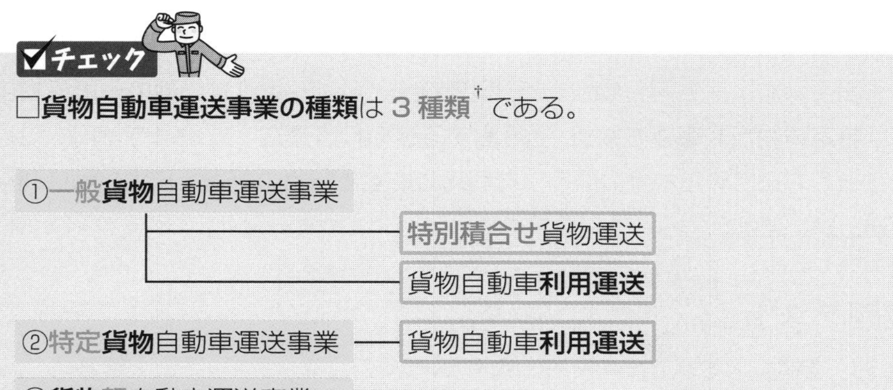

特別積合せ貨物運送（一般貨物）

重要度

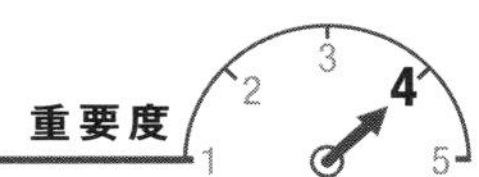

一般貨物**自動車運送事業として行う運送**のうち[†]、営業所その他の事業場において集貨された貨物の仕分を行い、集貨された貨物を積み合わせて他の事業場に運送し、他の事業場において運送された貨物の配達に必要な仕分を行うものであって、これらの事業場の間**における**積合せ貨物の運送を定期的に行うものを**特別積合せ貨物運送**といいます。　×特定の者の需要に応じて自動車を使用し[†]

運行の業務に関する基準

特別積合せ貨物運送に係る**運行系統の起点から終点までの距離**が、100km[†]を超えるものごとに、主な地点間の運行時分及び平均速度、乗務員等が休憩又は睡眠をする地点及び時間等について、事業用自動車の**運行の業務に関する基準を定め、その遵守について乗務員等に対する適切な指導・監督**を行わなければなりません。　×200km[†]　×150km[†]

貨物自動車利用運送（一般貨物・特定貨物）

一般貨物または特定貨物自動車運送事業†を経営する者が、**他の一般貨物**または**特定貨物自動車運送事業**†**を経営する者の行う運送**（自動車を使用して行う貨物の運送に係るものに限る）**を利用してする貨物の運送**を**貨物自動車利用運送**といいます。

×貨物軽自動車運送事業†

確認テスト

☑欄	空欄に入るべき字句を答えなさい。	解答
□	1. 貨物自動車運送事業とは、［　　］自動車運送事業、特定貨物自動車運送事業及び貨物軽自動車運送事業をいう。	一般貨物
□	2. ［　　］貨物自動車運送事業とは、特定の者の需要に応じ、有償で、自動車（3輪以上の軽自動車、2輪の自動車を除く）を使用して貨物を運送する事業をいう。	特定
□	3. 特別積合せ貨物運送に係る運行系統の起点から終点までの距離が、［　　］を超えるものごとに、主な地点間の運行時分及び平均速度、乗務員等が休憩又は睡眠をする地点及び時間等について、事業用自動車の運行の業務に関する基準を定め、その遵守について乗務員等に対する適切な指導・監督を行わなければならない。	100km

2 事業の許可、認可、届出

「許可」「認可」「届出」の違いを理解し、それぞれ「許可」「認可」「届出」に該当するものを覚えましょう。特に、「事業計画の変更」については、原則と例外を必ず押さえましょう。

一般貨物自動車運送事業の許可

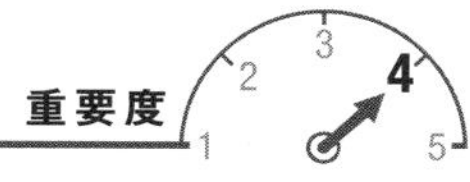

一般貨物自動車運送事業を**経営しようとする者**は、国土交通大臣の**許可**†を受けなければなりません。 ×認可†

許可の取消しを受け、その取消しの日から**5年**†を経過していない者は許可を受けることができません。 ×2年†

申請書には運行管理の体制等の書類を添付しなければなりません。

事業計画

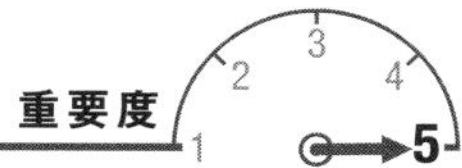

一般貨物自動車運送事業者は、その業務を行う場合には、**事業計画**に定めるところに従わなければなりません。

事業計画の変更（次に規定するものを除く）**をしようとするときは**、国土交通大臣の**認可**を受けなければなりません。

事業用自動車に関する国土交通省令で定める**事業計画の変更をするときは**、**あらかじめ**その旨を、国土交通省令で定める**軽微な事項**に関する**事業計画の変更をしたときは**、**遅滞なく**その旨を、国土交通大臣に**届け出**なければなりません。

≪事業計画の変更≫

（原則） 認可（**①車庫 ②休憩・睡眠施設の位置・収容能力の変更**）

（例外） 届出

①車の種別（霊柩・普通）ごとの数の変更（増車・減車）

あらかじめ　届出（事前）

②軽微な事項（主たる事務所の名称・位置等）**の変更**

遅滞なく　届出（事後）

行政権限の強さ

行政庁の権限の強さの順は、許可、認可、届出（下記のとおり）になります。

許可	＞	認可	＞	届出
・事業を経営		・事業計画の変更（原則） **①車庫の位置・収容能力** **②休憩・睡眠施設の位置・収容能力** ・運送約款		・事業計画の変更（例外） ①あらかじめ **車の種別ごとの数** ②遅滞なく 軽微な事項 **（営業所の名称・位置等）**

運送約款

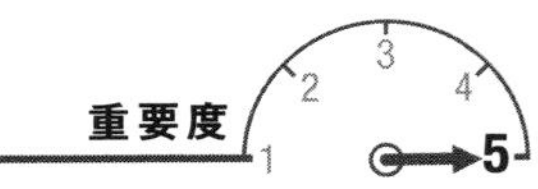

事業者は、**運送約款**を**定め**、国土交通大臣の**認可**[†]を受けなければなりません（**変更**しようとするときも同様）。

×届出[†]

標準運送約款と同一の運送約款を定めたときは、認可**を受けたものとみなされます。**

事業の休止・廃止

重要度 3

事業者は、その**事業を休止・廃止**しようとするときは、その**30日前**までに、国土交通大臣に**届け出**なければなりません。

運賃・料金の設定、変更（事後に届出）

重要度

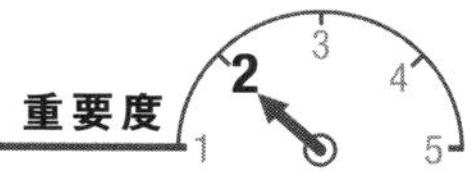

事業者は、**運賃・料金を定め、または変更したときは**、設定・変更**後30日以内**に運輸局長に**届け出**なければなりません。

運賃・料金の掲示

重要度

事業者は、営業所において**公衆に見やすいように掲示**するとともに一部を除き、電気通信回線に接続して行う自動公衆送信により公衆の閲覧に供しなければなりません。

①**運賃・料金**（**個人**を対象とするものに**限る**）

②**運送約款**

名義の利用等の禁止

重要度

一般貨物自動車運送事業者は、その名義を他人に一般貨物または特定貨物自動車運送事業のため利用させてはなりません。

一般貨物自動車運送事業者は、事業の貸渡しその他いかなる方法をもってするかを問わず、一般貨物または特定貨物自動車運送事業を他人にその名において経営させてはなりません。

確認テスト

☑欄	空欄に入るべき字句を答えなさい。	解答
□	1. 一般貨物運送事業を経営しようとする者は、国土交通大臣の［　　］を受けなければならない。	許可
□	2. 事業者は、事業計画の変更（国土交通省令に定めるものを除く。）をしようとするときは、国土交通大臣の［　　］を受けなければならない。	認可
□	3. 事業者は、「自動車車庫の位置及び収容能力」の事業計画の変更をしようとするときは、国土交通大臣の［　　］を受けなければならない。	認可
□	4. 事業者は、「各営業所に配置する事業用自動車の種別ごとの数」の事業計画の変更をするときは、［　　］その旨を国土交通大臣に届け出なければならない。	あらかじめ
□	5. 事業者は、「主たる事務所の名称」の事業計画の変更をしたときは、［　　］その旨を国土交通大臣に届け出なければならない。	遅滞なく

3 輸送の安全

「輸送の安全」は穴うめの対策として、キーワードを必ず覚えましょう。「過積載の防止」及び「荷主勧告」についても理解しておきましょう。

輸送の安全

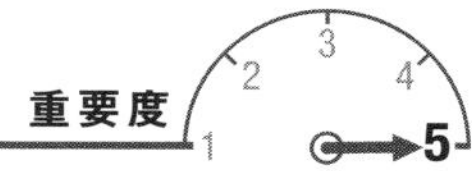

一般貨物自動車運送事業者は、次に掲げる事項に関し国土交通省令で定める基準を遵守しなければなりません。

一　**事業用自動車の** 数 **、荷役その他の事業用自動車の運転に附帯する作業の状況**等に応じて 必要となる員数 の運転者及びその他の従業員の確保、事業用自動車の運転者がその 休憩 または 睡眠 のために利用することができる**施設の整備及び管理**、事業用自動車の運転者の適切な 勤務時間[†] 及び 乗務時間[‡] の設定その他事業用自動車の運転者の 過労運転を防止 するために必要な事項

二　事業用自動車の定期的な点検及び整備その他**事業用自動車の安全性を確保**するために必要な事項

×勤務日数[†]　×乗務距離[‡]

医学的知見に基づく措置

一般貨物自動車運送事業者は、事業用自動車の運転者が疾病により**安全な運転ができないおそれがある状態で事業用自動車を運転することを防止するため**に必要な 医学的知見 **に基づく措置を講じなければなりません。**

アドバイス

疾病に起因した運転中の事故が増加しているため、医学的知見に基づく措置が義務付けられました（平成 29 年 1 月施行）。

過積載の防止

重要度 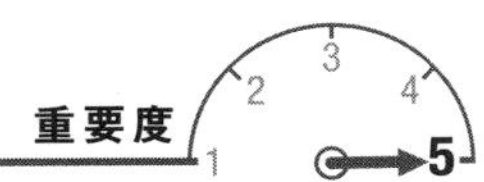

一般貨物自動車運送事業者は、過積載による**運送の引受け、**過積載による運送を前提とする事業用自動車の**運行計画の作成**及び事業用自動車の運転者その他の従業員に対する過積載による［運送の指示］をしてはなりません。

（1）指導及び監督

貨物自動車運送事業者は、過積載による運送の防止について、運転者、特定自動運行保安員その他の従業員に対する**適切な指導及び監督を怠ってはなりません。**

（2）積載の取扱い

貨物自動車運送事業者は、事業用自動車に貨物を積載するときは、次に定めるところによらなければなりません。

①偏荷重が生じないように積載すること

②**貨物が運搬中に荷崩れ等により事業用自動車から落下することを防止するため、**貨物にロープまたはシートを掛けること等必要な措置[†]を講ずること

×車両総重量８トン以上または最大積載量５トン以上に限り[†]

通行の禁止または制限等違反の防止

重要度 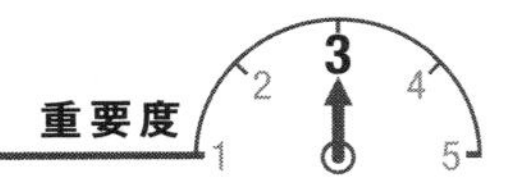

貨物自動車運送事業者は、次に掲げる行為の防止について、運転者または特定自動運行保安員（以下「運転者等」という）に対する適切な指導及び監督を怠ってはなりません。

①「車両制限令」に定める最高限度を超えるものは、道路を通行させてはならないことに違反し、または最高限度を超える車両の通行に関し道路管理者が付した条件（通行経路、通行時間等）に違反して事業用自動車を通行させること

②トンネル、橋、高架の道路その他これらに類する構造の道路について、車両でその重量または高さが構造計算その他の計算・試験によって安全であると認められる限度を超えるものの通行の禁止・制限に違反し、または通

行が禁止され、もしくは制限されている道路の通行に関し道路管理者が付した条件（通行経路、通行時間等）に違反して道路を通行すること

□「車両制限令」で定める車両の幅、重量、高さ、長さ、最小回転半径の最高限度は、次の表のとおり。

幅	2.5m
重量	高速自動車国道または道路管理者が道路の構造の保全及び交通の危険の防止上支障がないと認めて指定した道路を通行する車両は25トン以下、その他の道路を通行する車両は20トン以下
高さ	3.8m
長さ	12m
最小回転半径	車両の最外部のわだちについて12m

荷主勧告

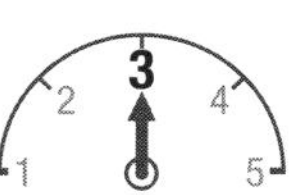

国土交通大臣は、一般貨物自動車運送事業者等が過労運転、過積載及び最高速度の違反をしたことにより、貨物自動車運送事業法の規定による命令または処分をする場合において、次のいずれにも該当するとき、荷主に対して、**違反行為の再発の防止を図るため適当な措置を執るべきことを**勧告することができます。

①命令または処分に係る**違反行為が、**荷主の指示に基づき行われたことが明らかであるとき

②一般貨物自動車運送事業者等に対する命令または処分のみでは、違反行為の再発を防止することが困難**であると認められる**とき

国土交通大臣は、勧告をしたときは、**その旨を公表する。**

荷主は、貨物自動車運送事業者がこの法律またはこの法律に基づく命令を遵守して事業を遂行することができるよう、**必要な配慮**をしなければなりません。

（当分の間の措置）

1．国土交通大臣は、一般貨物自動車運送事業者等が、①**過労運転防止義務違反**を招くおそれ、②**過積載運行**を招くおそれ、③**最高速度違反**を招くおそれの違反原因行為をしている疑いのある荷主に対して、関係行政機関に対し、当該荷主に関する**情報を提供**することができます。

2．国土交通大臣は、関係行政機関と連携して、一般貨物自動車運送事業者等がこの法律またはこの法律に基づく命令を遵守して事業を遂行できるように荷主が配慮することの重要性について理解を得るために**必要な措置**を講じることができます。

3．国土交通大臣は、荷主が違反原因行為をしていることを疑うに足りる相当な理由がある場合等には、当該荷主に対し、違反原因行為をしないよう**要請**することができます。**要請**を受けた荷主が、なお違反原因行為をしていることを疑うに足る相当な理由があると認めるときは、当該荷主に対し、**勧告**することができます。

4．国土交通大臣は、**当分の間**、事業用自動車の運転者の労働条件を改善するとともに、一般貨物自動車運送事業の健全な運営を確保し、及びその担う貨物流通の機能の維持向上を図るため、一般貨物自動車運送事業の能率的な経営の下における適正な原価及び適正な利潤を基準として、**標準的な運賃**を定めることができます。

国土交通大臣は、一般貨物自動車運送事業者等に対する荷主の行為が独占禁止法違反の疑いがある場合には、公正取引委員会に**通知**することができます。

確認テスト

☑欄	空欄に入るべき字句を答えなさい。	解答
A□ B□ C□ D□	1. 事業者は、事業用自動車の［A］、荷役その他の事業用自動車の運転に附帯する作業の状況等に応じて必要となる員数の運転者及びその他の従業員の確保、事業用自動車の運転者がその［B］又は睡眠のために利用することができる施設の整備、事業用自動車の運転者の適切な［C］及び乗務時間の設定その他事業用自動車の運転者の［D］を防止するために必要な措置を講じなければならない。	A：数 B：休憩 C：勤務時間 D：過労運転
□	2. 事業者は、事業用自動車の運転者が疾病により安全な運転ができないおそれがある状態で事業用自動車を運転することを防止するために必要な［　］に基づく措置を講じなければならない。	医学的知見
A□ B□	3. 国土交通大臣は、事業者が過積載による運送を行ったことにより、貨物自動車運送事業法の規定による命令又は処分をする場合において、当該命令又は処分に係る過積載による運送が［A］の指示に基づき行われたことが明らかであると認められ、かつ、当該事業者に対する命令又は処分のみによっては当該過積載による運送の再発を防止することが困難であると認められるときは、当該荷主に対しても、当該過積載による運送の再発の防止を図るため適切な措置を執るべきことを［B］することができる。	A：荷主 B：勧告

4 過労運転等の防止、運転者の選任、特定自動運行保安員

「過労運転等の防止」は重要ですので、しっかり理解しましょう。「運転者の選任」については、選任できない者を必ず覚えましょう。

過労運転等の防止

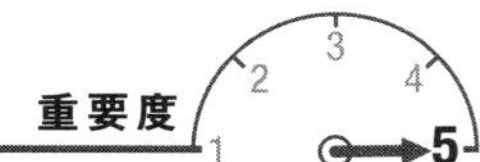

一般貨物自動車運送事業者は、**休憩**または**睡眠**のための**時間**及び勤務が終了した後の**休息**のための**時間**が**十分に確保**されるように、国土交通大臣が告示で定める基準に従って、運転者の **勤務時間** 及び **乗務時間** を定め、運転者にこれらを遵守させなければなりません。

貨物自動車運送事業者は、乗務員等（運転者、特定自動運行保安員及び事業用自動車の運転の補助に従事する従業員をいう）が **有効に利用** することができるように **休憩** に必要な**施設**を**整備**し、及び乗務員等に**睡眠**を与える必要がある場合にあっては**睡眠**に必要な**施設**を**整備**し、並びにこれらの施設を適切に **管理** し、及び **保守** しなければなりません。

重 要

事業者は、休憩または睡眠の施設の「**整備**」「**管理**」「**保守**」を行いますが**運行管理者**は、休憩または睡眠の施設の「**管理**」しか行いません。

貨物自動車運送事業者は、**酒気を帯びた状態**にある乗務員等を事業用自動車の**運行の業務に従事させてはなりません。**

貨物自動車運送事業者は、乗務員等の **健康状態の把握**[†] **に努め**、**疾病**、**疲労**、**睡眠不足**その他の理由により**安全に運行の業務を遂行**し、またはその補助を**することができないおそれがある乗務員等**を事業用自動車の**運行の業務に従事させてはなりません。**

†×生活状況の把握

運転者が**1運行における最初の勤務を開始してから最後の勤務を終了するまでの時間は**144時間[†]（**24時間×6日**）を超えてはなりません（ただし、フェリーに乗船する場合における休息期間を除く）。 ×168時間[†]

運転者等の選任

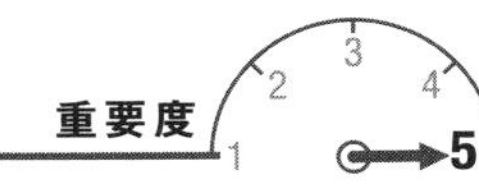

一般貨物自動車運送事業者等は、事業計画に従い業務を行うに必要な員数**の事業用自動車の運転者または特定自動運行保安員（特定自動貨物運送の用に供する特定自動運行事業用自動車**（事業用自動車のうち、貨物自動車運送事業の用に供する特定自動運行用自動車）**の運行の安全の確保に関する業務を行う者）を**常時**選任しておかなければなりません。**

ただし、次に該当する者は、**運転者または特定自動運行保安員**として**選任してはなりません。**

一　日々雇い入れられる者
二　2カ月[†]**以内の期間を定めて使用される者** ×3カ月[†]
三　**試みの使用期間中の者**（14日**を超えて引き続き使用されるに至った者を除く**）

□常時選任するために運転者を雇い入れる場合、運転記録証明書等により少なくとも**3年間**の**事故歴を把握**しなければなりません。

運転者の必要な員数

営業所は無休（全車両が毎日運行）で、運転者には週1日公休があり、1人1車両の場合における**運転者の必要な員数**は、**車両数の**$\frac{7}{6}$倍となります。

運転者数×(週7日－休日数1日)≧車両数×週7日
運転者数≧**車両数**×$\frac{7}{6}$(約1.2倍)

交替運転者の配置

一般貨物自動車運送事業者等は、運転者が**長距離運転**または**夜間の運転**に従事する場合であって、**疲労等**により**安全な運転を継続することができないおそれがあるとき**は、**あらかじめ、交替運転者を配置**しておかなければなりません。

事業者の役割

事業者と運行管理者の業務を区別する際には、「重要」コーナーの3つが事業者の業務であることを押さえておきましょう。

重要

運行管理者が行わなければならない業務に関する設問は、毎回、出題されますので、事業者と運行管理者の業務を区別するために、次の3つの事業者の役割を押さえておくと役立ちます。

事業者の役割

1. **方針、規程、基準**などを「**定めること**」
2. 「**お金のかかること**」(**整備、保守、備え置く**)
3. 「**選任すること**」(**運行管理者、補助者、運転者等**)

特定自動運行保安員

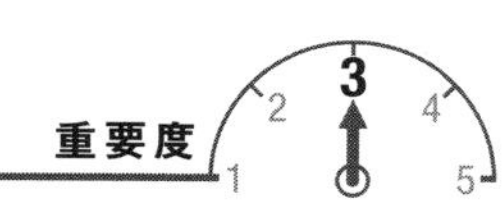

貨物自動車運送事業者は、次のいずれかに掲げる措置を講じなければ、**特定自動運行事業用自動車**を**貨物の運送の用**に供することはできません。

①当該特定自動運行事業用自動車に特定自動運行保安員を乗務させ、またはこれと同等の措置を行うこと
②次に掲げる措置を講ずること
ア 特定自動運行事業用自動車に積載された貨物の状況を確認することができる装置を特定自動運行事業用自動車に備えること
イ 営業所その他の適切な業務場所に特定自動運行保安員を配置し、**特定自動運行保安員**に道路交通法施行規則に規定する遠隔監視装置**その他の装置を用いて遠隔から運行の安全の確保に関する業務**を行わせること

上記その他輸送の安全に関する規定に基づく措置を適切に講ずることができるよう、必要な体制を整備しなければなりません。

1人の特定自動運行保安員が**複数台の特定自動運行事業用自動車の運行の業務に従事**することは差し支えありません。

特定自動運行保安員は、**運行管理者、整備管理者、運転者**、道路交通法に規定する特定自動運行主任者、現場措置業務実施者を兼任することは差し支えありません。この場合、**特定自動運行保安員**は、自らが業務に従事する特定自動運行事業用自動車の運行管理者を兼務することはできません。

なお、**1台の特定自動運行事業用自動車の運行の業務**を複数の特定自動運行保安員で分担し運行することは可能です。

確認テスト

☑欄	空欄に入るべき字句を答えなさい。	解答
A□ B□ C□	1. 事業者等は、［A］に従い業務を行うに［B］の事業用自動車の運転者等を常時選任しておかなければならない。 なお、選任する運転者等は、日々雇い入れられる者、［C］以内の期間を定めて使用される者又は試みの使用期間中の者（14日を超えて引き続き使用されるに至った者を除く。）であってはならない。	A：事業計画 B：必要な員数 C：2ヵ月
A□ B□ C□	2. 事業者は、運転者及び事業用自動車の乗務員等が有効に利用することができるように、休憩に必要な施設を［A］し、及び乗務員等に睡眠を与える必要がある場合にあっては睡眠に必要な施設を［A］し並びにこれらの施設を適切に［B］し及び［C］しなければならない。	A：整備 B：管理 C：保守
A□ B□	3. 貨物自動車運送事業者は、乗務員等の［A］の把握に努め、疾病、疲労、［B］その他の理由により安全に運行の業務を遂行し、又はその補助をすることができないおそれがある乗務員等を事業用自動車の運行の業務に従事させてはならない。	A：健康状態 B：睡眠不足

5 点呼

「点呼」は必ず出題されますので、重点的に学習をしましょう。「業務前点呼」「業務後点呼」「中間点呼」におけるそれぞれの報告・確認・指示事項は必ず覚えましょう。

業務前点呼

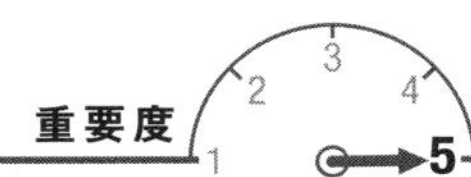

一般貨物自動車運送事業者は、事業用自動車の運行の業務に従事**しようとする運転者または特定自動運行保安員**（以下「**運転者等**」という。）に対して対面**により**、または対面による点呼と同等の効果を有するものとして国土交通大臣が定める方法*（**運行上やむを得ない場合****は電話**その他の方法*****）により**点呼を行い**、次に掲げる事項について報告**を求め**、及び確認**を行い**、並びに**事業用自動車の運行の安全を確保するために**必要な指示を与えなければなりません。

一　**運転者に対しては**酒気帯びの有無****

二　**運転者に対しては**疾病、疲労、睡眠不足**その他の理由により**安全な運転**をすることができないおそれの有無**

三　**道路運送車両法の規定による**日常点検の実施またはその確認

四　**特定自動運行保安員に対しては、特定自動運行事業用自動車による運送を行うために必要な**自動運行装置（道路運送車両法に規定する自動運行装置をいう。）の設定の状況**に関する**確認

用語	説明
「対面による点呼と同等の効果を有するものとして国土交通大臣が定める方法」＊とは	点呼告示に規定する①遠隔点呼、②業務後自動点呼のほか、③輸送の安全の確保に関する取組が優良であると認められる営業所（**Gマーク営業所**）等において、**営業所の管理する**点呼機器を用い、**当該機器に備えられた**カメラ、ディスプレイ等によって、運行管理者等が**運転者の**酒気帯びの有無、疾病、疲労、睡眠不足等の状況を随時確認でき、かつ、運転者の酒気帯びの状況に関する測定結果を、自動的に記録・保存するとともに運行管理者等が当該測定結果を直ちに確認できる方法、④１人で事業を行っている場合は、アルコール検知器を使った酒気帯び有無の確認や車両の日常点検等、法令で定める点呼に係る事項を自ら確認し、運行の可否を判断する方法をいう。
「運行上やむを得ない場合」＊＊とは	遠隔地で**業務を開始・終了するため、業務前点呼・業務後点呼**を運転者等が所属営業所において対面で実施できない場合等をいう。 **次の場合は、「運行上やむを得ない場合」には該当しないため、電話点呼は認められません。** **①車庫と営業所が離れている場合** **②早朝・深夜等において点呼執行者が営業所に出勤していない場合等**
「電話その他の方法」＊＊＊とは	携帯電話、業務無線**等により運転者等と**直接対話できるもの**でなければなりません。**なお、**電子メール、FAX等一方的な連絡方法は、該当しません。**
「酒気帯びの有無」＊＊＊＊とは	道路交通法で定める呼気中**のアルコール濃度**0.15mg／ℓ**以上であるか、否かは問うものではありません。**数値が検出されると乗務させてはなりません。

業務後点呼

重要度 5

貨物自動車運送事業者は、事業用自動車の運行の業務を終了した運転者等に対し、対面によりまたは対面による点呼と同等の効果を有するものとして国土交通大臣が定める方法（運行上やむを得ない場合は電話その他の方法）により点呼を行い、

①当該業務に係る事業用自動車、道路及び 運行の状況 について**報告**を求め
②**運転者に対しては、**酒気帯びの有無について確認を行わなければなりません。
③**他の運転者等と交替した場合にあっては、**交替した運転者等に対して行った、**運行の業務に係る事業用自動車、道路及び運行の状況**の 通告 についても報告を求めなければなりません。

図 1.1　交替運転者への通告（業務後点呼）

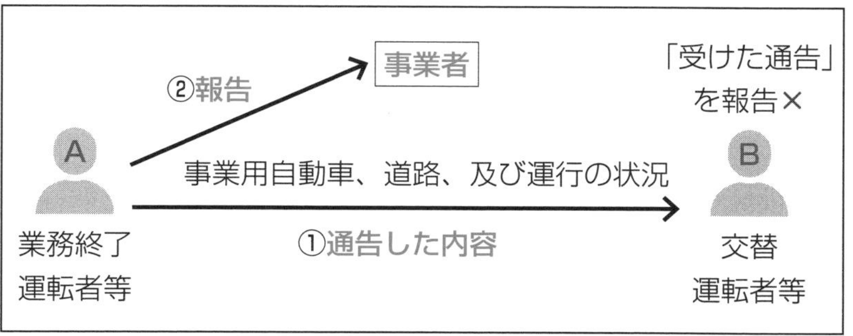

アドバイス

- 事業者から、**事業用自動車、道路及び運行の状況の**通告**について**報告を求められるのは、運行の業務を終了した運転者等であり、交替運転者等ではありません。
- **業務後点呼**では、「運行の業務中の健康状態」についての報告義務はありません。

中間点呼

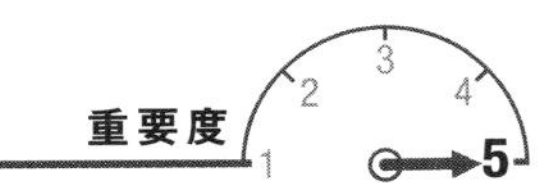

業務前及び業務後の点呼の**いずれも対面**により、または対面による点呼と同等の効果を有するものとして国土交通大臣が定める方法**で行うことができない業務を行う運転者等**に対し、当該点呼のほかに、**業務の途中において少なくとも 1 回電話その他の方法により点呼を行い**、次に掲げる事項について**報告を求め**、及び**確認を行い**、並びに**事業用自動車の運行の安全を確保するために必要な指示**をしなければなりません。

①**運転者に対しては酒気帯びの有無**

②**運転者に対しては疾病、疲労、睡眠不足その他の理由により安全な運転をすることができないおそれの有無**

例えば、2 泊 3 日運行の場合、第 2 日目の業務前点呼、業務後点呼の他に少なくとも **1 回電話**その他の方法による点呼（中間点呼）を行わなければなりません（**2 日間の運行では、中間点呼は必要ありません**）。

図 1.2　2 泊 3 日の運行の場合（中間点呼は 2 日目）

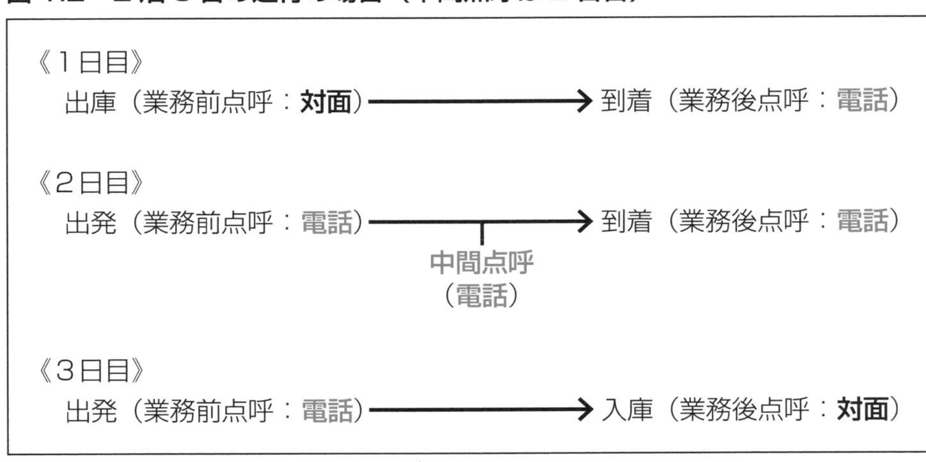

重要

中間点呼は、3日間（2泊3日）以上の運行の場合、業務前及び業務後の点呼のいずれも対面で行うことができない場合に限り行う点呼です。

点呼の報告・確認・指示のまとめ

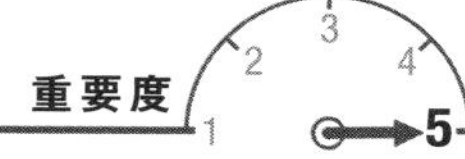

業務前点呼、中間点呼、業務後点呼で必要な報告・確認・指示は、それぞれ次のとおりです。

報告・確認・指示事項	業務前点呼	中間点呼	業務後点呼
酒気帯びの有無（運転者）	○	○	○
疾病、疲労その他の理由により安全な運転をすることができないおそれの有無（運転者）	○	○	—
日常点検の実施及びその確認	○	—	—
事業用自動車、道路及び運行の状況	—	—	○
交替した他の運転者等に対し、行った事業用自動車、道路及び運行の状況についての**通告**	—	—	○
自動運行装置の設定の状況に関する確認（特定自動車運行保安員）	○	—	—
事業用自動車の**運行の安全確保に必要な指示**	○	○	—
（○の数）	（5）	（3）	（3）

点呼の記録

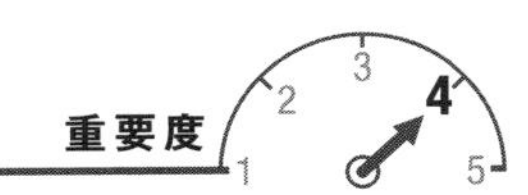

貨物自動車運送事業者は、業務前・業務後及び業務の途中において点呼を行い、**報告**を求め、**確認**を行い、及び**指示**をしたときは、**運転者等ごと**に点呼を行った旨、報告、確認及び指示の内容並びに次に掲げる事項を記録し、かつ、その記録を**1年間**保存しなければなりません。

①点呼を行った者、点呼を受けた運転者の氏名
②事業用自動車の自動車登録番号その他の当該事業用自動車を識別できる表示
③点呼の日時
④点呼の方法
⑤その他必要な事項

□**点呼の記録の項目は 5 項目[†]です。**　　×3 項目[†]

□点呼の記録の項目は、業務前点呼、業務後点呼、中間点呼のすべての点呼に共通しています。

点呼簿の記載事項については、次のとおりです。
赤字の事項以外は、各点呼共通となっています。

(1) 業務前点呼

①点呼執行者名 ②運転者等の氏名 ③運転者等が従事した運行の業務に係る事業用自動車の自動車登録番号又は識別できる記号、番号等 ④点呼日時 ⑤点呼方法 イ. アルコール検知器の使用の有無 ロ. 対面でない場合は具体的方法 **⑥運転者の酒気帯びの有無 ⑦運転者の疾病、疲労、睡眠不足等の状況 ⑧日常点検の状況 ⑨指示事項** ⑩その他必要な事項

（2）中間点呼

①点呼執行者名 ②運転者等の氏名 ③運転者等が従事した運行の業務に係る事業用自動車の自動車登録番号又は識別できる記号、番号等 ④点呼日時 ⑤点呼方法 イ．アルコール検知器の使用の有無 ロ．具体的方法 ⑥運転者の酒気帯びの有無 ⑦運転者の疾病、疲労、睡眠不足等の状況 ⑧指示事項 ⑨その他必要な事項

（3）業務後点呼

①点呼執行者名 ②運転者等の氏名 ③運転者等が従事した運行の業務に係る事業用自動車の自動車登録番号又は識別できる記号、番号等 ④点呼日時 ⑤点呼方法 イ．アルコール検知器の使用の有無 ロ．対面でない場合は具体的方法 ⑥自動車、道路及び運行の状況 ⑦交替運転者等に対する通告 ⑧運転者の酒気帯びの有無 ⑨その他必要な事項

アルコール検知器

貨物自動車運送事業者は、アルコール検知器（呼気に含まれるアルコールを検知する機器であって、国土交通大臣が告示で定めるものをいう。以下同じ）を営業所ごとに備え*、常時有効に保持**しなければなりません。

酒気帯びの有無について確認を行う場合には、運転者の状態を目視等で確認*****するほか、当該運転者の属する**営業所に備えられた**アルコール検知器を用いて行わなければなりません。**

用　　語	説　　明
「アルコール検知器を営業所に備え」 *とは	①営業所、車庫に設置 ②営業所に備え置き（携帯型アルコール検知器等） ③営業所に属する事業用自動車に設置されたアルコール検知器をいう
「常時有効に保持」 **とは	正常に作動し、故障がない状態で保持しておくことをいう
「目視等で確認」 ***とは	運転者の顔色、呼気の臭い、応答の声の調子等で確認することをいう。**対面でなく**電話その他の方法で点呼をする場合には、運転者の応答の声の調子等、**電話等を受けた運行管理者等が確認できる方法で行うもの**をいう

営業所と車庫が離れ、運行管理者等を車庫へ派遣して点呼を行う場合には、
①車庫に設置したアルコール検知器
②運行管理者等が持参したアルコール検知器
③自動車に設置されているアルコール検知器
を使用しなければなりません。

重 要

酒気帯びの有無の確認を行うには、次の両方の要件を満たす必要があります。
①運転者の状態を目視等で確認すること
②営業所に備えられたアルコール検知器を使用すること

このため、アルコール検知器が故障で作動しないとき、
①**目視等のみ**で酒気帯びを確認する場合
②同等の性能を有する当該**営業所に備えられていない**アルコール検知器を使用する場合
は、**ともに酒気帯びの有無を確認したことにはなりません。**

同一事業者の他の営業所における電話点呼

同一事業者の他の営業所において、**電話点呼**で業務開始・終了する場合、他の営業所に備えられたアルコール検知器を使用し、他の営業所の運行管理者等の立会いの下で測定を行い、その結果を電話等の方法で所属営業所に報告させたときは、「当該運転者の属する営業所に備えられたアルコール検知器」を用いたとみなされます。

確認テスト

☑欄	空欄に入るべき字句を答えなさい。	解答
□	1. 事業者は、事業用自動車の運行の業務に従事しようとする運転者等に対して対面により、又は対面による点呼と同等の効果を有するものとして国土交通大臣が定める方法（運行上やむを得ない場合は電話その他の方法。）により点呼を行い、次の各号に掲げる事項について報告を求め、及び確認を行い、並びに事業用自動車の運行の安全を確保するために必要な指示を与えなければならない。 一　運転者に対しては、［　　］ 二　運転者に対しては、疾病、疲労、睡眠不足その他の理由により安全な運転をすることができないおそれの有無 三　道路運送車両法第47条の2第1項及び第2項の規定による点検の実施又はその確認 四　特定自動運行保安員に対しては、特定自動運行事業用自動車による運送を行うために必要な自動運行装置（道路運送車両法に規定する自動運行装置をいう。）の設定の状況に関する確認	酒気帯びの有無

□	2. 事業者は、事業用自動車の運行の業務を終了した運転者等に対して対面により、又は対面による点呼と同等の効果を有するものとして国土交通大臣が定める方法により点呼を行い、当該業務に係る事業用自動車、道路及び運行の状況について報告を求め、かつ、運転者に対しては酒気帯びの有無について確認を行わなければならない。この場合において、運転者等が他の運転者等と交替した場合にあっては、運転者等が交替した運転者等に対して行った規定による □ についても報告を求めなければならない。	通告
□	3. 酒気帯びの有無について確認を行う場合には、運転者の状態を目視等で確認するほか、運転者の属する □ に備えられたアルコール検知器を用いて行わなければならない。	営業所

6 運行指示書、運転者等台帳

「運行指示書」は、運転者等が携行することを理解するほか、いつの時点から保存なのかを必ず覚えましょう。「運転者等台帳」は、保存期間を押さえましょう。

運行指示書

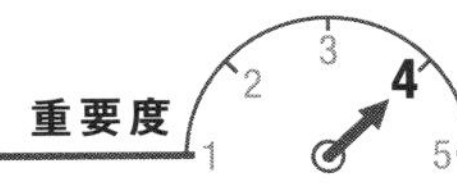

一般貨物自動車運送事業者等は、業務**前**と業務**後**のいずれも**対面による点呼ができない**業務を含む**運行ごと**に、次に掲げる事項を記載した運行指示書を作成**し、これにより事業用自動車の運転者等に対し適切な**指示**を行い、及びこれを当該**運転者等に携行**させなければなりません。**

〈運行指示書の記載事項〉

①運行の**開始、終了の地点・日時**
②乗務員等の氏名
③運行の**経路、主な経過地**における**発車、到着の日時**
④運行に際して**注意を要する箇所**の位置
⑤乗務員等の**休憩地点、休憩時間**（休憩がある場合に限る）
⑥乗務員等の**運転、業務の交替の地点**（運転または業務の交替がある場合に限る）
⑦その他運行の安全を確保するために必要な事項

また、**運行の途中で運行指示書の記載事項に変更が生じた場合**は、以下を行う必要があります。

①運行指示書の写しに変更内容を記載する
②運転者等に対し、電話その他の方法により**変更内容について、適切な**指示を行う
③運転者等が携行している**運行指示書**に変更内容を記載させる

一般貨物自動車運送事業者等は、運行指示書及びその写しを**運行の終了の日**†から**1年間保存**しなければなりません。 ×運行を計画した日†

☐運行指示書の記載事項に「**貨物の積載状況**」は必要ありません。

☐運行の途中で運行指示書の記載事項に変更が生じた場合、運転者等の**帰庫後、運行管理者が変更内容を記載することは**できません。

☐運行指示書の保存期間は、「**運行の終了の日から1年間**」であり、「運行を計画した日から1年間」ではありません。

運転者等台帳

一般貨物自動車運送事業者等は、**運転者等ごと**に、①～⑨までに掲げる事項を記載し、かつ、⑩に掲げる写真を貼り付けた**一定の様式の運転者等台帳を作成**し、これを当該運転者等の属する**営業所**に備えておかなければなりません。

①作成番号及び作成年月日

②事業者の氏名または名称

③**運転者等**の氏名、生年月日及び住所

④**雇入れの年月日**及び**運転者等に選任された年月日**† ×初めて乗務した年月日†

⑤運転者に対しては道路交通法に規定する運転免許に関する、運転免許証の番号及び有効期限、運転免許の年月日及び種類、運転免許に条件が付されている場合は当該条件

⑥**事故を引き起こした場合**はその概要

⑦道路交通法第108条34の規定による**通知を受けた場合は、その概要**

⑧**運転者等の健康状態**

⑨運転者に対しては、貨物自動車運送事業輸送安全規則第10条第2項の規定に基づく指導（**特別な指導**）**の実施**及び**適性診断の受診**の状況

⑩**運転者等台帳の作成前6カ月以内**†に撮影した単独、上三分身、無帽、正面、無背景の写真 ×1年以内†

一般貨物自動車運送事業者等は、**運転者（特定自動運行保安員）が転任、退職その他の理由により運転者（特定自動運行保安員）でなくなった場合には、直ちに運転者等台帳に**運転者（特定自動運行保安員）でなくなった年月日**及び**理由**を記載し、これを**3年間[†]保存**しなければなりません。** ×1年間[†]

☑チェック

□「履歴書」は一定の様式を備えていないため、運転者等台帳として使用することはできません。

確認テスト

☑欄	空欄に入るべき字句を答えなさい。	解答
□	1. 事業者は運行指示書により事業用自動車の運転者等に対し適切な指示を行い、及びこれを当該運転者等に［　　］させなければならない。	携行
□	2. 事業者等は、運行指示書及びその写しを運行［　　］から1年間保存しなければならない。	の終了の日
□	3. 事業者等は、運転者が転任、退職その他の理由により運転者でなくなった場合には、直ちに運転者等台帳に運転者でなくなった年月日及び理由を記載し、これを［　　］保存しなければならない。	3年間

7 業務の記録、運行記録計、事故の記録

「業務の記録」「運行記録計」については、それぞれのトン数を確認しておきましょう。「事故の記録」は、保存期間を押さえましょう。

業務の記録（運転日報）

一般貨物自動車運送事業者等は、事業用自動車に係る運転者等の業務について、当該業務を行った**運転者等ごとに**次に掲げる事項を記録させ、かつ、その記録を**1年間保存**しなければなりません。ただし、**10分未満の休憩**はその**記録を省略しても差し支えありません。**

①運転者等の氏名

②運転者等が従事した運行の業務に係る事業用自動車の自動車登録番号その他の当該事業用自動車を識別できる表示

③業務の**開始、終了の地点・日時**及び**主な経過地点**、**業務に従事した距離**

④業務を**交替**した場合にあっては、その**地点・日時**

⑤**休憩**または**睡眠**をした場合にあっては、その**地点・日時**

⑥**車両総重量が8トン以上または最大積載量が5トン以上の普通自動車である事業用自動車の運行の業務に従事した場合にあっては**

> ア **貨物の積載状況**
>
> イ **荷主の都合により**集貨・配達を行った地点（以下「**集貨地点等**」という）**で待機した場合**にあっては、次の掲げる事項
>
> ・**集貨地点等**
>
> ・集貨地点等への到着の日時を荷主から指定された場合は、当該日時
>
> ・集貨地点等に**到着した日時**
>
> ・集貨地点等における**荷役作業**（荷積み・荷卸し）**の開始・終了の日時**

・集貨地点等で貨物の荷造り、仕分その他の貨物自動車運送事業に附帯する業務を実施した場合にあっては、**附帯業務の開始・終了の日時**

・集貨地点等から**出発した日時**

ウ 集貨地点等で、事業者等が、**荷役作業等**（荷役作業または附帯業務）**を実施した場合**（**荷主との契約書**に実施した**荷役作業等のすべてが明記**されている場合には、**荷役作業等に要した時間が1時間以上である場合に限る**）には、次に掲げる事項（イに該当する場合は、集貨地点等、荷役作業等の開始及び終了の日時を除く）

・**集貨地点等**

・荷役作業等の**開始及び終了の日時**

・荷役作業等の**内容**

・上記事項について**荷主の確認が得られた場合は、荷主が確認したことを示す事項、確認が得られなかった場合には、その旨**

アドバイス

1. **荷主都合**（事業者の運行計画または運行指示によらず、荷主の指示等によるもの）により**集貨地点等で待機した場合**とは、集貨地点等の到着日時から出発日時までの時間のうち、業務（荷積み、荷卸し、附帯作業等）及び休憩に係る時間を控除した時間が、**30分以上**をいいます（平成29年7月1日施行）。
2. 集貨地点等で、**荷役作業等**（荷役作業または附帯業務）を実施した場合にも、業務の記録が義務付けられました（令和元年6月15日施行）。

⑦道路交通法第67条第2項に規定する**交通事故**
自動車事故報告規則第2条に規定する事故
著しい運行の遅延その他の異常な状態が発生した場合
→ **その概要と原因**

⑧貨物自動車運送事業輸送安全規則第９条の３第３項（**運行の途中、急遽２泊３日以上の運行となった場合**）に指示があった場合は、**その指示の内容**

上記の業務の記録（運転日報）に記録すべき事項について、運転者等ごとに記録させることに代え、運行記録計により記録することができます。この場合において、当該記録すべき事項のうち運行記録計により記録された事項以外の事項を運転者等ごとに「運行記録計による記録」に付記させなければなりません。

□**車両総重量８トン以上**または**最大積載量５トン以上**の事業用自動車の運行の業務に従事したときは、①**貨物の積載状況**（重量、個数等）、②**荷主都合による30分以上の待機をした場合**には集貨地点等、③**荷役作業等を実施した場合**には荷役作業等の内容を記録しなければなりません。

□「貨物を積載した運行距離」は、記録の必要はありません。

□休憩した場合に「休憩の方法」は、記録の必要はありません。

運行記録計

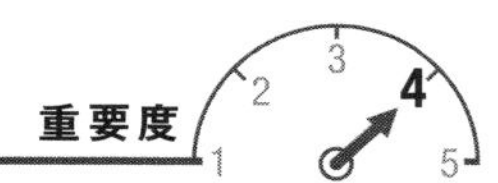

一般貨物自動車運送事業者等は、次に掲げる事業用自動車に係る運転者等の業務について、当該事業用自動車の**瞬間速度**、**運行距離**及び**運行時間**を**運行記録計により記録**し、かつ、その記録を**１年間保存**しなければなりません。

①**車両総重量が７トン以上または最大積載量が４トン以上**の普通自動車である事業用自動車

②①の事業用自動車に該当する被けん引自動車をけん引するけん引自動車である事業用自動車

③**特別積合せ貨物運送に係る運行系統に配置する事業用自動車**

運行記録計の記録・保存の義務付けは、交通事故を削減するため、「車両総重量が8トン以上または最大積載量が5トン以上」から**「車両総重量が7トン以上または最大積載量が4トン以上」**に拡大されたので、**「車両総重量7トン以上または最大積載量4トン以上」は運行記録計のみの適用**となります（平成29年4月1日施行）。

事故の記録

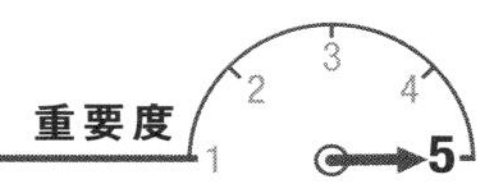

一般貨物自動車運送事業者等は、**事業用自動車に係る事故が発生した場合には、次に掲げる事項を記録し、その記録を当該事業用自動車の運行を管理する営業所において3年間保存しなければなりません。なお、当該記録は書面に代えて電磁的方法により記録・保存することができます。**

①乗務員等の氏名
②事業用自動車の自動車登録番号その他の当該事業用自動車を識別できる表示
③事故の**発生日時**
④事故の**発生場所**
⑤**事故当事者**（乗務員等を除く）**の氏名**
⑥**事故の概要**（損害の程度を含む）
⑦事故の原因
⑧再発防止対策

事故は、加害事故、被害事故及び人身事故、物損事故を問わず記録しなければなりません。

確認テスト

☑欄	空欄に入るべき字句を答えなさい。	解答
A☐ B☐	1. 車両総重量が [A] 以上又は最大積載量が [B] 以上の普通自動車である事業用自動車の運行の業務に従事した場合にあっては、貨物の積載状況を記録しなければならない。	A：8トン B：5トン
A☐ B☐ C☐	2. 事業者等は、車両総重量が [A] 以上または最大積載量が [B] 以上の普通自動車である事業用自動車に係る運転者等の運行の業務について、当該事業用自動車の [C] 、運行距離及び運行時間を運行記録計により記録し、かつ、その記録を1年間保存しなければならない。	A：7トン B：4トン C：瞬間速度
☐	3. 事業者は、事業用自動車に係る事故が発生した場合には、法令に定める事項を記録し、その記録を当該事業用自動車の運行を管理する営業所において [ ] 保存しなければならない。	3年間

8 運転者に対する指導・監督

「運転者に対する指導・監督」は重要ですので、しっかり理解しましょう。特に、「特定の運転者に対する特別な指導・適性診断の対象者及び実施時期」は必ず覚えましょう。

運転者に対する指導・監督

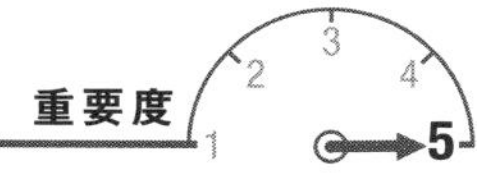

貨物自動車運送事業者は、国土交通大臣が告示で定めるところにより、当該貨物自動車運送事業に係る［主な道路の状況］その他の事業用自動車の**運行に関する状況**、その状況の下において事業用自動車の**運行の安全を確保するために必要な**［運転の技術］及び法令に基づき**自動車の運転に関して遵守すべき事項**について、**運転者に対する適切な指導及び監督をしなければなりません。**この場合においては、その日時、場所及び内容並びに指導及び監督を行った者及び受けた者を記録し、かつ、その記録を**営業所**において［3年間保存］しなければなりません。なお、当該記録は書面に代えて電磁的方法により記録・保存することができます。

一般貨物自動車運送事業者等は、国土交通大臣が告示で定めるところにより、次に掲げる運転者に対して、**事業用自動車の運行の安全を確保するために遵守すべき事項**について［特別な指導］を行い、かつ、国土交通大臣が告示で定める［適性診断］を受けさせなければなりません。

①**事故惹起運転者**：**死者、負傷者が生じた事故を引き起こした者**

②**初任運転者**：**運転者として新たに雇い入れた者**

③**高齢運転者**：65歳**以上の者**

重要

事故惹起運転者、**初任運転者**及び**高齢運転者**を「特定の運転者」といいます。特定の運転者には、**原則として**、①特別な指導、②適性診断の義務があります。

貨物自動車運送事業者は、特定自動運行事業用自動車の**特定自動運行保安員**に対し、特定自動運行事業用自動車の**運行の安全を確保するために遵守すべき事項**について**適切な指導監督**をしなければなりません。この場合においては、**その日時、場所及び内容並びに指導及び監督を行った者及び受けた者を記録し、かつ、その記録を営業所**において**3年間保存**しなければなりません。なお、当該記録は、書面に代えて、電磁的な方法により記録、保存することができます。

事故惹起（じゃっき）運転者

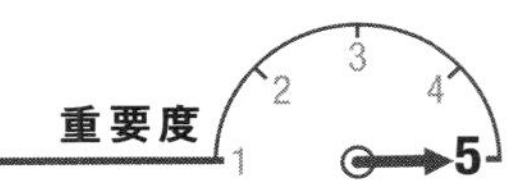

事故惹起運転者は、特別な指導及び適性診断を受けなければなりません。

（1）特別な指導

〈対象者〉

事故惹起運転者の特別な指導の対象者は、次の**2通り**です。

①**死者、重傷者を生じた交通事故を引き起こした者**

②**軽傷者を生じた交通事故を引き起こし、かつ、当該事故前の3年間に交通事故を引き起こした者**

〈実施時期〉

交通事故を引き起こした後、**再度**事業用自動車に乗務する**前**に実施しなければなりません。ただし、**やむを得ない事情がある**場合には**再度乗務を開始した後、1カ月以内**に実施しなければなりません。なお、外部の専門的機関における指導講習を受講予定の場合はこの限りではありません。

〈実施時間〉

①事業用自動車の**運行の安全の確保に関する法令等**、②**交通事故の事例の分析に基づく再発防止対策**、③交通事故に関わる**運転者の生理的及び心理的要因**並びに**これらへの対処方法**、④**交通事故を防止するために留意すべき事項**、⑤**危険の予測及び回避の安全運転の実技以外の事項**については、**合計6時間以上**実施しなければなりません。

また、安全運転の実技については、可能な限り実施することが望ましい。

（2）適性診断

〈対象者〉

事故惹起運転者の適性診断の対象者は、次の3通りです。

①死者、重傷者の交通事故を引き起こし、かつ、当該事故前1年間に交通事故を引き起こしたことがない者（特定診断Ⅰの対象）
②軽傷者を生じた交通事故を引き起こし、かつ、当該**事故前**3年間†に交通事故を引き起こしたことがある者（特定診断Ⅰの対象）　×1年間†
③死者、重傷者の交通事故を引き起こし、かつ、当該事故前1年間に交通事故を引き起こしたことがある者（特定診断Ⅱの対象）

〈実施時期〉

交通事故を引き起こした後、再度事業用自動車に**乗務する**前に受診させなければなりません。ただし、**やむを得ない事情がある場合**には、**乗務を開始した後**、1カ月以内に受診させることができます。

初任運転者

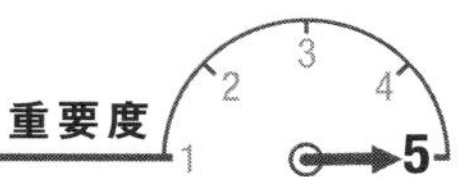

初任運転者は、原則として特別な指導及び適性診断を受けなければなりません。

（1）特別な指導

〈対象者〉

運転者として**常時選任**するために**新たに雇い入れられた者**（ただし、当該事業者に**初めて事業用自動車に乗務する前**3年間に**他の事業者の運転者として常時選任されたことがある者**は除く）が対象となります。

〈実施時期〉

当該事業者において、初めて事業用自動車に**乗務する**前に実施しなければなりません。ただし、**やむを得ない事情がある場合**には、**乗務を開始した後**、1カ月†以内に実施することができます。　×3カ月†

〈実施時間〉

貨物自動車運送事業法その他の法令に基づき運転者が遵守すべき事項、事業用自動車の運行の安全に関する事項等（このうち、①日常点検、②車高、視野、死角、内輪差、制動距離、③貨物の積載方法、固縛方法については実車で指導）の**安全運転の実技以外の事項**については、15 時間 以上実施しなければなりません。また、**安全運転の実技**については、20 時間 以上実施しなければなりません。実施時間は合計 35 時間以上となります。

アドバイス

準中型免許の新設に伴い、平成 29 年 3 月 12 日から初任運転者について、安全運転の実技を義務化するなど、特別な指導の実施時間が大幅に拡大されました。

（2）適性診断

〈対象者〉

運転者として**常時選任**するために**新たに雇い入れられた者**であって、当該事業者において**初めて事業用自動車に乗務する前** 3 年間に**初任診断を受診したことがない者**が対象となります。

〈実施時期〉

当該事業者において**初めて**事業用自動車に**乗務する前**に**初任診断**を受診させなければなりません。ただし、**やむを得ない事情がある場合**には、**乗務を開始した後**、1 カ月以内に受診させることができます。

高齢運転者

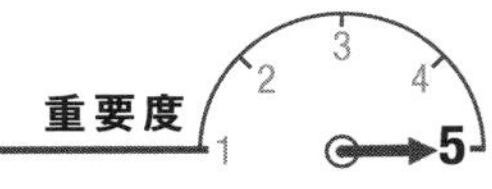

高齢運転者は、特別な指導及び適性診断を受けなければなりません。

（1）特別な指導

適齢診断の結果を踏まえ、個々の運転者の加齢に伴う身体機能の変化の程度に応じた事業用自動車の安全な運転方法等について、**運転者が自ら考える**よう指導しなければなりません。

〈対象者〉

65 歳以上の運転者が対象となります。

〈実施時期〉

適齢診断の結果が判明した後、1 カ月以内に実施しなければなりません。

(2) 適齢診断

高齢運転者のための適性診断として国土交通大臣が認定したものをいいます。

〈対象者〉

65 歳以上の運転者が対象となります。

〈実施時期〉

65 歳[†]に達した日後、1 年**以内**に **1 回受診**させ、その後 3 年**以内**ごとに **1 回受診**させなければなりません。

×60 歳[†]

非常信号用具・消火器の取扱い

重要度

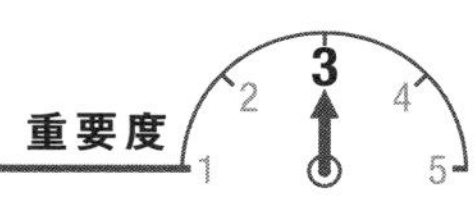

貨物自動車運送事業者は、事業用自動車に備えられた非常信号用具及び消火器の取扱いについて、当該事業用自動車の乗務員等に対する適切な指導をしなければなりません。

輸送の安全に関する基本的な方針の策定

重要度

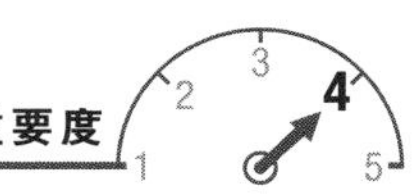

貨物自動車運送事業者は、従業員に対し、**効果的かつ適切に指導及び監督**を行うため、**輸送の安全に関する基本的な方針の策定**[†]その他の国土交通大臣が告示で定める措置を講じなければなりません。

×運行管理者の業務[†]

特定の運転者に対する特別な指導・適性診断のまとめ

重要度 5

特定の運転者に対する「特別な指導」と「適性診断」の実施時期等は、次のとおりです。

特定の運転者に対する「特別な指導」のまとめ

特定の運転者	特別な指導	
	実施時期	実施時間
事故惹起運転者	交通事故後、再度事業用自動車に乗務する前に実施する。 ただし、やむを得ない事情がある場合には、**再度乗務開始後、**1カ月以内に実施する。なお、外部の専門的機関における指導講習を受講予定の場合を除く。	安全運転の実技以外は合計6時間以上実施する。 安全運転の実技は可能な限り実施することが望ましい。
初任運転者	初めて事業用自動車に乗務する前に実施する。 ただし、やむを得ない事情がある場合には、**乗務開始後、**1カ月以内に実施する。	安全運転の実技以外は合計15時間以上実施する。 安全運転の実技は合計20時間以上実施する。
高齢運転者	**適齢診断の結果が判明した後、**1カ月以内に実施する。	—

特定の運転者に対する「適性診断」の実施時期のまとめ

特定の運転者	適性診断の実施時期
事故惹起運転者	交通事故後、再度事業用自動車に乗務する前に受診させる。 ただし、やむを得ない事情がある場合には、再度乗務開始後、1カ月以内に受診させる。
初任運転者	初めて事業用自動車に乗務する前に受診させる。 ただし、やむを得ない事情がある場合には、**乗務開始後、**1カ月以内に受診させる。
高齢運転者	65歳**に達した日後、**1年以内に1回受診させ、その後3年以内ごとに1回受診させる。

確認テスト

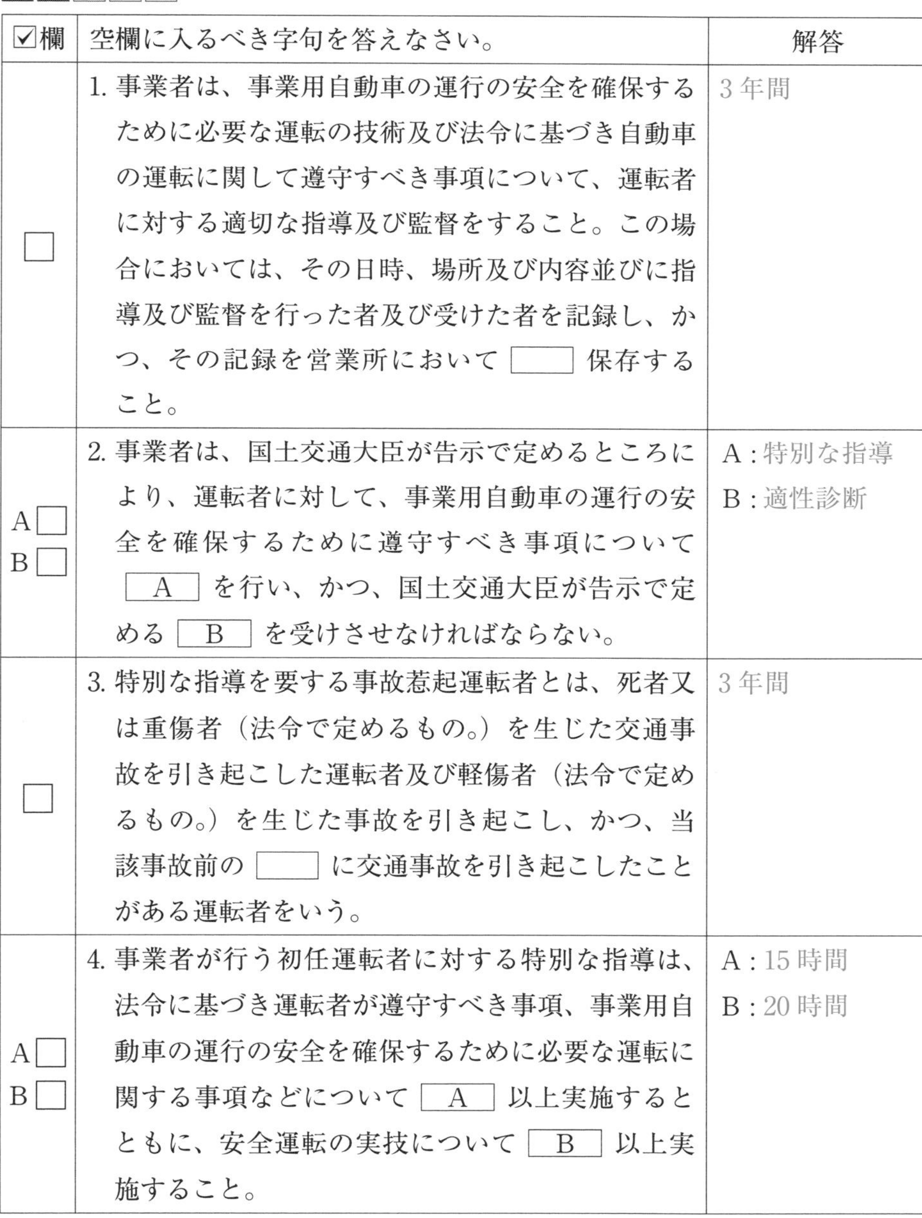

☑欄	空欄に入るべき字句を答えなさい。	解答
□	1. 事業者は、事業用自動車の運行の安全を確保するために必要な運転の技術及び法令に基づき自動車の運転に関して遵守すべき事項について、運転者に対する適切な指導及び監督をすること。この場合においては、その日時、場所及び内容並びに指導及び監督を行った者及び受けた者を記録し、かつ、その記録を営業所において［　］保存すること。	3年間
A□ B□	2. 事業者は、国土交通大臣が告示で定めるところにより、運転者に対して、事業用自動車の運行の安全を確保するために遵守すべき事項について［A］を行い、かつ、国土交通大臣が告示で定める［B］を受けさせなければならない。	A：特別な指導 B：適性診断
□	3. 特別な指導を要する事故惹起運転者とは、死者又は重傷者（法令で定めるもの。）を生じた交通事故を引き起こした運転者及び軽傷者（法令で定めるもの。）を生じた事故を引き起こし、かつ、当該事故前の［　］に交通事故を引き起こしたことがある運転者をいう。	3年間
A□ B□	4. 事業者が行う初任運転者に対する特別な指導は、法令に基づき運転者が遵守すべき事項、事業用自動車の運行の安全を確保するために必要な運転に関する事項などについて［A］以上実施するとともに、安全運転の実技について［B］以上実施すること。	A：15時間 B：20時間

第1章 貨物自動車運送事業法

9 事故の報告

「事故の報告」は必ず出題されますので、重点的に学習をしましょう。まずは「速報」の５項目を覚え、次に「自動車事故報告書」の13項目を覚えるようにしましょう。

事故の報告

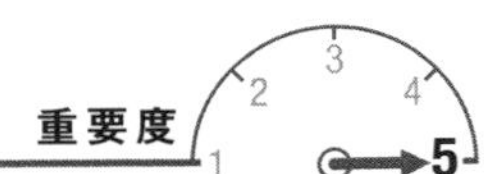

一般貨物自動車運送事業者は、その事業用自動車が転覆し、火災を起こし、その他国土交通省令で定める**重大な事故**を引き起こしたときは、遅滞なく、事故の種類、原因その他国土交通省令で定める事項を国土交通大臣に届け出なければなりません。

自動車の事故の報告には、①**自動車事故報告書**、②**速報の２種類**があります。

（1）自動車事故報告書

貨物自動車運送事業者等は、次に掲げる事故があった場合には、当該**事故があった日**（救護義務違反はその違反のあったことを知った日）から**30日以内**に、**自動車事故報告書３通**を運輸監理部長または運輸支局長を経由して、国土交通大臣に提出しなければなりません。

①**転覆**、**転落**、**火災**（積載物品の火災を含む）を起こし、または**鉄道車両と衝突・接触**したもの

② **10台以上**の自動車と**衝突・接触**を生じたもの

③**死者または重傷者**を生じたもの

④ **10人以上の負傷者を生じたもの**※

⑤自動車に積載された**危険物、火薬類、高圧ガス、核燃料物質**などの全部・一部が**飛散・漏えい**したもの

⑥自動車に積載された**コンテナが落下**したもの

⑦**酒気帯び運転**※**、無免許運転、無資格運転、麻薬等運転**を伴うもの

⑧**運転者の疾病**（心筋梗塞、くも膜下出血など）**により、事業用自動車の運転を継続することができなくなったもの**
⑨**救護義務違反**があったもの
⑩**自動車の装置の故障**（動力伝達装置など）**により、自動車が運行できなくなったもの**※※
⑪**車輪の脱落、被けん引自動車の分離を生じたもの（故障に限る）**※※
⑫橋脚、架線その他の**鉄道施設を損傷**し、3時間**以上**本線において鉄道車両の**運転を休止させたもの**
⑬**高速自動車国道または自動車専用道路**において、3時間†**以上**自動車の**通行を禁止させたもの**

†×6時間

※自動車事故報告書、速報の報告義務がともにあります（以下同じ）。
※※この場合には、事故報告書の他に車検証の有効期間、総走行距離、故障した部品及び当該部品の故障した部位の名称等の書面、故障状況を示す略図または写真を添付しなければなりません。

定 義

「**転覆**」……**道路上において**35度以上傾斜**したとき（例：**横転**）**
「**転落**」……**道路外に転落した場合で、その**落差が0.5m以上**のとき**
「**重傷者**」…①入院することを要する傷害で、医師の治療を要する期間が30日以上のもの、②**14日以上**の入院を要する傷害、③大腿・下腿の骨折、④**内臓破裂**等をいう。
通院のみは「重傷者」ではない。

（2）速報

貨物自動車運送事業者等は、**次に掲げる事故があったときまたは国土交通大臣の指示があったときは、電話その他適当な方法により、**24時間以内**において、できる限り速やかに、その事故の概要**を運輸支局長に速報**しなければならない。**

①2人**以上**の死者**を生じたもの**※
②5人**以上**の重傷者**を生じたもの**※

③ 10 人**以上**の**負傷者**を生じたもの※

④**酒気帯び運転**※

⑤自動車が**転覆**、**転落**、**火災**（積載物品の火災を含む）を起こし、または**鉄道車両**、**自動車その他の物件**（**中央分離帯等**）と**衝突**・**接触**したことにより生じた場合に、自動車に積載された**危険物**、**火薬類**、**高圧ガス**、**核燃料物質**などの全部・一部が**飛散**・**漏えい**したもの

覚えるコツ！

事故の報告は、まず速報を覚えてから自動車事故報告書を覚えましょう。

1. 速報は、"にごじゅう"（2 × 5 = 10）を最初に覚えましょう。

2 人以上死亡、5 人以上重傷、10 人以上負傷

2. 速報の⑤は、自動車事故報告書の①に自動車その他の物件が追加されたものに自動車事故報告書の⑤が重なった事故と押さえましょう。

3. 自動車事故報告書と速報の両方を報告しなければならない事故（※）を覚えましょう。

① **2 人以上の死者**を生じた事故のとき

② **5 人以上の重傷者**を生じた事故のとき

③ **10 人以上の負傷者**を生じた事故のとき

④**酒気帯び運転**を伴う事故のとき

事故警報

国土交通大臣または地方運輸局長は、自動車事故報告書または速報に基づき必要があると認めるときは、**事故防止対策**を定め、自動車使用者、自動車特定整備事業者その他の関係者にこれを周知させなければなりません。

事故の報告のまとめ

重要度 5

事故の事案と、それに対する報告書・速報の必要性は、次のとおりです。

「自動車事故報告書」と「速報」の提出を必要とする事案のまとめ

事　案	報告書	速報
①転覆、転落、**火災**（積載物品の火災を含む）鉄道車両と衝突・接触	○	△
② 10 台**以上**の**自動車**と**衝突・接触**	○	―
③死者、重傷者	○	△
④ 10 人以上の負傷者	○	○
⑤積載された危険物、火薬類、高圧ガス等が飛散・漏えい	○	△
⑥積載された**コンテナが落下**	○	―
⑦酒気帯び運転	○	○
⑧無免許運転、無資格運転、麻薬等運転	○	―
⑨運転者の疾病により自動車の運転を**継続できなくなった**	○	―
⑩**救護義務違反**	○	―
⑪自動車の装置の故障により自動車が**運行できなくなった**	○	―
⑫**車輪の脱落、被けん引自動車の分離**を生じた（**故障に限る**）	○	―
⑬**鉄道施設を損傷**し 3 時間**以上**本線で**鉄道車両の運転休止**	○	―
⑭**高速国道、自動車専用道路**で 3 時間**以上**自動車の**通行禁止**	○	―
⑮ 2 人以上の死者	○	○
⑯ 5 人以上の重傷者	○	○
⑰転覆、転落、火災、鉄道車両・**自動車その他の物件**（中央分離帯等）と衝突・接触による危険物、火薬類、高圧ガス等の飛散・漏えい	（一部） ○	○

△：他の要件（事案、数）が追加されると「速報」が必要となるものです。

確認テスト

☑欄	空欄に入るべき字句を答えなさい。	解答
A☐ B☐ C☐ D☐	1. 事業者等は、次に掲げる事故のあった日から［A］以内に自動車事故報告書3通を提出しなければならない。(抜粋) ア. 死者または［B］を生じたもの イ. ［C］人以上の負傷者を生じたもの ウ. ［D］台以上の自動車と衝突・接触を生じたもの	A：30日 B：重傷者 C：10 D：10
A☐ B☐ C☐ D☐	2. 事業者等は、次に掲げる事故のあったときから［A］以内にできる限り速やかに、事故の概要を電話その他適当な方法によって速報しなければならない。(抜粋) ア. ［B］人以上の死者を生じたもの イ. ［C］人以上の重傷者を生じたもの ウ. ［D］人以上の負傷者を生じたもの	A：24時間 B：2 C：5 D：10
A☐ B☐	3. 転覆とは、道路上において［A］以上の傾斜したときをいう。［B］は転覆に該当する。	A：35度 B：横転
☐	4. 転落とは、道路外に転落した場合で、その落差が［　］メートル以上のときをいう。	0.5

10 運行管理者の選任、運行管理者資格者証

補助者として選任できる者及び運行管理者資格者証の交付者には、それぞれ2通りあることを必ず覚えましょう。

運行管理者及び補助者の選任

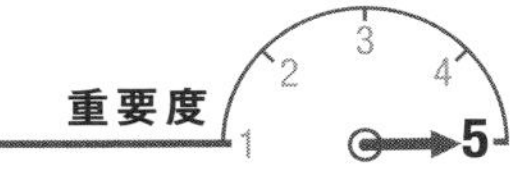

(1) 運行管理者の数

一般貨物自動車運送事業者等は、事業用自動車（被けん引自動車を除く）の運行を管理する**営業所ごと**に、営業所が運行を管理する**事業用自動車の数を30で除して得た数**（その数に1未満の端数があるときは、これを切り捨てるものとする）**に1を加算して得た数以上**の運行管理者を選任しなければなりません。

ただし、5両未満の事業用自動車の運行を管理する営業所であって、地方運輸局長が当該事業用自動車の種別、地理的条件その他の事情を勘案して当該事業用自動車の運行の安全の確保に支障を生ずるおそれがないと認めるものについては、この限りではありません。

《選任しなければならない運行管理者の数》

$$運行管理者の数 = \frac{事業用自動車の数}{30} + 1$$

（注）1. 事業用自動車は、被けん引自動車（トレーラ）の数を差し引いた数
2. 小数点以下は**切捨て**

(2) 運行管理者選任の届出

一般貨物自動車運送事業者等は、**運行管理者を選任（解任）**したときは**遅滞なく**、その旨を国土交通大臣に届け出なければなりません。

□運行管理者を選任（解任）したときは、遅滞なく、その旨を国土交通大臣に届け出なければなりません。

□整備管理者を選任（解任）したときは、その日から15日以内に、地方運輸局長にその旨を届け出なければなりません。

（3）補助者の選任

一般貨物自動車運送事業者等は、次のうちから運行管理者の業務を補助させるための者（補助者）を選任することができます。

①運行管理者資格者証（旅客を含む）を有する者

②国土交通大臣の認定を受けた運行の管理に関する講習（基礎講習）の修了者

□統括運行管理者は、「選任しなければならない」のに対し、補助者は「選任することができる」ことを確認しておきましょう。

□5年以上の実務経験者は、補助者の要件ではありません。

□運行管理者は他の営業所の運行管理者または補助者を兼務することはできません。補助者は業務に支障が生じない場合に限り、他の営業所の補助者を兼務することができます。

運行管理者資格者証

重要度 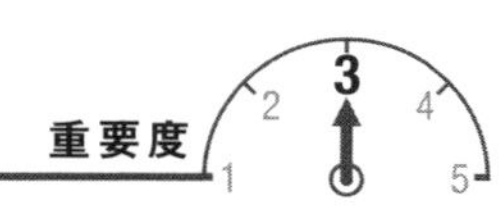

運行管理者の業務を行うには、運行管理者資格者証が必要となります。

（1）運行管理者資格者証の交付

運行管理者資格者証の交付を受けることができる者は、次の2通りです。

①運行管理者試験の合格者

②事業用自動車の運行の安全の確保に関する業務について、**一定の実務の経験**その他の要件を備える者*

> **定 義**
>
> *「**一定の実務の経験その他の要件を備える者**」…事業用自動車の運行の管理に関し**5年以上の実務を有し**、その間に国土交通大臣の認定を受けた**講習**（**一般講習または基礎講習**）を**5回以上**（**うち1回は基礎講習**）**受講**した者をいう。

(2) 交付の申請

運行管理者試験に合格した者は、合格の日から**3カ月以内**に**運行管理者資格者証の交付の申請**をしなければなりません。

運行管理者資格者証の交付を受けている者は、**氏名に変更を生じたときは、**運行管理者資格者証訂正申請書に当該資格者証及び住民票の写しを添付して地方運輸局長に提出し、**運行管理者資格者証の訂正**を受けなければなりません。

運行管理者資格者証の交付を受けている者は、**運行管理者資格者証の訂正に代えて、運行管理者資格者証の再交付を受けることができます。**

(3) 交付が行われない場合

国土交通大臣は、次のいずれかに該当する者に対しては、運行管理者資格者証の**交付を行わない**ことができます。

①運行管理者資格者証の**返納**を命ぜられ、その日から**5年**†を経過しない者

②この法律もしくはこの法律に基づく**命令**またはこれらに基づく**処分に違反**し、この法律の規定により**罰金以上の刑**に処せられ、その**執行を終わり**、または**その執行を受けることがなくなった日**から**5年**を経過しない者

†×2年

運行管理者資格者証の返納

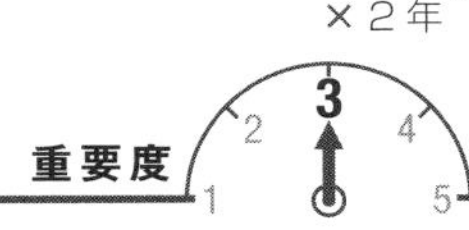

国土交通大臣は、運行管理者資格者証の交付を受けている者が**この法律**もしくはこの法律に基づく**命令**またはこれらに基づく**処分**に**違反したとき**は、その運行管理者資格者証の**返納を命ずる**ことができます。

□**運行管理者資格者証の返納**は、国土交通大臣が運行管理者資格者証の交付を受けている者、**本人に直接命じる**のに対し、**整備管理者の解任**は、地方運輸局長が**本人ではなく**、事業者に対し、**整備管理者の解任を命じる**違いがあります。

確認テスト

☑欄	空欄に入るべき字句を答えなさい。	解答
□	1. 事業用自動車100両（うち、被けん引自動車20両）の運行を管理する営業所では、[　　] 以上の運行管理者を選任しなければならない。	3人
□	2. 一の営業所において複数の運行管理者を選任する事業者は [　　] を選任しなければならない。	統括運行管理者
□	3. 事業者は、運行管理者を選任したときは [　　]、その旨を国土交通大臣に届け出なければならない。	遅滞なく
□	4. 運行管理者資格者証の交付を受けることができる「一定の実務の経験その他の要件を備える者」とは、事業用自動車の運行の管理に関し [　　] 以上の実務を有し、その間に国土交通大臣の認定を受けた講習（一般講習または基礎講習）を5回以上（うち1回は基礎講習）受講した者をいう。	5年
□	5. 国土交通大臣は、運行管理者資格者証の返納を命ぜられ、その日から [　　] を経過しない者に対しては、運行管理者資格者証の交付を行わないことができる。	5年

11 運行管理者の業務、運行管理者の講習

「運行管理者の業務」は重要ですので、業務の内容をしっかり理解し覚えましょう。運行管理者が受講しなければならない「基礎講習」または「一般講習」と「特別講習」の違いを理解しておきましょう。

運行管理者の業務

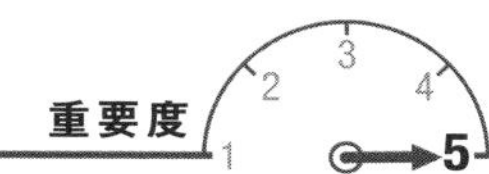

運行管理者は、誠実にその業務を行わなければなりません。

一般貨物自動車運送事業者は、運行管理者に対し、**事業用自動車の運行の安全の確保に関する業務**を行うため必要な権限を与えなければなりません。

一般貨物自動車運送事業者は、運行管理者がその業務として行う**助言**を尊重しなければならず、事業用自動車の**運転者その他の従業員**は、運行管理者がその業務として行う指導に従わなければなりません。

図 1.3 運行管理者の業務

❶**必要な権限**を与えなければならない
❹**助言を尊重**しなければならない

×事業者の代理人†

事業者 → 運行管理者†

❷**運行の安全の確保**に関する業務を行う
❸上記に関し必要な事項について**助言**することができる‡

×運転者に助言‡　×緊急を要する事項に限り助言‡

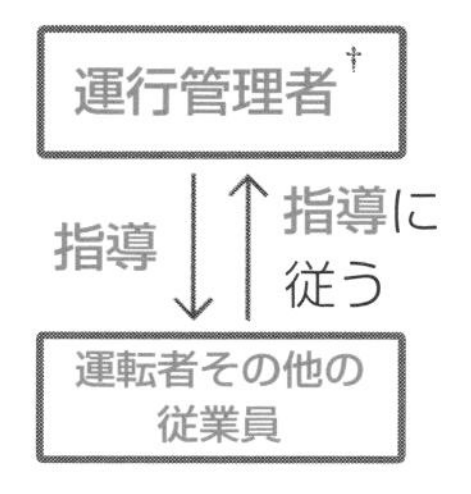

□**運行管理者は**、事業者に与えられた権限で事業用自動車の運行の安全の確保に関する業務を行っており、**事業者の代理人ではありません。**

□運行管理者は、事業者に「緊急を要する事項に限り」助言を行うものではありません。

□**運転者**その他の従業員は、**運行管理者がその業務として行う指導に従わなければなりません。**

□**運行管理者が助言することができるのは事業者**であって運転者その他従業員ではありません。

運行管理者は、次に掲げる業務を行わなければなりません。

①運転者（特定自動運行貨物運送を行う場合には特定自動運行保安員）として**選任された者以外の者**を事業用自動車の**運行の業務に従事させない**こと

②乗務員等が**休憩または睡眠のために利用することができる施設**を適切に**管理**すること

③定められた**勤務時間及び乗務時間の範囲内**において**乗務割を作成**し、これに従い運転者を事業用自動車に乗務させること

④**酒気を帯びた状態**にある乗務員等を事業用自動車の運行の業務に従事させないこと

⑤乗務員等の**健康状態の把握**に努め、**疾病**、**疲労**、**睡眠不足**その他の理由により**安全に運行の業務を遂行**し、またはその補助をすることができないおそれがある乗務員等を事業用自動車の運行の業務に従事させないこと

⑥運転者が**長距離運転または夜間の運転に従事する場合**であって、**疲労等により安全な運転を継続することができないおそれがあるとき**は、あらかじめ、当該運転者と**交替するための運転者を配置**すること

⑦**特定自動運行事業用自動車による運送**を行おうとする場合には、特定自動運行事業用自動車に**特定自動運行保安員を乗務**させ、若しくはこれと同等の措置を行い、または**遠隔からその業務**を行わせること

⑧**過積載による運送の防止**について、運転者、特定自動運行保安員その他の従業員に対する適切な指導及び監督を行うこと
⑨**貨物の積載方法**について、従業員に対する指導及び監督を行うこと
⑩道路法に定める**通行の禁止または制限等違反の防止**について、運転者等に対する指導及び監督を行うこと
⑪運転者等に対して**点呼**を行い、**報告**を求め、**確認**を行い、及び**指示**を与え、並びに記録し、及びその記録を保存し、並びに運転者に対して使用するアルコール検知器を**常時有効に保持**すること
⑫運転者等に対して**業務の記録**をさせ、及びその記録を保存すること
⑬**運行記録計**を管理し、及びその記録を保存すること
⑭運行記録計により記録することのできないものを運行の用に供さないこと
⑮**事故を記録**し、及びその記録を保存すること
⑯**運行指示書を作成**し、及びその写しに変更の内容を記載し、運転者等に対し適切な**指示**を行い、運行指示書を事業用自動車の**運転者等に携行**させ、及び**変更の内容を記載**させ、並びに運行指示書及びその写しの保存をすること
⑰**運転者等台帳を作成**し、営業所に備え置くこと
⑱**乗務員等に対する指導、監督**及び**特別な指導**を行うとともに、その記録及び保存を行うこと（非常信号用具、消火器の取扱いの指導を含む）
⑲運転者に**適性診断**を受けさせること
⑳**異常気象その他の理由**により**輸送の安全の確保に支障を生ずるおそれがあるとき**は、乗務員等に対する適切な指示その他**輸送の安全を確保するために必要な措置**を講じること
㉑**補助者**に対する**指導及び監督**を行うこと
㉒自動車事故報告規則第５条（**事故警報**）の規定により定められた**事故防止対策**に基づき、事業用自動車の運行の安全の確保について、従業員†に対する指導及び監督を行うこと

†×事故を発生させた運転者に限り

□補助者に点呼の一部を行わせる場合であっても、営業所において選任されている**運行管理者が行う点呼**は、点呼を行うべき総回数の少なくとも**3分の1以上**でなければなりません。即ち、**補助者**が行うことができる点呼は総回数の少なくとも**3分の2以下**となります。

□**アルコール検知器を備え置く**ことは、**事業者**の業務です。**運行管理者**の業務はアルコール検知器を**常時有効に保持**することです。

□**車庫の確保**は、**事業者**の業務であり、また、**車庫の管理**は、**整備管理者**の業務です。ともに運行管理者の業務ではありません。

運行管理者の講習

運行管理者の受講の対象となる講習には、①**基礎講習または一般講習**、②**特別講習**があります。

(1) 新たに選任したとき

一般貨物自動車運送事業者は、新たに選任した運行管理者に、**選任届出をした日の属する年度**（やむを得ない理由がある場合は、当該年度の翌年度）に**基礎講習または一般講習**（基礎講習を受講していないときは基礎講習）を受講させなければなりません。

その後については、運行管理者に最後に基礎講習または一般講習を受講させた日の属する年度の**翌々年度以後2年ごと**に**基礎講習または一般講習**を受講させなければなりません。

(2) 事故または処分があったとき

一般貨物自動車運送事業者は、次に掲げる場合には、当該事故または当該処分（当該事故に起因する処分を除く）に係る**営業所に属する運行管理者**に、**事故または処分があった日の属する年度及び翌年度**（やむを得ない理由がある場合にあっては、当該年度の翌年度及び翌々年度、既に当該年度に基礎講習または一般講習を受講させた場合にあっては、翌年度）に**基礎講習または一般講習**を受講させなければなりません。

①死者または重傷者を生じた事故を引き起こした場合

②貨物自動車運送事業法第33条（許可の取消し等）の規定による処分（輸送の安全に係るものに限る）の原因となった違反行為をした場合

(3) 特別講習

一般貨物自動車運送事業者は、①死者または重傷者を生じた事故を引き起こした場合、②輸送安全に係る処分の原因となった違反行為をした場合には、事故または処分に係る営業所に属する運行管理者（当該営業所に複数の運行管理者が選任されている場合にあっては、統括運行管理者及び事故等について相当の責任を有する者として運輸監理部長または運輸支局長が指定した運行管理者）に事故または処分のあった日から1年（やむを得ない理由がある場合にあっては1年6カ月）以内においてできる限り速やかに特別講習を受けさせなければなりません。

図 1.4　基礎講習または一般講習の受講時期

新しく選任したとき	その後	①死亡または重傷者を生じた事故があったとき ②輸送の安全に係る法令違反による処分があったとき

選任届出をした日の属する年度	基礎講習または一般講習を受講した日の属する年度の翌々年度以後2年ごと	①当該事故のあった日の属する年度及び翌年度 ②当該処分のあった日の属する年度及び翌年度

図 1.5　特別講習の受講時期

①死者または重傷者を生じた事故があったとき
②輸送の安全に係る法令違反による処分があったとき

①当該事故のあった日から
②当該処分のあった日から　｝１年以内

□**他の事業者において、運行管理者として選任されていた者であっても、**事業者は新たに運行管理者として選任した場合には、**基礎講習または一般講習を受講させなければなりません。**

□特別講習**の受講時期は、**事故または処分のあった日**から** 1 年以内であり、「事故報告書を提出した日」または「基礎講習または一般講習の日」から 1 年以内ではありません。

確認テスト

☑欄	空欄に入るべき字句を答えなさい。	解答
A□ B□	1. 事業者は、運行管理者がその業務として行う [A] を尊重しなければならず、事業用自動車の運転者その他の従業員は、運行管理者がその業務として行う [B] に従わなければなりません。	A：助言 B：指導
□	2. 運行管理者は、[ ] にその業務を行わなければならない。	誠実
□	3. 運行管理者は、乗務員等が休憩又は睡眠のために利用することができる施設を適切に [ ] しなければならない。	管理

□	4. 運行管理者が行う点呼は、点呼を行うべき総回数の少なくとも [　　] 以上でなければならない。	3分の1
□	5. 事業者は、死者又は重傷者を生じた事故を引き起こした場合、当該事故に係る営業所に属する運行管理者に、事故のあった日から1年（やむを得ない理由がある場合にあっては1年6カ月）以内においてできる限り速やかに [　　] を受けさせなければならない。	特別講習

12 運転者の遵守事項、運行管理規程等

「運転者の遵守事項」はしっかり理解しておきましょう。「運行管理規程」及び「輸送の安全にかかわる情報の公表」も押さえておきましょう。「保存期間」の３年間は必ず覚えましょう。

運転者の遵守事項

貨物自動車運送事業者の運転者は、事業用自動車の乗務について、次に掲げる事項を遵守しなければなりません。

①酒気を帯びて乗務しないこと

②過積載をした事業用自動車に乗務しないこと

③事業用自動車に貨物を積載するときは、貨物の積載方法により積載すること

④事業用自動車の**故障等により踏切内で運行不能**となったときは、**速やかに列車に対し適切な防護措置をとること**

⑤**酒気を帯びた状態にあるときは**、その旨を貨物自動車運送**事業者**に**申し出ること**

⑥**疾病、疲労、睡眠不足その他の理由により安全な運転をすることができないおそれがあるときは**、その旨を貨物自動車運送**事業者**に**申し出ること**

⑦**日常点検及び運行前点検**を**実施**し、またはその**確認**をすること

⑧乗務を開始しようとするとき、乗務の途中及び乗務を終了したときは、貨物自動車運送事業者が行う**点呼**を受け、また貨物自動車運送事業者に**報告**をすること

⑨事業用自動車の運行中に事業用自動車の**重大な故障を発見**し、または**重大な事故が発生するおそれ**があると認めたときは、**直ちに運行を中止**し貨物自動車運送**事業者に報告**すること

⑩乗務を終了して他の運転者と交替するときは、**交替する運転者に対し**、当該乗務に係る**事業用自動車、道路及び運行の状況について通告**すること

⑪他の運転者と交替して乗務を開始しようとするときは、当該**他の運転者から**⑩の通告を受け、事業用自動車の**制動装置、走行装置その他の重要な装置の機能について**点検をすること

⑫業務の記録（運行記録計による記録に付記する場合、その付記による記録）をすること（一般貨物自動車運送事業者等の運転者に限る）

⑬一般貨物自動車運送事業者等が作成する**運行指示書**を乗務中、携行し、**運行指示書の記載事項に変更**が生じた場合に携行している運行指示書にその変更の内容を記載すること

⑭踏切を通過するときは、変速装置を操作しない†こと　　×操作する†

※①〜⑥、⑨〜⑪は、特定自動運行貨物運送を行う貨物自動車運送事業者が**特定自動運行保安員に対し遵守させなければならない事項も同じ趣旨の項目**です。

チェック

□他の運転者と交替して乗務を開始しようとするときは、事業用自動車の制動装置、走行装置その他の重要な装置の機能**については、**必ず点検しなければなりません。「必要性があるとき」または「運行の状況に応じ」点検するものではありません。

□点検の項目は、①ブレーキの効きが十分であること、②タイヤ空気圧が適当であること、③灯火装置及び方向指示器の点灯または点滅状態が不良でないこと、④※空気圧力の上がり具合が不良でないこと、⑤※ブレーキバルブからの排気音が正常であること（※エアブレーキを採用している車両に限る。）

運行管理規程

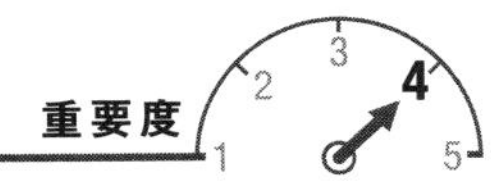

一般貨物自動車運送事業者等は、**運行管理者**の職務及び権限、**統括運行管理者**を選任しなければならない営業所にあってはその職務及び権限並びに事業用自動車の運行の安全の確保**に関する業務**の処理基準に関する規程（運行管理規

程）を定めなければなりません。

運行管理規程に定める運行管理者の**権限**は、少なくとも運行管理者の業務を処理するに足りるものでなければなりません。

安全管理規程

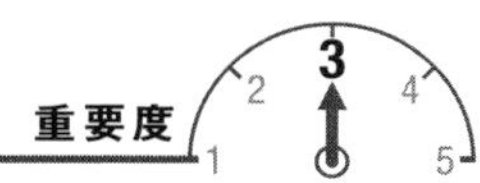

事業用自動車（被けん引を除く）の数が 200両 以上の一般貨物自動車運送事業者は、次のことを行わなければなりません。

①**安全管理規程**を定め、国土交通省令で定めるところにより、国土交通大臣に届け出ること。これを変更しようとするときも同様です

②**安全統括管理者**を選任（解任）しなければならないこと

③安全統括管理者を選任（解任）したときは、国土交通省令で定めるところにより、**遅滞なく**、その旨を国土交通大臣に**届け出る**こと

④輸送の安全の確保に関し、安全統括管理者のその職務を行う上での**意見を尊重**しなければならないこと

安全統括管理者の解任

国土交通大臣は、安全統括管理者がその職務を怠った場合であって、当該安全統括管理者が引き続きその職務を行うことが輸送の安全の確保に著しく支障を及ぼすおそれがあると認めるときは、一般貨物自動車運送事業者に対し、当該安全統括管理者を解任すべきことを命ずることができます。

点検整備

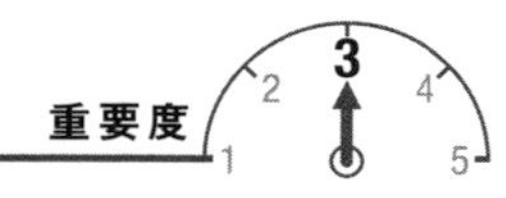

貨物自動車運送事業者は、道路運送車両法の規定によるもののほか、事業用自動車の点検及び整備について、次に掲げる事項を遵守しなければなりません。

①事業用自動車の構造及び装置並びに運行する道路の状況、走行距離その他事業用自動車の使用の条件を考慮して、**定期に行う点検の基準を作成**し、これに基づいて**点検**をし、**必要な整備**をすること

②点検及び整備をしたときは、点検及び整備に関する記録簿に記載し、これを保存すること

安全マネジメント

重要度
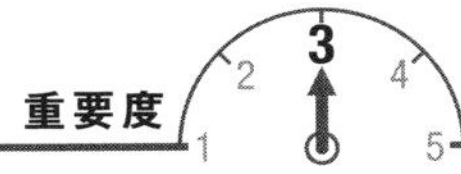

貨物自動車運送事業の運営において輸送の安全の確保が最も重要であるという意識を当該事業の経営の責任者から全従業員に浸透させ、輸送の安全に関する計画の作成（P）、実行（D）、評価（C）、改善（A）の一連の過程を定め、これを継続的に実施することにより、事業者全体の**輸送の安全の確保及びその安全性の向上を図る**仕組みをいいます。

輸送の安全にかかわる情報の公表

重要度
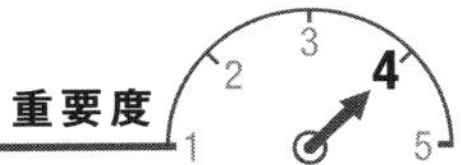

一般貨物自動車運送事業者等は、毎事業年度の経過後 100日 以内†に、輸送の安全に関する基本的な方針その他の輸送の安全に係る情報であって国土交通大臣が告示で定める事項について、インターネットの利用その他の適切な方法により**公表しなければなりません。**

×200日以内†

①**輸送の安全に関する**基本的な方針
②**輸送の安全に関する**目標及びその達成状況
③自動車事故報告規則第２条（定義）**に規定する**事故に関する統計†

×運行管理者の数†　×事業用自動車の数†

一般貨物自動車運送事業者等は、**輸送の安全確保の命令、事業改善命令及び許可の取消し等の処分（輸送の安全に係るものに限る）**を受けたときは、遅滞なく、当該処分の内容並びに当該処分に基づき講じた措置及び講じようとする措置の内容をインターネットの利用その他の適切な方法により**公表しなければなりません。**

行政処分

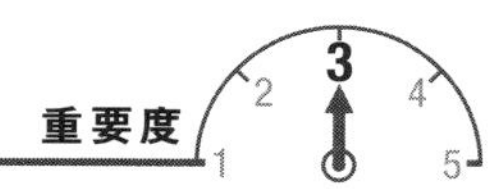

国土交通大臣が一般貨物自動車運送事業者に対し行うことができる行政処分には、次の3種類があります。

①**6カ月以内**において期間を定めて**自動車その他の輸送施設の使用の停止**

②**事業の全部または一部の停止**

③事業の**許可の取消し**

国土交通大臣が行政処分を行うことができるのは、一般貨物自動車運送事業者が次のいずれかに該当する場合です。

①貨物自動車運送事業法もしくはこの法律に基づく**命令**もしくはこれらに基づく**処分**もしくは道路運送法第83条（有償旅客運送の禁止）もしくは第95条（自動車に関する表示）の規定もしくは同法第84条第1項（運送に関する命令）の規定による**処分**または**許可**もしくは**認可**に付した**条件**に違反したとき

②一般貨物自動車運送事業の許可の欠格事由のいずれかに該当するに至ったとき

保存期間

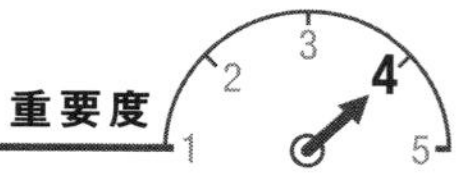

次の3事項が**3年間保存**[†]です。　　　　× 2年間保存[†]

①**運転者等台帳**

②**教育の記録**（従業員に対する指導及び監督）

③**事故の記録**

1年間の保存期間の主なものは、次のとおりです。

・点呼の記録

・業務の記録（運転日報）

・運行記録計による記録

・運行指示書

・点検整備記録簿

覚えるコツ！

保存期間は、①**運転者等台帳**、②**教育の記録**（従業員に対する指導及び監督）、③**事故の記録**が３年間保存で、その他は１年間保存です。
保存期間は、「"運教事"は３年間、その他は１年間」と覚えましょう。

確認テスト

☑欄	空欄に入るべき字句を答えなさい。	解答
□	1. 事業者は、運行管理者の職務及び権限、統括運行管理者を選任しなければならない営業所にあってはその職務及び権限並びに事業用自動車の運行の安全の確保に関する業務の処理基準に関する規程（［　　］規程）を定めなければならない。	運行管理
□	2. 事業用自動車（被けん引を除く）の数が［　　］以上の一般貨物自動車運送事業者は、安全管理規程を定め、国土交通省令で定めるところにより、国土交通大臣に届け出ること。	200両
A□ B□	3. 国土交通大臣は一般貨物自動車運送事業者が貨物自動車運送事業法若しくは同法に基づく命令若しくはこれらに基づく［A］若しくは道路運送法第83条（有償旅客運送簿禁止）若しくは第95条（自動車に関する表示）の規定若しくは同法第84条第1項（運送に関する命令）の規定による［A］又は許可若しくは認可に付した［B］に違反したときは、6ヵ月以内において期間を定めて自動車その他の輸送施設の当該事業のための使用の停止若しくは事業の全部若しくは一部の停止を命じ、又は第3条の許可を取り消すことができる。	A：処分 B：条件

過去問にチャレンジ

問１　一般貨物自動車運送事業に関する次の記述のうち、【正しいものを２つ】選び、解答用紙の該当する欄にマークしなさい。なお、解答にあたっては、各選択肢に記載されている事項以外は考慮しないものとする。

1. 一般貨物自動車運送事業を経営しようとする者は、国土交通大臣の許可を受けなければならない。

2. 一般貨物自動車運送事業の許可の取消しを受けた者は、その取消しの日から２年を経過しなければ、新たに一般貨物自動車運送事業の許可を受けることができない。

3. 一般貨物自動車運送事業者は、「事業用自動車の運転者及び運転の補助に従事する従業員の休憩又は睡眠のための施設の位置及び収容能力」に係る事業計画の変更をしようとするときは、国土交通大臣の認可を受けなければならない。

4. 一般貨物自動車運送事業者は、運送約款を定め、又はこれを変更しようとするときは、あらかじめその旨を、国土交通大臣に届け出なければならない。

問２　貨物自動車運送事業法に定める運行管理者等の義務についての次の文中、A、B、C、Dに入るべき字句を下の枠内の選択肢（1～8）から選びなさい。

1. 運行管理者は、［ A ］にその業務を行わなければならない。

2. 一般貨物自動車運送事業者は、運行管理者に対し、法令で定める業務を行うため必要な［ B ］を与えなければならない。

3. 一般貨物自動車運送事業者は、運行管理者がその業務として行う助言を［ C ］しなければならず、事業用自動車の運転者その他の従業員は、運行管理者がその業務として行う［ D ］に従わなければならない。

1. 指　導	2. 考　慮	3. 誠　実	4. 権　限
5. 適　切	6. 地　位	7. 尊　重	8. 勧　告

問３　次の記述のうち、貨物自動車運送事業の運行管理者が行わなければならない業務として【正しいものを２つ】選びなさい。なお、解答にあたっては、各選択肢に記載されている事項以外は考慮しないものとする。

1.　法令の規定により、運転者として常時選任するために新たに雇い入れた者であって当該貨物自動車運送事業者において初めて事業用自動車に乗務する前３年間に初任診断（初任運転者のための適性診断として国土交通大臣が認定したもの）を受診したことがない者に対して、当該診断を受診させること。

2.　事業用自動車に係る事故が発生した場合には、法令の規定により「事故の発生場所」等の所定の事項を記録し、及びその記録を３年間保存すること。

3.　法令の規定により、運転者に対して点呼を行い、報告を求め、確認を行い、及び指示を与え、並びに記録し、及びその記録を保存し、並びに国土交通大臣が告示で定めるアルコール検知器を備え置くこと。

4.　適齢診断（高齢運転者のための適性診断として国土交通大臣が認定したものをいう。）を運転者が60歳に達した日以後１年以内（60歳以上の者を新たに運転者として選任した場合は、選任の日から１年以内）に１回受診させ、その後３年以内ごとに１回受診させること。

問４　貨物自動車運送事業の事業用自動車の運転者に対する点呼に関する次の記述のうち、【正しいものをすべて】選びなさい。なお、解答にあたっては、各選択肢に記載されている事項以外は考慮しないものとする。

1.　２日間にわたる運行（営業所から出発し１日目を遠隔地で終了２日目に営業所に戻るもの。）については、１日目の業務前の点呼及び２日目の業務後の点呼についてはいずれも対面で行うことができることから、業務前の点呼及び業務後の点呼のほかに、当該業務途中において少なくとも１回電話その他の方法により点呼（中間点呼）を行う必要はない。

2.　業務終了後の点呼においては、「道路運送車両法第47条の２第１項及び第２項の規定による点検（日常点検）の実施又はその確認」について報告を求め、及び確認を行う。

3.　運行管理者の業務を補助させるために選任された補助者に対し、点呼の一部を行わせる場合にあっても、当該営業所において選任されている運行管理者が行う点呼は、点呼を行うべき総回数の３分の１以上でなければならない。

4. 運転者が所属する営業所において、アルコール検知器により酒気帯びの有無について確認を行う場合には、当該営業所に備えられたアルコール検知器を用いて行わなければならないが、当該アルコール検知器が故障等により使用できない場合は、当該アルコール検知器と同等の性能を有したものであれば、当該営業所に備えられたものでなくてもこれを使用して確認することができる。

問５ 自動車事故に関する次の記述のうち、一般貨物自動車運送事業者が自動車事故報告規則に基づき運輸支局長等に【速報を要するものを２つ】選びなさい。なお、解答にあたっては、各選択肢に記載されている事項以外は考慮しないものとする。

1. 事業用自動車が交差点に停車していた貨物自動車に気づくのが遅れ、当該事業用自動車がこの貨物自動車に追突し、さらに後続の自家用乗用自動車３台が関係する玉突き事故となり、この事故により３人が重傷、５人が軽傷を負った。

2. 事業用自動車が交差点において乗用車と出会い頭の衝突事故を起こした。双方の運転者は共に軽傷であったが、当該事業用自動車の運転者が事故を警察官に報告した際、その運転者が道路交通法に規定する酒気帯び運転をしていたことが発覚した。

3. 事業用自動車が走行中、鉄道施設である高架橋の下を通過しようとしたところ、積載していた建設用機械の上部が橋桁に衝突した。この影響で、２時間にわたり本線において鉄道車両の運転を休止させた。

4. 事業用自動車の運転者が高速自動車国道を走行中、ハンドル操作を誤り、道路の中央分離帯に衝突したことにより、当該事業用自動車に積載していた消防法に規定する危険物の灯油がタンクから一部漏えいした。この事故により当該自動車の運転者が軽傷を負った。

問６ 一般貨物自動車運送事業者（以下「事業者」という。）の運行管理者の選任等に関する次の記述のうち、【誤っているものを１つ】選びなさい。なお、解答にあたっては、各選択肢に記載されている事項以外は考慮しないものとする。

1. 事業者は、事業用自動車（被けん引自動車を除く。）の運行を管理する営業所ごとに、当該営業所が運行を管理する事業用自動車の数を30で除して得た数（その数に1未満の端数があるときは、これを切り捨てるものとする。）に1を加算して得た数以上の運行管理者を選任しなければならない。

2. 事業者は、法令に規定する運行管理者資格者証を有する者又は国土交通大臣が告示で定める運行の管理に関する講習であって国土交通大臣の認定を受けたもの（基礎講習）を修了した者のうちから、運行管理者の業務を補助させるための者（補助者）を選任することができる。

3. 事業者は、次の①又は②の場合には、当該事故又は当該処分（当該事故に起因する処分を除く。以下「事故等」という。）に係る営業所に属する運行管理者に、事故等があった日の属する年度及び翌年度（やむを得ない理由がある場合にあっては、当該年度の翌年度及び翌々年度、国土交通省令の規定により既に当該年度に基礎講習又は一般講習を受講させた場合にあっては、翌年度）に基礎講習又は一般講習を受講させなければならない。

① 死者又は重傷者（法令で定めるもの。）を生じた事故（以下「事故」という。）を引き起こした場合
② 貨物自動車運送事業法第33条（許可の取消し等）の規定による処分（輸送の安全に係るものに限る。以下「処分」という。）の原因となった違反行為をした場合

4. 事業者は、事故を引き起こした場合又は処分の原因となった違反行為をした場合には、これに係る営業所に属する運行管理者（当該営業所に複数の運行管理者が選任されている場合にあっては、総括運行管理者及び事故等について相当の責任を有する者として運輸支局長等が指定した運行管理者）に、当該事故の報告書を運輸支局長等に提出した日又は当該処分のあった日から1年（やむ得ない理由がある場合にあっては、1年6カ月）以内においてできる限り速やかに特別講習を受講させなければならない。

問7 一般貨物自動車運送事業者（以下「事業者」という。）の事業用自動車の運行の安全を確保するために、国土交通省告示等に基づき運転者に対して行わなければならない指導監督及び特定の運転者に対して行わなければならない特別な指導に関する次の記述のうち、【誤っているものを1つ】選びなさい。なお、解答にあたっては、各選択肢に記載されている事項以外は考慮しないものとする。

1. 事業者は、事故惹起運転者に対する特別な指導については、当該交通事故を引き起こした後、再度事業用自動車に乗務する前に実施すること。ただし、やむを得ない事情がある場合には、再度乗務を開始した後1カ月以内に実施すること。なお、外部の専門的機関における指導講習を受講する予定である場合は、この限りでない。

2. 運転者は、乗務を終了して他の運転者と交替するときは、交替する運転者に対し、当該乗務に係る事業用自動車、道路及び運行の状況について通告すること。この場合において、交替して乗務する運転者は、当該通告を受け、当該事業用自動車の制動装置、走行装置その他の重要な装置の機能について点検の必要性があると認められる場合には、これを点検すること。

3. 事業者は、初任運転者に対する特別な指導について、当該事業者において初めて事業用自動車に乗務する前に実施すること。ただし、やむを得ない事情がある場合は、乗務を開始した後1カ月以内に実施すること。

4. 事業者が行う初任運転者に対する特別な指導は、法令に基づき運転者が遵守すべき事項、事業用自動車の運行の安全を確保するために必要な運転に関する事項などについて、15時間以上実施するとともに、安全運転の実技について、20時間以上実施すること。

問8 一般貨物自動車運送事業者（以下「事業者」という。）の貨物の積載等に関する次の記述のうち、【誤っているものを1つ】選びなさい。なお、解答にあたっては、各選択肢に記載されている事項以外は考慮しないものとする。

1. 事業者は、道路法第47条第2項の規定（車両でその幅、重量、高さ、長さ又は最小回転半径が政令で定める最高限度を超えるものは、道路を通行させてはならない。）に違反し、又は政令で定める最高限度を超える車両の通行に関し道路管理者が付した条件（通行経路、通行時間等）に違反して事業用自動車を通行させることを防止するため、運転者に対する適切な指導及び監督を怠ってはならない。

2. 事業者は、事業用自動車（車両総重量が8トン以上又は最大積載量が5トン以上のものに限る。）に、貨物を積載するときは、偏荷重が生じないように積載するとともに、運搬中に荷崩れ等により事業用自動車から落下することを防止するため、貨物にロープ又はシートを掛けること等必要な措置を講じなければならない。

3. 事業者は、車両総重量が7トン以上又は最大積載量が4トン以上の普通自動車である事業用自動車に係る運転者等の業務について、当該事業用自動車の瞬間速度、運行距離及び運行時間を運行記録計により記録し、かつ、その記録を1年間保存しなければならない。

4. 事業者は、車両総重量が8トン以上又は最大積載量が5トン以上の普通自動車である事業用自動車の運行の業務に従事した場合にあっては、貨物の積載状況を当該業務を行った運転者等ごとに業務の記録をさせなければならない。

解答・解説

問1 解答 1．3．

1．正。
2．誤。事業の許可の取消しを受けた者は、取消しの日から「**5年**」を経過しなければ、新たな許可を受けることができない。 ×2年
3．正。
4．誤。運送約款を定め、又は変更しようとするときは国土交通大臣の「**認可**」を受けなければならない。 ×届出

問2 解答 A＝3．B＝4．C＝7．D＝1．

1．運行管理者は、**誠実**にその業務を行わなければならない。
2．一般貨物自動車運送事業者は、運行管理者に対し、法令で定める業務を行うため必要な**権限**を与えなければならない。
3．一般貨物自動車運送事業者は、運行管理者がその業務として行う助言を**尊重**しなければならず、事業用自動車の運転者その他の従業員は、運行管理者がその業務として行う**指導**に従わなければならない。

問3 解答 1．2．

1．正。
2．正。
3．誤。アルコール検知器を「**備え置く**」ことは「**事業者**」の業務。
4．誤。適齢診断は「**65歳**」に達した日以後1年以内（「**65歳**」以上の者を新たに運転者として選任した場合は、選任の日から1年以内）に1回受診させ、その後3年以内ごとに1回受診させる。 ×60歳

問4 解答 1. 3.

1. 正。
2. 誤。「日常点検の実施またはその確認」について報告を求め、及び確認を行うのは、「業務前点呼」です。 ×業務終了後の点呼
3. 正。**補助者**は、点呼の総回数の「**3分の2以下**」でなければならない。
4. 誤。アルコール検知器は、故障等により使用できない場合、営業所に備えられているアルコール検知器といくら同等の性能を有していたとしても「営業所に備えられていない」アルコール検知器を使用して確認することはできない。

問5 解答 2. 4.

1. 誤。
2. 正。「**酒気帯び運転**」は、速報を要する。
3. 誤。
4. 正。**自動車その他の物件（「中央分離帯」等）と衝突したことにより危険物である灯油の一部が漏えい**したことは、速報を要する。

問6 解答 4.

1. 正。
2. 正。
3. 正。
4. 誤。事業者は、事故を引き起こした場合又は処分の原因となった違反行為をした場合には、当該「**事故のあった日**」又は当該処分のあった日から**1年以内**においてできる限り速やかに**特別講習**を受講させなければならない。

問7 解答 2.

1. 正。
2. 誤。交替して乗務する運転者は、当該通告を受け、当該事業用自動車の制

動装置、走行装置その他の重要な装置の機能について**点検をする**こと。

×点検の必要性があると認められる場合には、これを点検すること

3. 正。

4. 正。

問8 **解答** 2.

1. 正。
2. 誤。「(車両総重量が8トン以上又は最大積載量が5トン以上のものに限る)」を削除すると正しい。落下防止等の措置に自動車の条件は付いていない。
3. 正。
4. 正。

第2章 道路運送車両法

学習のポイント

総　括

道路運送車両法は、30問中4問と、他の分野と比較して出題数が少なく、かつ出題の範囲が限られているため、得点しやすい分野です。取りこぼしをなくしましょう。

目　安

出題4問のうち、最低でも2問は正解しましょう。

頻　出

「自動車の登録」「自動車の点検整備」「自動車の検査」「道路運送車両の保安基準及びその細目」から出題されています。「移転登録」「臨時運行許可」「日常点検」「継続検査」「自動車検査証」「整備命令」などです。

アクセスキー　q
（小文字のキュー）

1 法の目的、自動車の種別

「法の目的」は自動車の登録、自動車の検査及び自動車の整備について述べていることを理解しましょう。自動車の種別を押さえましょう。

道路運送車両法の目的

重要度 5

道路運送車両法は、道路運送車両に関し、所有権についての公証等を行い並びに安全性の確保及び公害の防止その他の環境の保全並びに整備についての技術の向上を図り、併せて自動車の整備事業[†]の健全な発達に資することにより、公共の福祉を増進することを目的としています。

×製造事業[†]

アドバイス

道路運送車両法は、①自動車の登録、②自動車の検査、③自動車の整備から成り立っています。

自動車の登録の主体は「所有者」ですが、自動車の検査及び自動車の整備の主体は「使用者」といった違いがあります。

道路運送車両の定義

道路運送車両法で**道路運送車両**とは、**自動車、原動機付自転車及び軽車両**をいいます。

それぞれ、表 2.1 のように定められています。

表 2.1　道路運送車両の定義

自動車	**原動機により陸上を移動させることを目的として製作した用具で軌条若しくは架線を用いないものまたはこれによりけん引して陸上を移動させることを目的として製作した用具**であって、**原動機付自転車以外のもの**をいいます。
原動機付自転車	国土交通省令で定める総排気量または定格出力を有する原動機により陸上を移動させることを目的として製作した用具で軌条若しくは架線を用いないものまたはこれによりけん引して陸上を移動させることを目的として製作した用具をいいます。
軽車両	人力若しくは畜力により陸上を移動させることを目的として製作した用具で軌条若しくは架線を用いないものまたはこれによりけん引して陸上を移動させることを目的として製作した用具であって、政令で定めるものをいいます。

自動車の種別

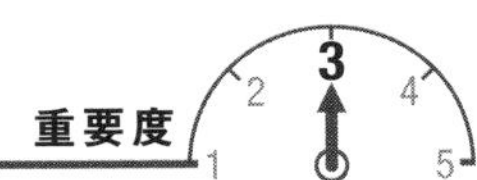

道路運送車両法で定める**自動車**は、**普通自動車**、**小型自動車**、**軽自動車**、**大型特殊自動車**、**小型特殊自動車**の**5 種類**です。

道路交通法の大型自動車、中型自動車、準中型自動車、普通自動車を、道路運送車両法では普通自動車といいます。

図 2.1　道路運送車両法で定める自動車

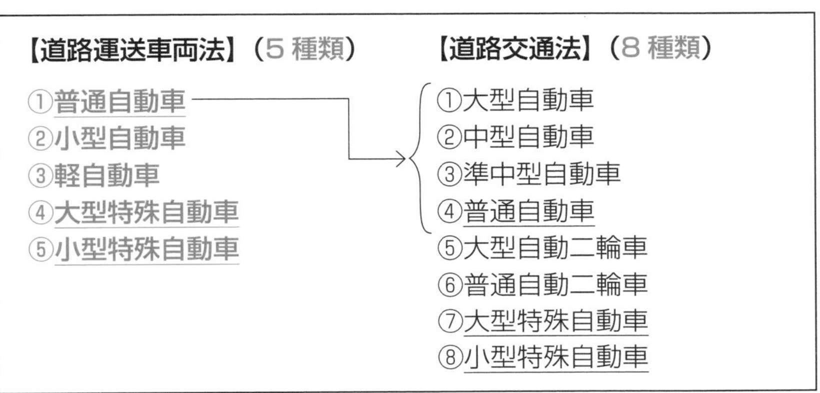

自動車の大きさは、表 2.2 のように定められています。

表 2.2　自動車の大きさ

	長さ	幅	高さ
普通自動車	小型自動車、軽自動車、大型特殊自動車及び小型特殊自動車以外の自動車		
小型自動車	4.7m 以下	1.7m 以下	2.0m 以下
軽自動車	3.4m 以下	1.48m 以下	2.0m 以下

確認テスト

☑欄	空欄に入るべき字句を答えなさい。	解答
A□ B□ C□	1. この法律は、道路運送車両に関し、［ A ］についての公証等を行い並びに［ B ］の確保及び公害の防止その他の環境の保全並びに整備についての技術の向上を図り、併せて自動車の［ C ］の健全な発達に資することにより公共の福祉を増進することを目的とする。	A：所有権 B：安全性 C：整備事業
□	2. 道路運送車両とは、自動車、［　　］及び軽車両をいう。	原動機付自転車
□	3. 道路運送車両法で定める自動車は、普通自動車、［　　］、軽自動車、大型特殊自動車及び小型特殊自動車の 5 種類である。	小型自動車

2 自動車の登録、臨時運行許可

「自動車の登録」では、変更登録と移転登録の違いを押さえましょう。「臨時運行の許可」の「有効期間」及び「臨時運行の許可証の返納期間」は必ず覚えましょう。

自動車の登録

自動車の登録には、新規登録、変更登録、移転登録及び抹消登録があります。

自動車（軽自動車、小型特殊自動車及び二輪の小型自動車を除く）は、**自動車登録ファイルに登録を受けたものでなければ、これを運行の用に供してはなりません。**それぞれ、表 2.3 のように定められています。

なお、**登録自動車の所有権の得喪は、登録を受けなければ第三者に対抗することはできません。**

表 2.3　自動車の登録

新規登録	新車等でナンバーのついていない自動車を登録するとき	新規登録は、新規検査の申請または自動車予備検査証による自動車検査証の交付申請と同時に申請しなければなりません。
変更登録	所有者の氏名、住所、使用の本拠の位置などの変更のとき	所有者はその事由のあった日から 15 日以内に申請しなければなりません。
移転登録	自動車の譲渡など、所有者の変更のとき	新所有者はその事由のあった日から 15 日以内に申請しなければなりません。

（次ページに続く）

（表 2.3 の続き）

抹消登録	自動車の使用をやめたり、解体したとき	①**永久抹消登録**（登録自動車が滅失し、解体し、または自動車の用途を廃止したとき） 所有者はその事由のあった日から 15 日以内に申請しなければなりません。 ただし、その事由が使用済自動車の解体である場合は「解体報告記録」がなされたことを知った日から 15 日以内に申請しなければなりません。
		②**一時抹消登録**（自動車の運行の用に供することをやめたとき） 所有者は一時抹消登録した自動車を滅失し、解体し、または自動車の用途を廃止した場合には、その事由のあった日から 15 日以内に届け出なければなりません。

覚えるコツ！

移転登録と**変更登録**の**違い**を押さえるには、移転登録（自動車の譲渡など所有者の変更のとき）を覚えて、それ以外は変更登録と覚えましょう。

自動車登録番号標（ナンバープレート）

重要度 3

自動車は、国土交通大臣または自動車登録番号標交付代行者から交付を受けた自動車登録番号標を「国土交通省令で定める位置」*に、かつ、被覆しないことその他当該自動車登録番号標に記載された自動車登録番号の識別に支障が生じないものとして**「国土交通省令で定める方法」****により表示しなければ、運行の用に供してはなりません。**

図 2.2　自動車登録番号標（ナンバープレート）

定 義

*「国土交通省令で定める位置」…自動車の前面及び後面であって、自動車登録番号標に記載された自動車登録番号の識別に支障が生じないものとして告示で定める位置（見やすい位置†）をいう。　×任意の位置†

**「国土交通省令で定める方法」…①自動車の車両中心線に直交する鉛直面に対する角度その他の自動車登録番号標の表示の方法に関し告示で定める基準に適合していること、②自動車登録番号標に記載された自動車登録番号の識別に支障が生じないものとして告示で定める物品以外のものが取り付けられておらず、かつ、汚れがないことをいう。

所有者の義務

自動車の所有者は、自動車登録番号の通知を受けたときは、国土交通大臣または自動車登録番号標交付代行者から当該番号を記載した**自動車登録番号標の交付**を受け、国土交通省令で定めるところによりこれを自動車に取り付けた上、国土交通大臣または封印取付受託者の行う封印の取付けを受けなければなりません。

登録自動車の所有者は、当該自動車の**使用者**が、道路運送車両法第 69 条第 2 項の規定（**整備命令等による自動車の使用の停止**）により**自動車検査証を返納**したときは、遅滞なく†、当該自動車登録番号標及び封印を取りはずし、**自動車登録番号標**について国土交通大臣の領置を受けなければなりません‡。

×30 日以内†　×国土交通大臣に届け出なければなりません‡

定 義

領置とは、所有者が提出した物の占有を行政庁が一時取得し、行政庁の管理下に置くこと。

臨時運行の許可

重要度 4

臨時運行の許可は、①試運転を行う場合、②新規登録、③新規検査、④自動車検査証が有効でない自動車についての継続検査その他の検査の申請をするために必要な提示のための回送を行う場合その他特に必要がある場合に行われます。

(1) 運行の要件

臨時運行の許可に係る自動車は、次に掲げる要件を満たさなければ、これを運行の用に供してはなりません。

ア　臨時運行許可番号標を国土交通省令で定める位置に、かつ、被覆しないことその他当該臨時運行許可番号標に記載された番号の識別に支障が生じないものとして国土交通省令で定める方法により表示していること。

イ　臨時運行許可証を備え付けていること。

(2) 有効期間

臨時運行の許可の有効期間は、特別な場合を除き、5日**を超えてはなりません。**

臨時運行の許可を受けた者は、有効期間が満了したときは、その日から5日以内[†]に、行政庁に臨時運行許可証、臨時運行許可番号標を返納しなければなりません。

× 15日以内[†]

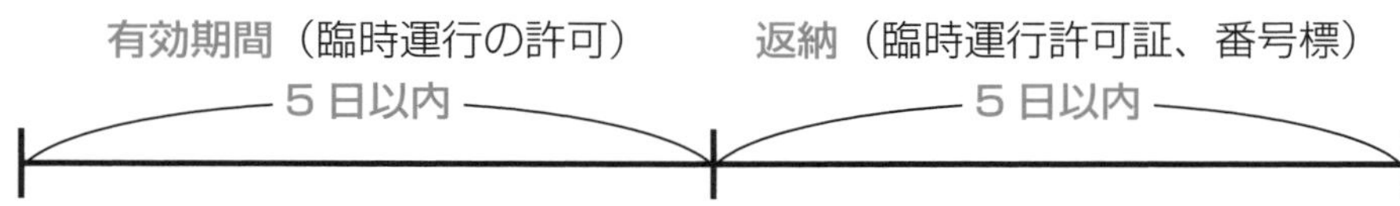

図 2.3　臨時運行許可番号標

覚えるコツ！

道路運送車両法の期日の問題では、
“りんご（臨時運行の許可の有効期間は 5 日以内）と領置（領置があるときは「遅滞なく」）以外は、15 日以内” と覚えましょう。

確認テスト

☑欄	空欄に入るべき字句を答えなさい。	解答
A☐ B☐	1. 登録自動車について所有者の変更があったときは、新所有者は、その事由があった日から [A] 以内に、国土交通大臣の行う [B] の申請をしなければならない。	A：15 日 B：移転登録
☐	2. 自動車の所有者は、当該自動車の使用の本拠の位置に変更があったときは、道路運送車両法で定める場合を除き、その事由があった日から 15 日以内に、国土交通大臣の行う [ ] の申請をしなければならない。	変更登録
☐	3. 登録自動車の所有者は、当該自動車の使用者が、道路運送車両法の規定により自動車検査証を返納したときは、[ ] 、当該自動車登録番号標及び封印を取りはずし、自動車登録番号標について国土交通大臣の領置を受けなければならない。	遅滞なく
☐	4. 臨時運行の許可を受けた者は、臨時運行許可証の有効期間が満了したときは、その日から [ ] 以内に、当該臨時運行許可証及び臨時運行許可番号標を当該行政庁に返納しなければならない。	5 日

3 自動車の点検整備（日常点検・定期点検）

「日常点検」は穴うめまたは４択のどちらの出題にも正解できるようにキーワードを必ず覚えましょう。「日常点検の基準」「定期点検」及び「点検整備記録簿」についてもしっかり押さえておきましょう。

車両の点検・整備

重要度
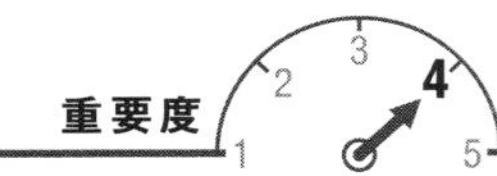

自動車の 使用者 は自動車の点検をし、必要に応じ 整備 することにより、保安基準 に適合するように維持しなければなりません。

日常点検整備

重要度
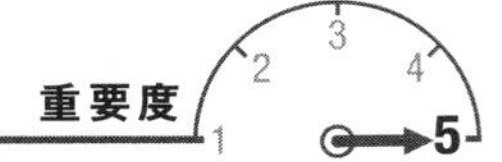

自動車の 使用者 又はこれらの自動車を 運行 する者は、 １日１回、その運行の 開始前 において、国土交通省令で定める 技術上の基準 により、灯火装置の点灯、 制動装置 の作動その他の 日常的 に点検すべき事項について、 目視等 により自動車を 点検 しなければなりません。

アドバイス

日常点検整備は、穴うめ問題に最もよく出題されていますので、キーワードは必ず覚えましょう。

自動車の 使用者 は、日常点検の結果、 当該自動車が保安基準に適合しなくなるおそれがある状態または適合しない 状態にあるときは、 保安基準に適合しなくなるおそれをなくするため、または保安基準に適合させる ために自動車について必要な 整備 をしなければなりません。

日常点検の基準

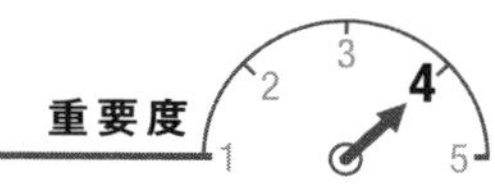

事業用自動車の日常点検の基準の主なものは、表 2.4 のとおりです。

表 2.4　事業用自動車の日常点検基準

ブレーキ	・**ブレーキペダルの踏みしろが適当**で、ブレーキの効きが十分であること ・**ブレーキの液量が適当**であること ・空気圧力の上がり具合が不良でないこと ・ブレーキペダルを踏込んで離した場合、ブレーキバルブからの排気音が正常であること ・駐車ブレーキレバーの引きしろが適当であること
タイヤ	・**タイヤの空気圧**が適当であること ・**亀裂や損傷がない**こと ・**異状な摩耗がない**こと ・タイヤの溝の深さが十分であること※ ・**ディスクホイール**の**取付状態**が不良でないこと（車両総重量 8 トン以上 または乗車定員 **30 人**以上の自動車に**限る**）
バッテリ	・バッテリの液量が適当であること※
原動機	・冷却水の量が適当であること※ ・ファン・ベルトの張り具合が適当であり、かつ、ファン・ベルトに損傷がないこと※ ・エンジン・オイルの量が適当であること※ ・原動機のかかり具合が不良でなく、異音がないこと※ ・低速及び加速の状態が適当であること※
灯火装置及び方向指示器	・**点灯または点滅の具合**が**不良でなく**、かつ、**汚れ**、**損傷がないこと**

※印の点検は、自動車の走行距離、運行時の状態等から判断した適切な時期に行うことで足りるものです。

アドバイス

「ブレーキ」と「灯火装置及び方向指示器」の点検については、すべての項目について1日1回点検を行わなければなりません。

定期点検

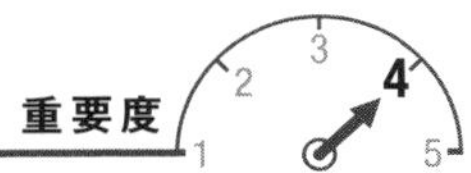

自動車運送事業の用に供する自動車の**使用者**は、国土交通省令で定める**技術上の基準**により事業用自動車を 3カ月[†] ごとに**点検**しなければなりません。

[†] ×6カ月

定期点検の基準

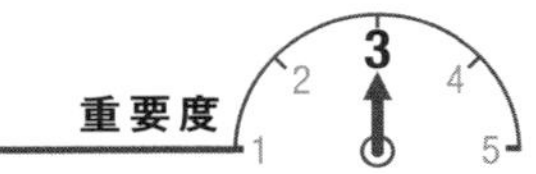

事業用自動車の定期点検の基準の主なものは、表2.5のとおりです。

表2.5　定期点検の基準

かじ取り装置	パワー・ステアリング装置	・ベルトの緩み、損傷 ・油漏れ、油量※
制動装置	ブレーキペダル	・遊び、踏み込んだときの床板とのすき間 **・ブレーキの効き具合**
緩衝装置	エアサスペンション	・エア漏れ ・ベローズの損傷※ ・取付部・連結部の緩み及び損傷※
動力伝達装置	クラッチ	・ペダルの遊び、切れたときの床板とのすき間
	トランスミッション、トランスファ	・油漏れ、油量※
電気装置	点火装置	・点火プラグの状態※ ・点火時期

（次ページに続く）

（表 2.5 の続き）

原動機	本体	・エアクリーナエレメントの状態
	燃料装置	・燃料漏れ
車枠及び車体	車両総重量 8 トン以上または**乗車定員 30 人以上**に限る	・**スペアタイヤ取付装置の緩み、がた・損傷** ・スペアタイヤの取付状態 ・**ツールボックスの取付部の緩み・損傷**
その他		車載式故障診断装置（OBD）の診断の結果※※

※印の点検は自動車検査証の交付日または定期点検日以降の**走行距離**が **3 カ月間当たり 2,000km 以下**の自動車は、定期点検を**省略すること**ができます。ただし、2 回連続の省略はできません。

※※印の点検は、**原動機、制動装置、アンチロック・ブレーキシステム及びエアバッグ**（かじ取り装置並びに車枠及び車体に備えるものに限る。）、**衝突被害軽減制動制御装置、自動命令型操舵機能**及び**自動運行装置**に係る識別表示（道路運送車両の保安基準に適合しないおそれがあるものとして警報するものに限る。）**の点検**をもって代えることができます。

OBD（車載式故障診断装置）点検とは、車両に搭載される**電子制御装置**（原動機、制動装置、アンチロック・ブレーキシステム、エアバッグ（かじ取り装置並びに車枠及び車体に備えるものに限る。）等）に故障がないか等の診断結果を、**スキャンツール**または**識別表示**を用いて、12ヵ月ごとに行う点検をいいます。

点検整備記録簿

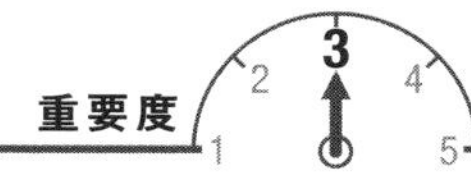

自動車の使用者は、点検整備記録簿を自動車に備え置き、当該自動車について点検または整備をしたときは、遅滞なく、点検の年月日、点検の結果、整備の概要及び整備を完了した年月日などの事項を記載し 1 年間保存しなければなりません。

確認テスト

☑欄	空欄に入るべき字句を答えなさい。	解答
A□ B□ C□	1. 自動車の使用者又はこれらの自動車を［ A ］する者は、1日1回、その運行の開始前において、国土交通省令で定める技術上の基準により、灯火装置の点灯、［ B ］の作動その他の日常的に点検すべき事項について、目視等により自動車を［ C ］しなければならない。	A：運行 B：制動装置 C：点検
□	2. 自動車運送事業の用に供する自動車の使用者は、［　　］ごとに国土交通省令で定める技術上の基準により、自動車を点検しなければならない。	3ヵ月
□	3. 車両総重量8トン以上又は乗車定員30人以上の自動車の使用者は、スペアタイヤの取付　状態等について、［　　］ごとに国土交通省令で定める技術上の基準により自動車を点検しなければならない。	3ヵ月
A□ B□	4. 事業用自動車の［ A ］は、自動車の点検をし、及び必要に応じ整備をすることにより、当該自動車を道路運送車両の［ B ］に適合するように維持しなければならない。	A：使用者 B：保安基準

4 整備管理者、整備命令

「整備管理者の権限」及び選任（変更）したときの「届出期間」は必ず覚えましょう。「整備命令」は穴うめの対策として、キーワードを覚えましょう。

整備管理者

重要度 4

（1）整備管理者の選任

自動車の使用者は、**自動車の点検及び整備**並びに**自動車車庫の管理**に関する事項を処理させるため、自動車の点検及び整備に関し特に専門的知識を必要とすると認められる**車両総重量８トン以上**の自動車その他の国土交通省令で定める自動車であって国土交通省令で定める台数（乗車定員 10 人以下**の自動車運送事業の用に供する自動車**にあっては５両）以上のものの使用の本拠ごとに、**自動車の点検及び整備に関する実務の経験**その他について国土交通省令で定める**一定の要件**を備える者のうちから、 整備管理者 を選任しなければなりません。

自動車の点検及び整備に関する実務の経験その他について国土交通省令で定める「一定の要件」とは、次のいずれかに該当する場合をいいます。

> ①整備の管理を行おうとする自動車と同種類の自動車の点検・整備または整備の管理に関して２年以上の**実務の経験**を有し、地方運輸局長が行う**研修の修了者**
> ②**自動車整備士技能検定**（１級、２級又は３級）**の合格者**

（2）整備管理者の届出

整備管理者を選任（変更）したときは、その日から 15 日以内[†]に、地方運輸局長にその旨を届け出**なければなりません。**

× 30 日以内[†]

整備管理者の権限

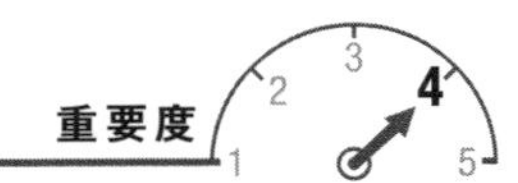

事業者は選任した整備管理者に、次の職務の執行に必要な権限を与えなければなりません。

①**日常点検**の**実施方法を定める**こと
②日常点検の結果に基づき、運行の可否を決定すること
③**定期点検を実施する**こと
④日常点検及び定期点検のほか、臨時に必要な点検を実施すること
⑤定期点検及び整備の実施計画を定めること
⑥**点検整備記録簿**その他の点検・整備に関する記録簿を**管理**すること
⑦自動車車庫を管理すること
⑧以上の事項を処理するため、運転者、整備員その他の者を指導・監督すること

なお、整備管理者は、シビアコンディション（**雪道（冬用タイヤの溝の深さが製作者の推奨する使用限度を超えていないことの点検・整備を含む。）**、**悪路走行**等）に対応し、冬用タイヤの点検・整備は、日常点検と併せて点検するなど雪道上の輸送の安全を確保する必要があります。

重要

「日常点検の結果に基づき、運行の可否を決定すること」及び「自動車車庫を管理すること」は、整備管理者**の業務**であり、**運行管理者の業務ではない**ことを押さえましょう。

整備管理者の解任命令

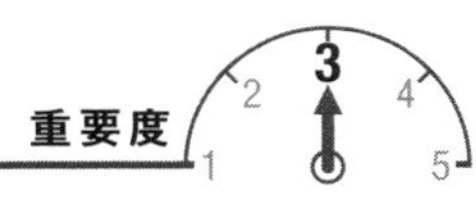

地方運輸局長は、整備管理者が道路運送車両法若しくは道路運送車両法に基づく命令・処分に違反したときは、事業者に対し、整備管理者の解任を命ずる

ことができます。

整備管理者を解任され、解任の日から2年（**乗車定員11人以上の事業用自動車は**5年）を経過しない者を選任することはできません。

整備命令

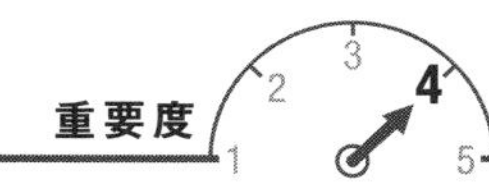

(1) 地方運輸局長は、自動車が**保安基準に適合しなくなるおそれがある状態**または適合しない状態にあるとき（不正改造等を除く）は、自動車の使用者に対し、**保安基準に適合しなくなるおそれをなくするため**、または保安基準に適合させるために必要な整備を行うべきことを**命ずる**ことができます。

(2) 地方運輸局長は、**保安基準に**適合しない状態にある自動車の使用者に対し、自動車が保安基準に適合するに至るまでの間の運行に関し、自動車の**使用の方法**・経路の制限その他の保安上または公害防止その他の環境保全上必要な**指示***をすることができます。

(3) 地方運輸局長は、自動車の**使用者**が命令または指示に従わない場合において、自動車が保安基準に適合しない状態にあるときは、当該自動車の使用を停止することができます。

不正改造等に対する整備命令

地方運輸局長は、自動車が保安基準に適合しない状態にあり、かつ、その原因が自動車またはその部分の改造、装置の取付け・取外しその他これらに類する行為に起因するものと認められるときは、自動車の**使用者**に対し、保安基準に適合させるために必要な**整備**を行うべきことを命ずることができます。

地方運輸局長は、上記により整備を命じたときは、自動車の前面の見やすい箇所に国土交通省令で定めるところにより「**整備命令標章**」を貼り付けなければなりません。

なお、不正改造等においても、上記の*部分（「整備命令」の（2））と同様の指示をすることができます。

図 2.4　整備命令標章

何人も「整備命令標章」を破損・汚損してはならず、また、整備命令が取り消された後でなければ取り除いてはなりません。

整備命令を受けた自動車の使用者は、当該命令を受けた日から**15日以内**に、地方運輸局長に対し、保安基準に適合させるために必要な整備を行った自動車及び当該自動車に係る**自動車検査証を提示**しなければなりません。

地方運輸局長は、自動車の使用者が整備命令・指示に従わないとき、または違反したときは、**6カ月以内**の期間を定めて、自動車の**使用を停止**することができます。

何人も、有効な自動車検査証の交付を受けている自動車について、自動車またはその部分の改造、装置の取付け・取外しその他これらに類する行為であって、自動車が保安基準に適合しないこととなるものを行ってはなりません。

確認テスト

☑欄	空欄に入るべき字句を答えなさい。	解答
□	1. 整備管理者を選任したときは、その日から［　　］以内に、地方運輸局長にその旨を届け出なければならない。	15日
□	2. 日常点検の結果に基づき、運行の可否を決定するのは、［　　］の権限である。	整備管理者
□	3. 地方運輸局長は、自動車が保安基準に適合しなくなるおそれがある状態または適合しない状態にあるときは、自動車の使用者に対し、保安基準に適合しなくなるおそれをなくするため、または保安基準に適合させるために必要な［　　］を行うべきことを命ずることができる。	整備

□	4. 地方運輸局長は、保安基準に適合しない状態にある当該自動車の使用者に対し、当該自動車が保安基準に適合するに至るまでの間の運行に関し、当該自動車の使用の方法又は経路の制限その他の保安上又は □ その他の環境保全上必要な指示をすることができる。	公害防止

5 自動車の検査、自動車検査証

「自動車の検査」の５種類、自動車検査証の「有効期間」「検査標章の表示」及び「保安基準適合標章」については、必ず覚えましょう。

自動車の検査

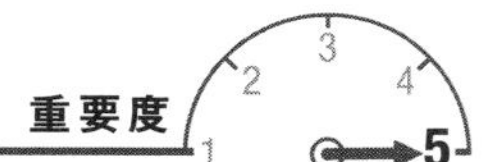

自動車は、国土交通大臣の行う検査を受け、有効な**自動車検査証**の交付を受けたものでなければ、これを運行の用に供してはなりません。

表 2.6　自動車の検査

新規検査	**登録を受けていない自動車を運行の用に供しようとするとき**は、自動車の使用者は**自動車を提示して、新規検査を受けなければなりません。** 新規検査の申請は、新規登録の申請と同時にしなければなりません。
継続検査 （いわゆる**車検**）	自動車の使用者は**自動車検査証の有効期間満了後**も、**引き続き使用**しようとするときは、自動車を**提示**し、**継続検査**を受けなければなりません。国土交通大臣は、**継続検査の結果、自動車が道路運送の保安基準に適合しないと認めるときは自動車検査証を使用者に返付しません。** 継続検査を申請する場合、**自動車検査証の記入の申請をすべき事由があるとき**には、**あらかじめ**、その申請をしなければなりません。
構造等変更検査	国土交通大臣は**自動車の長さ、幅、高さ、最大積載量などを変更する場合**、保安基準に適合しなくなるおそれがあると認めるときは、構造等変更検査を受けることを命じなければなりません。

臨時検査	国土交通大臣が、事故が著しく生じている等により保安基準に適合していないおそれがあると認める一定の範囲の自動車の使用者は、臨時検査を受けなければなりません。
予備検査	登録を受けていない自動車の所有者は、予備検査を受けることができ、予備検査の結果、保安基準に適合すると認められるときは、自動車予備検査証（有効期間は３カ月）を受けることができます。

□自動車の検査は、①新規検査、②継続検査、③構造等変更検査、④臨時検査、⑤予備検査の５種類[†]です。 ×４種類[†]

□自動車の検査は使用者が主体であり、所有者ではありません。

自動車検査証

自動車は、**自動車検査証を自動車に備え付け**[†]、かつ、**検査標章を表示**しなければ、**運行の用に供してはなりません。** ×営業所に備え付け[†]

（1）自動車検査証の有効期間

①事業用自動車の有効期間は１年です。ただし、初めて自動車検査証の交付を受ける車両総重量８トン未満の貨物の運行の用に供する場合は２年となります。 （例）車両総重量 7,980kg → ２年、8,000kg 以上 → １年
②有効期間の**起算日**は、自動車検査証を交付する日または自動車検査証に有効期間を記入する日です。ただし、**自動車検査証の有効期間が満了する日**の１ヵ月前[†]**から**当該期間が**満了する日までの間**に継続検査を行い、有効期間を記入する場合は、**自動車検査証の**有効期間が満了する日の翌日が**起算日**となります。 ×２ヵ月前[†]

③国土交通大臣は、一定の地域に使用の本拠の位置を有する自動車の使用者が、天災その他やむを得ない事由により、継続検査を受けることができないと認めるときは、当該地域に使用の本拠の位置を有する自動車の自動車検査証の有効期間を、**期間を定めて**伸長する旨を公示することができます。

(2) 自動車検査証の記載事項

自動車の使用者は**自動車検査証の記載事項に変更**があったとき、その事由のあった日から15日以内[†]に、当該変更事項について、国土交通大臣が行う**自動車検査証の記入**を受けなければなりません。

×30日以内[†]

(3) 自動車検査証の返納

自動車の使用者はその自動車が**滅失し、解体し、または自動車の用途を廃止**したときは、その**事由があった日**（解体にあっては解体報告記録がなされたことを知った日）から15日以内に[†]返納しなければなりません。

×速やかに[†]

自動車検査証は2023年1月から電子化され、必要最小限の記載事項を除き自動車検査証情報はICタグに記録されています。ICタグの情報は汎用のICカードリーダが接続されたPCや読み取り機能付きスマートフォンで参照することができます。

図 2.5　自動車検査証

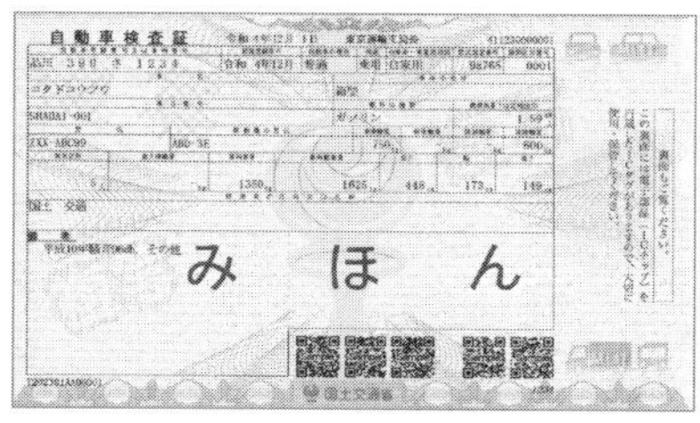

検査標章（ステッカー）

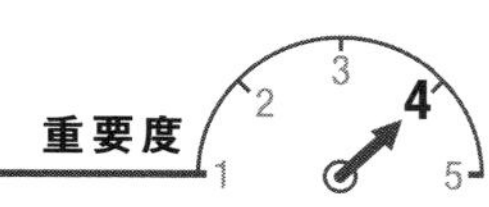

検査標章は、自動車の前面ガラスの内側に、前方かつ運転者席から見やすい

位置として、運転者席側上部で、**車両中心から可能な限り**遠い位置に表示しなければなりません。

ただし、上記位置で運転者の視野を妨げる場合は、運転者の視野を妨げない、前方かつ運転者席から**見やすい位置**に表示しなければなりません。

検査標章には、**自動車検査証の有効期間**の満了する日[†]を表示しなければなりません。

[†]×起算日

図 2.6 検査標章

（表）

（裏）

保安基準適合標章

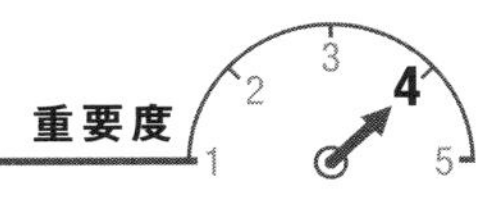

国に代わり検査ができる指定自動車整備事業者が交付した有効な保安基準適合標章を表示しているときは、自動車検査証**の備え付け**及び検査標章**の表示**をしなくても**運行の用に供することができます。**

☑チェック

□自動車は、自動車検査証を備え付け、かつ、検査標章を表示しなければ運行することはできません。例外として、**指定自動車整備事業者が交付した有効な**保安基準適合標章**を表示すれば、**自動車検査証の備え付けがなくても、検査標章を表示しなくても、運行できることを押さえましょう。

図 2.7 保安基準適合標章

コラム

OBD検査

自動運転技術等の電子装置に搭載された自己診断機能である**車載式故障診断装置（OBD）**を利用した新たな**自動車検査手法**をいいます。OBDによる自動車の装置の故障診断の結果、当該装置に不具合が生じていると判定した場合には、自動車のコンピュータ（ECU）に故障コード（DTC）が記録されます。OBD検査では、保安基準不適合となるDTCを「特定DTC」としてあらかじめサーバーに蓄積しておき、自動車からDTCを通信により読み取ったうえで特定DTCに該当するかの確認を行います。

2024年10月1日以降、使用過程における検査（いわゆる**車検**）の際、自動車検査証の備考欄に「OBD検査対象」などの記載がある車両については、通常の検査項目に加えてOBD検査を実施する必要があります。

確認テスト

☑欄	空欄に入るべき字句を答えなさい。	解答
□	1. 自動車の検査は、新規検査、継続検査、□、臨時検査、予備検査の5種類である。	構造等変更検査
□	2. 自動車は、□を備え付け、かつ、検査標章を表示しなければ、運行の用に供してはならない。	自動車検査証
□	3. 初めて自動車検査証を交付する車両総重量7,980kgの貨物の運送の用に供する自動車の自動車検査証の有効期間は□である。	2年
□	4. 自動車の使用者は自動車検査証の記載事項に変更があったとき、その事由のあった日から□以内に、当該変更事項について、国土交通大臣が行う自動車検査証の記入を受けなければならない。	15日
□	5. 自動車に表示されている検査標章には、当該自動車の自動車検査証の有効期間の□日が表示されている。	満了する

6 保安基準の原則、保安基準の細目

「保安基準の原則」のほか、「保安基準の細目」では各項目をしっかり理解しましょう。特に「速度抑制装置」「大型後部反射器」及び「後写鏡」はよく出題されていますので、必ず覚えましょう。

第2章 道路運送車両法

保安基準の原則

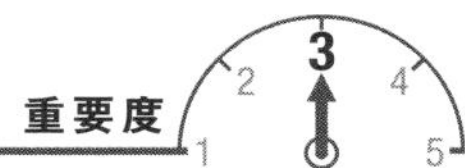

自動車の構造、装置等における保安上または 公害防止 その他の環境保全上の技術基準（以下「**保安基準**」という）は、道路運送車両の構造及び装置が 運行 に十分堪え、操縦その他の使用のための作業に安全であるとともに、通行人その他に 危害 **を与えないことを確保**するものでなければならず、かつ、これにより製作者または使用者に対し、**自動車の製作または使用**について不当な制限を課してはなりません（**保安基準の原則**）。

自動車は、告示で定める方法により測定した場合において、長さ（セミトレーラにあっては、連結装置中心から当該セミトレーラの後端までの水平距離）12m（セミトレーラのうち告示で定めるものにあっては、13m）、幅 2.5m、高さ 3.8m を超えてはなりません。

覚えるコツ！

長さ 12m を覚え、幅と高さは 12 の次の 13 をそれぞれ足して小数点をつける、と覚えましょう。

けん引自動車

重要度 2

もっぱら被けん引自動車をけん引することを目的とすると否とにかかわらず、被けん引自動車をけん引する目的に適合した構造及び装置を有する自動車を「**けん引自動車**」といいます。

被けん引自動車

重要度 2

自動車によりけん引されることを目的とし、その目的に適合した構造及び装置を有する自動車を「**被けん引自動車**」といいます。

セミトレーラ

前車軸を有しない被けん引自動車であって、その一部がけん引自動車に載せられ、かつ、当該被けん引自動車及びその積載物の重量の相当部分がけん引自動車によって支えられる構造のものを「**セミトレーラ**」といいます。

緊急自動車

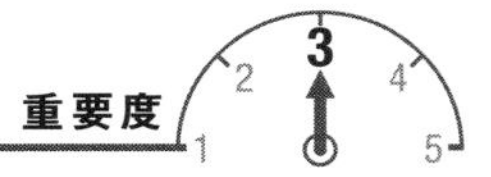

消防自動車、警察自動車、保存血液を販売する医薬品販売業者が保存血液の緊急輸送のため使用する自動車、**救急自動車**、公共用応急作業自動車等の自動車及び国土交通大臣が定めるその他の**緊急の用に供する自動車**を「**緊急自動車**」といいます。

道路維持作業用自動車

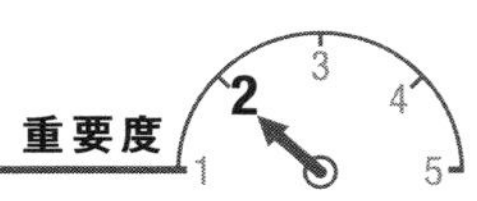

道路維持作業用自動車に備える灯火は、**黄色の点滅式で、150 m**の距離から点灯を確認できるものでなければなりません。

軸重

重要度

自動車の軸重（車軸にかかる荷重）は 10 トン（けん引自動車のうち告示で定めるものにあっては 11.5 トン）を超えてはなりません。

輪荷重

重要度

自動車の輪荷重（1つの車輪にかかる荷重）は 5 トンを超えてはなりません。

最小回転半径

重要度

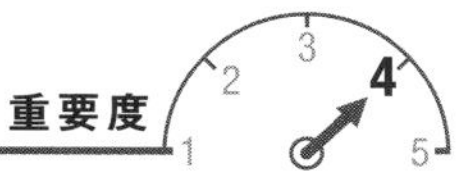

自動車の最小回転半径は、**最外側のわだち**について 12 m以下でなければなりません。

タイヤの滑り止めの溝の深さ

重要度

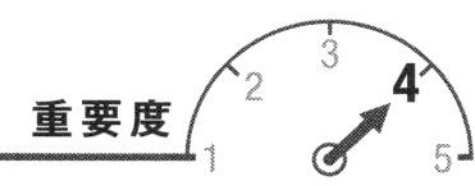

自動車の空気入ゴムタイヤの接地部は滑り止めを施したものであり、**滑り止めの溝**は、空気入ゴムタイヤの接地部の全幅にわたり滑り止めのために施されている凹部（サイピング、プラットフォーム及びウェア・インジケータの部分を除く。）のいずれの部分においても 1.6mm[†]（二輪自動車及び側車付二輪自動車に備えるものにあっては、0.8mm）**以上の深さ**でなければなりません。

× 1.4 mm[†]　× 0.8 mm[†]

速度抑制装置

重要度 4

車両総重量 8 トン以上または最大積載量 5 トン以上の**貨物の運送の用に供する普通自動車の原動機**には、自動車が**時速** 90km[†]を超えて走行しないよう燃料の供給を調整し、かつ、自動車の速度の制御を円滑に行うことができるものとして、速度制御性能等に関し告示で定める基準に適合する速度抑制装置を備えなければなりません。

× 100km[†]

巻込防止装置

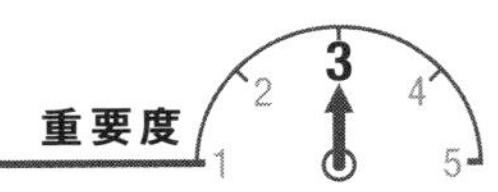

貨物の運送の用に供する普通自動車の**両側面**には、堅ろうで、かつ、歩行者、自転車の乗車人員等が後車輪へ巻き込まれることを有効に防止することができる基準に適合する**巻込防止装置**を備えなければなりません。

図 2.8　巻込防止装置

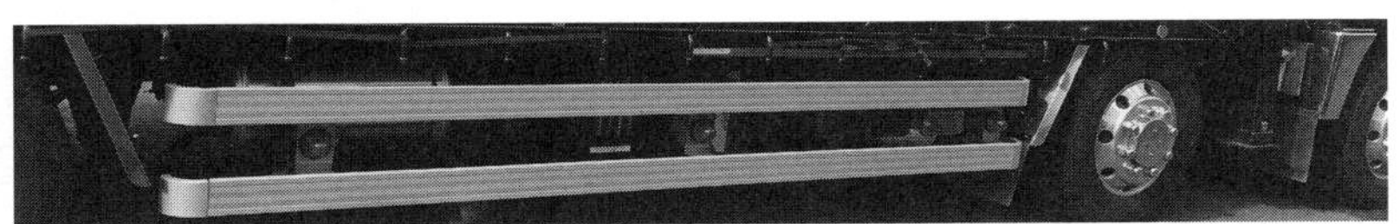

突入防止装置

自動車の**後面**には、他の自動車が追突した場合に追突した自動車の**車体前部が突入することを有効に防止**することができるものとして、強度、形状等に関し告示で定める基準に適合する**突入防止装置**を備えなければなりません。

車両接近通報装置

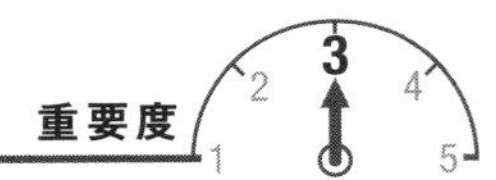

電力により作動する原動機を有する自動車（二輪自動車、三輪自動車、大型特殊自動車等を除く。）には、当該**自動車の接近を歩行者等に通報**するものとして、機能、性能等に関し告示で定める基準に適合する**車両接近通報装置**を備えなければなりません。

事故自動緊急通報装置

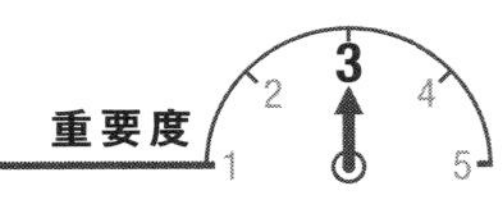

乗用車等に備える**事故自動緊急通報装置**は、当該自動車が**衝突等による衝撃を受ける事故が発生**した場合において、**その旨及び当該事故の概要**を所定の場所に**自動的かつ緊急に通報**するものとして、機能、性能等に関し告示で定める基準に適合するものでなければなりません。

自動運行装置

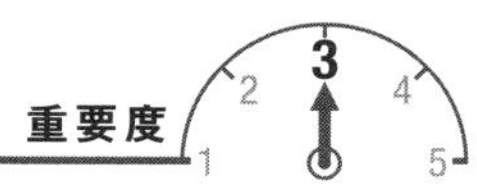

運転者の運転操作に関わる認知、**予測、判断、操作のすべてを代替し、自動運転を行うシステム**のことをいいます。

空車状態

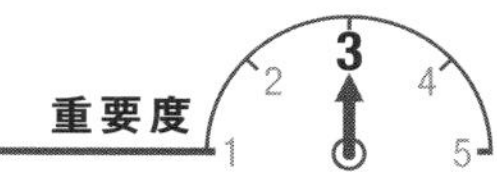

道路運送車両が、**原動機**及び**燃料装置**に燃料、潤滑油、冷却水等の**全量を搭載**し及び当該車両の目的とする用途に必要な固定的な設備を設ける等**運行に必要な装備をした状態**を**空車状態**といいます。

窓ガラスの可視光線の透過率

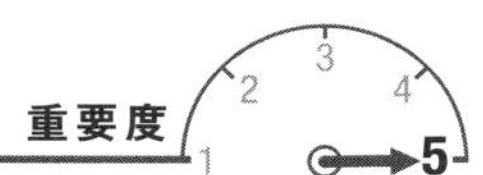

自動車の前面、側面ガラスはフイルムが貼り付けられた場合、**透明**で、**可視光線の透過率**は **70%**[†] **以上**でなければなりません。　×60%[†]

後部反射器

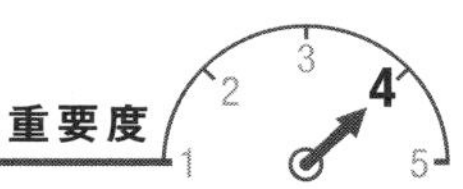

自動車の**後面**には、**夜間**にその後方 **150 m**の距離から**走行用前照灯**で照射した場合にその反射光を照射位置から確認できる**赤色の後部反射器**を備えなければなりません。

大型後部反射器

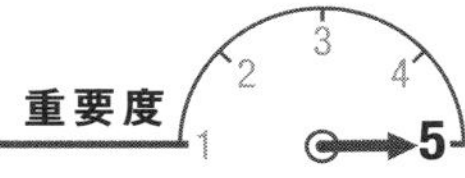

車両総重量 7 トン[†] **以上**の貨物の運送の用に供する普通自動車の**後面**には、後部反射器のほか、**大型後部反射器**を備えなければなりません。　×5 トン[†]

図 2.9　大型後部反射器

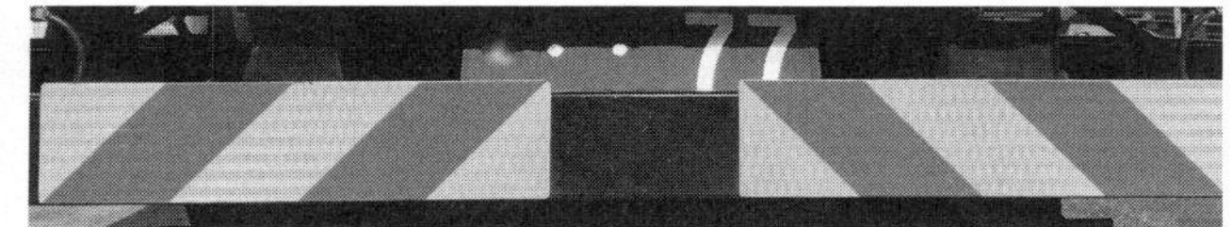

覚えるコツ！

窓ガラスの可視光線の透過率と**大型後部反射器**は、
"7 色の可視光線、大型後部反射器" として**抱き合わせで覚えましょう！**
70%　　　　　7 トン

方向指示器

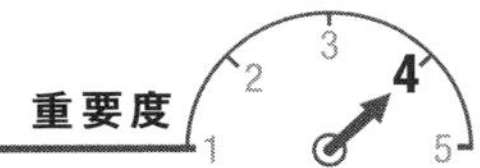

右左折、進路の変更のとき、**毎分** 60 回以上 120 回以下の**一定の周期で点滅**するものでなければなりません（**橙色**）。

警音器

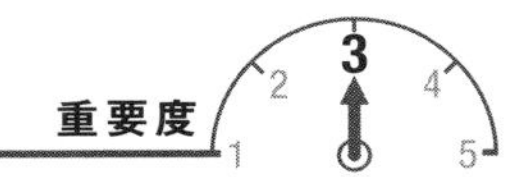

自動車には、警音器の警報音発生装置の音が、**連続**するものであり、かつ、**音の大きさ・音色が一定**なものである警音器を備えなければなりません（被けん引自動車を除く）。

電光表示器

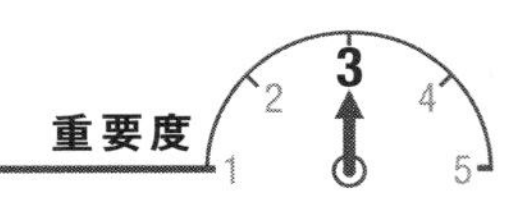

路線を定めて定期に運行する一般乗合旅客自動車に備える**旅客が乗降中**であることを後方に表示する電光表示器には、**点滅する灯火**または**光度が増減する灯火**を備えることができます。

消火器

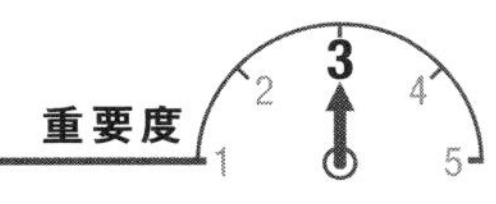

火薬類を運送する自動車、指定数量以上の**高圧ガス**（可燃性ガス、酸素に限る）を運送する自動車及び危険物の規制に関する政令に掲げる指定数量以上の**危険物**を運送する自動車には、消火器を備えなければなりません（被けん引を除く）。

後写鏡（バックミラー）

重要度

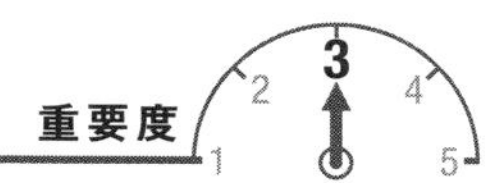

後写鏡は、取付部付近の自動車の最外側より突出している部分の**最下部が地上** 1.8m[†] **以下**のものは、歩行者に接触した場合、衝撃を緩衝できる構造でなければなりません。

×2m[†]

非常点滅表示灯（ハザードランプ）

重要度

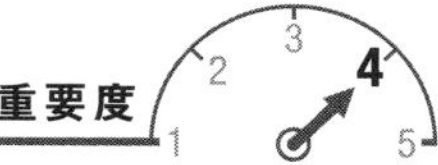

盗難、車内における事故その他の緊急事態**が発生していることを表示**するための灯火として作動する場合には、**方向指示器の点滅回数の基準に**適合しない構造**とすることが**できます[†]。

×適合する構造としなければならない[†]

非常信号用具

重要度

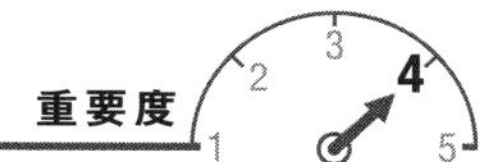

非常信号用具は、**夜間** 200m[†]の距離から確認できる赤色[‡]の灯光を発するものでなければなりません。

×150m[†]　×橙色[‡]

停止表示器材

重要度

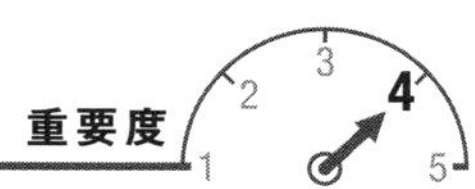

停止表示器材は、**夜間** 200m の距離から**走行用前照灯**で照射した場合、その反射光を照射位置から確認できることなど告示で定める基準に適合するものでなければなりません（反射光の色は赤色）。

前照灯

重要度

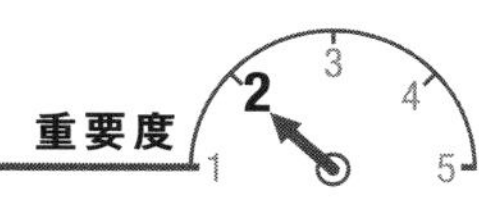

自動車の**前面**には、走行用前照灯（照射範囲は前方**100 m**）及びすれ違い用前照灯（照射範囲は前方**40 m**）を備えなければなりません（灯光の色は**白色**）。

再帰反射材

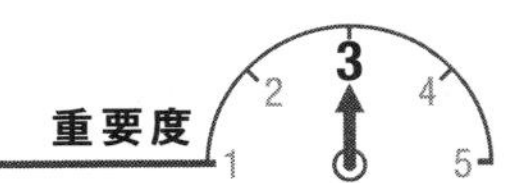

自動車の**前面**（被けん引自動車の前面に限る）、**両側面**及び**後面**には、光を光源方向に効果的に反射することにより夜間に自動車の**前方**（被けん引自動車の前面に限る）、**側方**または**後方**にある他の交通に当該**自動車の長さ・幅を示す**ものとして、反射光の色、明るさ、反射部の形状等に関し告示で定める基準に適合する**再帰反射材**を備えることができます。

最大積載量の表示

貨物運送自動車の**車体後部**には、**最大積載量**（タンク車は他に、最大積載容量、積載物品名）を表示しなければなりません。

車両総重量

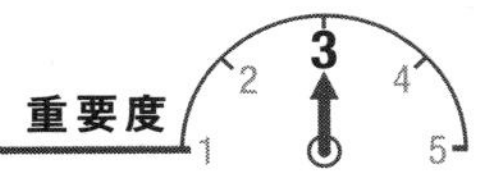

車両総重量は、①車両重量、②最大積載量、③乗車定員の重量（**1人55ｋｇ**）の合計をいいます。

確認テスト

☑欄	空欄に入るべき字句を答えなさい。	解答
A□ B□	1. 自動車の構造、装置等における保安上又は公害防止その他の環境保全上の技術基準（以下「保安基準」という。）は、道路運送車両の構造及び装置が［A］に十分堪え、操縦その他の使用のための作業に［B］であるとともに、通行人その他に危害を与えないことを確保するものでなければならず、かつ、これにより製作者又は使用者に対し、自動車の製作又は使用について不当な制限を課してはならない。	A：運行 B：安全
□	2. 自動車は、告示で定める方法により測定した場合において、長さ（セミトレーラにあっては、連結装置中心から当該セミトレーラの後端までの水平距離）12m（セミトレーラのうち告示で定めるものにあっては、13m）、幅［　］m、高さ3.8mを超えてはならない。	2.5
□	3. 後写鏡は、取付部付近の自動車の最外側より突出している部分の最下部が地上［　］m以下のものは、歩行者に接触した場合、衝撃を緩衝できる構造でなければならない。	1.8
□	4. 車両総重量［　］以上の貨物の運送の用に供する普通自動車の後面には、後部反射器のほか、大型後部反射器を備えなければならない。	7トン

過去問にチャレンジ

問1　道路運送車両法の自動車の登録等についての次の記述のうち、【誤っているものを1つ】選びなさい。なお、解答にあたっては、各選択肢に記載されている事項以外は考慮しないものとする。

1. 臨時運行許可証の有効期間が満了したときは、その日から5日以内に、当該臨時運行許可証及び臨時運行許可番号標を行政庁に返納しなければならない。

2. 登録自動車の使用者は、当該自動車が滅失し、解体し（整備又は改造のために解体する場合を除く。）、又は自動車の用途を廃止したときは、その事由があった日（使用済自動車の解体である場合には解体報告記録がなされたことを知った日）から15日以内に、当該自動車検査証を国土交通大臣に返納しなければならない。

3. 登録自動車の所有者は、当該自動車の使用者が道路運送車両法の規定により自動車の使用の停止を命じられ、同法の規定により自動車検査証を返納したときは、その事由があった日から30日以内に、当該自動車登録番号標及び封印を取り外し、自動車登録番号標について国土交通大臣に届け出なければならない。

4. 自動車の所有者は、当該自動車の使用の本拠の位置に変更があったときは、道路運送車両法で定める場合を除き、その事由があった日から15日以内に、国土交通大臣の行う変更登録の申請をしなければならない。

問2　自動車の検査等についての次の記述のうち、【誤っているものを1つ】選びなさい。なお、解答にあたっては、各選択肢に記載されている事項以外は考慮しないものとする。

1. 自動車は、指定自動車整備事業者が継続検査の際に交付した有効な保安基準適合標章を表示している場合であっても、自動車検査証を備え付けなければ、運行の用に供してはならない。

2. 自動車の使用者は、継続検査を申請する場合において、道路運送車両法第67条（自動車検査証の記載事項の変更及び構造等変更検査）の規定による自動車検査証の記入の申請をすべき事由があるときは、あらかじめ、その申請をしなければならない。

3. 国土交通大臣は、一定の地域に使用の本拠の位置を有する自動車の使用者が、天災その他やむを得ない事由により、継続検査を受けることができないと認めるときは、当該地域に使用の本拠の位置を有する自動車の自動車検査証の有効期間を、期間を定めて伸長する旨を公示することができる。

4. 初めて自動車検査証の交付を受ける車両総重量8,990キログラムの貨物の運送の用に供する自動車については、当該自動車検査証の有効期間は1年である。

問3 道路運送車両法に定める自動車の点検整備等に関する次の文中、A、B、C、Dに入るべき字句として【いずれか正しいものを1つ】選び、解答用紙の該当する欄にマークしなさい。

1. 自動車運送事業の用に供する自動車の使用者又は当該自動車を運行する者は、1日1回、その運行の開始前において、国土交通省令で定める技術上の基準により［ A ］、制動装置の作動その他の日常的に点検すべき事項について、目視等により自動車を点検しなければならない。

2. 自動車運送事業の用に供する自動車の使用者は、［ B ］ごとに国土交通省令で定める技術上の基準により、自動車を点検しなければならない。

3. 自動車の使用者は、自動車の点検及び整備等に関する事項を処理させるため、車両総重量8トン以上の自動車その他の国土交通省令で定める自動車であって国土交通省令で定める台数以上のものの使用の本拠ごとに、自動車の点検及び整備に関する実務の経験その他について国土交通省令で定める一定の要件を備える者のうちから、［ C ］を選任しなければならない。

4. 地方運輸局長は、自動車の使用者が道路運送車両法第54条（整備命令等）の規定による命令又は指示に従わない場合において、当該自動車が道路運送車両の保安基準に適合しない状態にあるときは、当該自動車の［ D ］することができる。

A	1. 灯火装置の点灯	2. 警音器の作動
B	1. 3カ月	2. 6カ月
C	1. 安全運転管理者	2. 整備管理者
D	1. 経路を制限	2. 使用を停止

問４　道路運送車両の保安基準及びその細目を定める告示についての次の記述のうち、【誤っているものを１つ】選びなさい。なお、解答にあたっては、各選択肢に記載されている事項以外は考慮しないものとする。

1. 停止表示器材は、夜間200メートルの距離から走行用前照灯で照射した場合にその反射光を照射位置から確認できるものであることなど告示で定める基準に適合するものでなければならない。

2. 自動車（被けん引自動車を除く。）には、警音器の警報音発生装置の音が、連続するものであり、かつ、音の大きさ及び音色が一定なものである警音器を備えなければならない。

3. 自動車（二輪自動車等を除く。）の空気入ゴムタイヤの接地部は滑り止めを施したものであり、滑り止めの溝は、空気入ゴムタイヤの接地部の全幅にわたり滑り止めのために施されている凹部（サイピング、プラットフォーム及びウエア・インジケータの部分を除く。）のいずれの部分においても1.6ミリメートル以上の深さを有すること。

4. 貨物の運送の用に供する普通自動車であって、車両総重量が８トン以上又は最大積載量が５トン以上のものの原動機には、自動車が時速100キロメートルを超えて走行しないよう燃料の供給を調整し、かつ、自動車の速度の制御を円滑に行うことができるものとして、告示で定める基準に適合する速度抑制装置を備えなければならない。

解答・解説

問1 **解答** 3.

1. 正。
2. 正。
3. 誤。登録自動車の所有者は、当該自動車の使用者が自動車の使用の停止を命ぜられ、自動車検査証を返納したときは、「**遅滞なく**」当該自動車登録番号標及び封印を取りはずし、自動車登録番号標について国土交通大臣の「**領置**」を受けなければならない。 ×その事由があった日から30日以内 ×届出

(注) 領置：行政庁が一時取得し行政庁の管理下におくこと。

4. 正。

問2 **解答** 1.

1. 誤。自動車は、指定自動車整備事業者が継続検査の際に交付した**有効な保安基準適合標章を表示**している場合には、「**自動車検査証を備え付けていなくても**」運行の用に**供することができる**。また、検査標章を表示していない場合でも運行の用に供することができる。
2. 正。
3. 正。
4. 正。初めて自動車検査証の交付を受ける車両総重量8トン未満の貨物自動車の自動車検査証の有効期間は2年。

問3 **解答** A＝1. B＝1. C＝2. D＝2.

1. 自動車運送事業の用に供する自動車の使用者又は当該自動車を運行する者は、1日1回、その運行の開始前において、国土交通省令で定める技術上の基準により、**灯火装置の点灯**、制動装置の作動その他の日常的に点検すべき事項について、目視等により自動車を点検しなければならない。
2. 自動車運送事業の用に供する自動車の使用者は、**3カ月**ごとに国土交通

省令で定める技術上の基準により、自動車を点検しなければならない。

3. 自動車の使用者は、自動車の点検及び整備等に関する事項を処理させるため、車両総重量８トン以上の自動車その他の国土交通省令で定める自動車であって国土交通省令で定める台数以上のものの使用の本拠ごとに、自動車の点検及び整備に関する実務の経験その他について国土交通省令で定める一定の要件を備える者のうちから、**整備管理者**を選任しなければならない。

4. 地方運輸局長は、自動車の使用者が道路運送車両法第54条（整備命令等）の規定による命令又は指示に従わない場合において、当該自動車が道路運送車両の保安基準に適合しない状態にあるときは、当該自動車の**使用を停止**することができる。

問4 解答 4.

1. 正。
2. 正。
3. 正。
4. 誤。速度抑制装置とは、**車両総重量が８トン以上又は最大積載量が５トン以上**のものの原動機に、自動車が「**時速90km**」を超えて走行しないよう燃料の供給を調整し、かつ、自動車の速度の制御を円滑に行うことができるもの。

×時速100km

第3章　道路交通法

学習のポイント

総　括

全30問中5問が道路交通法からの出題です。道路交通法は、受験者にとって身近な分野といえますが、あいまいな知識では得点できません。交通ルールの法令上の文章を理解するには、各場面ごとに略図を書いてその場面がイメージできる学習を心がけましょう。

目　安

出題5問のうち、3問は正解しましょう。

頻　出

「運転者の遵守事項」がよく出題されているほか、「車両の使用者に対する措置（最高速度違反など）」「用語の意義」「過積載（貨物の積載制限を含む）」「交差点の通行方法等」「交通事故の場合の措置」「駐停車禁止場所」などが出題されています。

アクセスキー　V
（大文字のブイ）

1 法の目的、用語の定義

「用語の定義」については、よく出題されている「車両」「路側帯」「駐車」「進行妨害」「道路標識」及び「道路標示」は必ず覚えましょう。その他の用語及び「法の目的」についてもキーワードを押さえておきましょう。

道路交通法の目的

重要度 3

道路交通法は、道路における**危険を防止**し、その他**交通の安全と円滑**を図り及び道路の交通に起因する**障害の防止**に資することを目的としています。

用語の定義

重要度

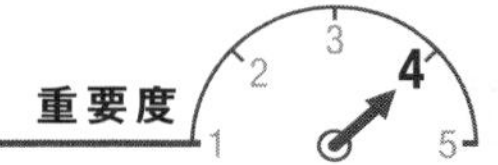

用語の定義については、次の表 3.1 のとおりです。

表 3.1　用語の定義

車両	①**自動車**、②**原動機付自転車**、③**軽車両**（自転車等）、④**トロリーバス**（架線から供給される電力により、かつ、レールによらないで運転する車）**の 4 種類**† ×３種類† （注）車両等は、車両及び路面電車
自動車	**原動機**を用い、かつ、**レール**又は**架線によらないで運転**する車で、原動機付自転車、自転車、身体障害者用の車いす、歩行補助車等の小型の車で政令で定めるもの以外のもの
歩道	**歩行者の通行の用**に供するため、縁石線、柵等の**工作物によって区画**された道路の部分
車道	**車両の通行の用**に供するため、縁石線、柵等の**工作物**又は**道路標示によって区画**された道路の部分
本線車道	高速自動車国道または自動車専用道路の本線車線により構成する車道

路側帯	歩行者[†]の通行の用**に供し**、または車道の効用**を保つ**ため、歩道の設けられていない道路または道路の歩道の設けられていない側の路端寄りに設けられた帯状の道路の部分で、道路標示によって**区画**された部分 ×自転車[†]
安全地帯	**路面電車に乗降する者**もしくは**横断している歩行者の安全を図るため道路に設けられた島状の施設**または**道路標識**及び**道路標示**により**安全地帯であることが示されている道路の部分**
車両通行帯 （車線、レーン）	車両が道路の定められた部分を通行すべきことが道路標示によって示されている場合、その**道路標示により示されている道路の部分**
駐車	**車両等が客待ち、荷待ち、貨物の積卸し、故障その他の理由により継続的に停止すること（**貨物の積卸し[†]**のための停止で**５分[‡]**を超えない時間内のもの及び人の乗降のための停止を除く）または車両等が停止し、かつ、当該車両等の運転者がその車両等を離れて直ちに運転することができない状態にあること** ×荷待ち[†]　×10分[‡]
停車	**車両等が停止することで駐車以外のもの。つまり、駐車に該当しない短時間の停止（貨物の積卸しのための停止で**５分以内**のもの及び人の乗降のための停止）**
徐行	**車両等が**直ちに停止することができるような速度で進行**すること**
追越し	**車両が他の車両等に追いついた場合、その進路を変えてその追いついた車両等の側方を通過し、かつ、その車両等の前方に出ること**
道路標識	**道路の交通に関し、規制または指示を表示する**標示板
道路標示	**道路の交通に関し、規制または指示を表示する標示で、路面に描かれた道路鋲、ペイント、石等による**線、記号・文字

進行妨害	**車両等が進行を継続し、または始めた場合においては危険を防止するため、**他の車両等がその速度・方向を急に変更しなければならないこととなるおそれがあるときに、その進行を継続し、または始めること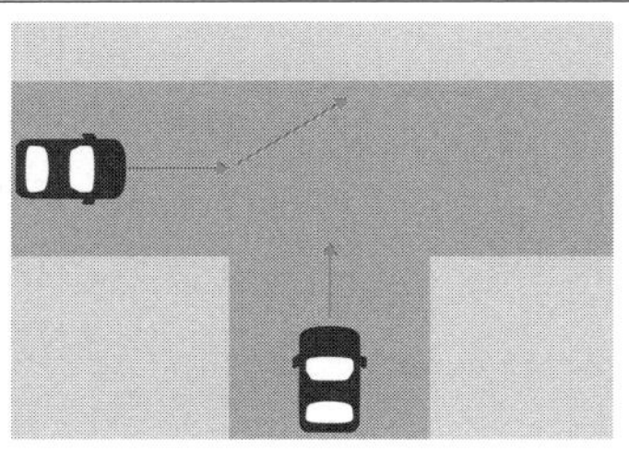
歩行者	**身体障害者用の車椅子、歩行補助車等または小児用の車を通行させている者**を含む

確認テスト

☑欄	空欄に入るべき字句を答えなさい。	解答
□	1. 車両とは、自動車、原動機付自転車、[　　]、トロリーバスをいう。	軽車両
□	2. 路側帯とは、[　　]の通行の用に供し、又は車道の効用を保つため、歩道の設けられていない道路又は道路の歩道の設けられていない側の路端寄りに設けられた帯状の道路の部分で、道路標示によって区画された部分をいう。	歩行者
□	3. 駐車とは、車両等が客待ち、荷待ち、貨物の積卸し、故障その他の理由により継続的に停止すること（[　　]のための停止で5分を超えない時間内のもの及び人の乗降のための停止を除く。）または車両等が停止し、かつ、当該車両等の運転者がその車両等を離れて直ちに運転することができない状態にあることをいう。	貨物の積卸し

□	4. [　　] とは、車両等が、進行を継続し、又は始めた場合においては危険を防止するため他の車両等がその速度又は方向を急に変更しなければならないこととなるおそれがあるときに、その進行を継続し、又は始めることをいう。	進行妨害
□	5. [　　] とは、車両等が直ちに停止することができるような速度で進行することをいう。	徐行

2 自動車の種類、自動車の速度

「自動車の種類（最大積載量、車両総重量）」、「最高速度」及び「最低速度」を押さえましょう。

自動車の種類（8 種類）

重要度 3

自動車の種類は平成 29 年 3 月 12 日から、準中型自動車が新設されたことに伴い、次の 8 種類となっています。

①大型自動車　⑤大型自動二輪車
②中型自動車　⑥普通自動二輪車
③準中型自動車　⑦大型特殊自動車
④普通自動車　⑧小型特殊自動車

表 3.2 自動車の種類

自動車	最大積載量	車両総重量	乗車定員
大型自動車	6.5 トン以上	11 トン以上	30 人以上
中型自動車	4.5 トン以上 6.5 トン未満	7.5 トン以上 11 トン未満	11 人以上 29 人以下
準中型自動車	2 トン以上 4.5 トン未満	3.5 トン以上 7.5 トン未満	10 人以下
普通自動車	2 トン未満	3.5 トン未満	10 人以下

覚えるコツ！

自動車は、準中型自動車（2人の死後は、産後のおなごと）と大型自動車（いい婿）を覚え、その間が中型自動車、準中型自動車未満が普通自動車と覚えましょう。

“2人の死後（しご）は、産後（さんご）の おなごと
2 トン以上　4.5 トン未満　　3.5 トン以上 7.5 トン未満
いい　婿（むこ）が残った”
11 トン以上 6.5 トン以上

最高速度

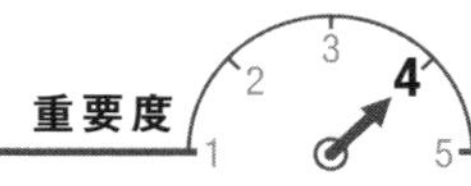

道路標識等により最高速度が指定されていない道路における最高速度は、表3.3のとおりです。

表 3.3 最高速度

一般道路	**自動車（大型・中型・準中型・普通）**	時速 60 km
	原動機付自転車	時速 30 km
高速自動車国道	大型自動車（乗車定員 30 名以上）	時速 100 km
	中型自動車（特定中型貨物自動車を除く）	
	準中型自動車	
	普通自動車	
	大型自動車（貨物） **特定中型貨物自動車**（最大積載量 5 トン以上または車両総重量 8 トン以上の貨物自動車）	時速 90 km
	トレーラー、大型特殊自動車	時速 80 km

覚えるコツ！

高速自動車国道における**大型自動車（貨物）**及び**特定中型貨物自動車**の**最高速度**（時速 90km）は、道路運送車両法に定める速度抑制装置の制御速度（時速 90km）と同じと覚えましょう。

他の車両をけん引するときの最高速度

他の車両をけん引するときの最高速度は時速 30 km です。ただし、**車両総重量**2 トン**以下の車両を、その車両の**3 倍**以上の車両総重量の自動車でけん引する場合の最高速度は**時速 40 km です。

図 3.1　他の車両をけん引するときの最高速度（例外）

覚えるコツ！

けん引する場合の最高速度は、次のとおり覚えましょう！
"2 トン（以下）、3 倍（以上）、（時速）40km、
それ以外は、（時速）30km"

最高速度違反行為に係る車両の使用者に対する指示

車両の運転者が最高速度違反行為を車両の使用者の業務に関してした場合において、当該最高速度違反行為に係る車両の**使用者**が当該車両につき最高速度違反行為を防止するため必要な運行の管理を行っていると認められないときは、車両の使用の本拠の位置を管轄する公安委員会は、車両の使用者に対し、最高速度違反行為となる運転が行われることのないよう運転者に指導しまたは助言することその他**最高速度違反行為**を防止するため必要な措置をとることを指示することができます。

最低速度

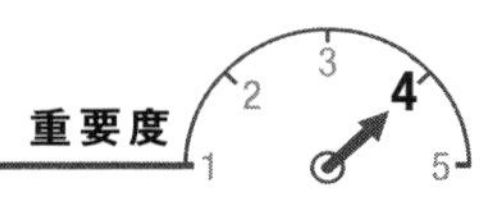

道路標識等により最低速度が指定されていない**高速自動車国道**の本線車道に

ける最低速度は、**時速 50 km** です。ただし、**本線車道が道路の構造上往復の方向別に分離されていない場合**はこの限りではありません。

確認テスト

☑欄	空欄に入るべき字句を答えなさい。	解答
A□ B□	1. 準中型自動車は、最大積載量2トン以上 [A] 未満、車両総重量3.5トン以上 [B] 未満、乗車定員10人以下である。	A：4.5トン B：7.5トン
□	2. 道路標識等により最高速度が指定されていない高速自動車道路における最大積載量5トン以上または車両総重量8トン以上の貨物自動車の最高速度は、時速 [　] である（トレーラー、大型特殊車両を除く）。	90km
□	3. 道路標識等により最低速度が指定されていない高速自動車国道の本線車道における最低速度は、時速 [　] である（本線車道が道路の構造上往復の方向別に分離されていないものを除く）。	50km
A□ B□	4. 自動車の運転者が最高速度違反行為を当該車両の使用者の業務に関してした場合において、当該最高速度違反行為に係る車両の使用者が当該車両につき最高速度違反行為を防止するため必要な [A] を行っていると認められないときは、当該車両の使用の本拠の位置を管轄する公安委員会は、当該車両の [B] に対し、最高速度違反行為となる運転が行われることのないよう運転者に指導し又は助言することその他最高速度違反行為を防止するため必要な措置をとることを指示することができる。	A：運行の管理 B：使用者

第3章 道路交通法

3 追越し等

「追越しが禁止される車両」「追越し禁止の場所」は必ず覚えましょう。「乗合自動車の発進の保護」についても押さえておきましょう。

追越しの方法

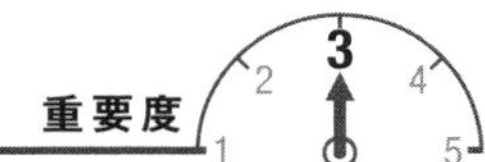

（1）追越しをしようとする車両（**後車**）は、その追い越されようとする車両（**前車**）が**他の自動車を追い越そうとしているときは追越しを**始めてはなりません。

（2）車両は、**他の車両を追い越そうとするときは**、その追い越されようとする車両（**前車**）の右側を通行しなければなりません。前車が法令の規定により、道路の中央または右側端に寄って通行しているときは、前車の左側を通行しなければなりません[†]。

×前車を追い越してはなりません[†]

（3）車両は、路面電車を追い越そうとするときは、当該車両が追いついた**路面電車の**左側**を通行**しなければなりません。ただし、軌道が道路の左側端に寄って設けられているときは、この限りではありません。

追越しが禁止される車両

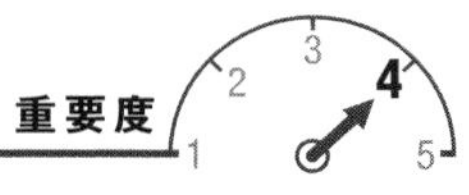

追越し禁止の道路標識の道路では、①自動車、②原動機付自転車、③トロリーバスは追越しできません。

□**追越し禁止の道路標識の道路では、軽車両**以外は、**追越しできません。**
原動機付自転車は、追越しできません。

追越し禁止の場所

重要度 4

車両は、道路標識等により追越しが禁止されている道路の部分及び次に掲げるその他の道路の部分においては、**他の車両（軽車両を除く）を追い越すため**[†]**、進路を変更し、または前車の側方を通過してはなりません。**

×前方が見とおせる場合を除き[†]

①道路のまがりかど付近
②**上り坂の**頂上付近
③**勾配の急な**下り坂[†] ×上り坂[†]
④**トンネル内の車両通行帯が設けられていない道路**
⑤交差点（当該車両が優先道路を通行している場合における優先道路にある交差点を除く）、踏切、横断歩道、自転車横断帯及び**これらの手前の側端から前に** 30m 以内**の部分**

乗合自動車の発進の保護

重要度 4

停留所において乗客の乗降のため停車していた**乗合自動車**が発進するため進路変更しようとして手、方向指示器で合図した場合においては、その後方の車両は、その速度または方向を急に変更しなければならないこととなる**場合を**除き、当該乗合自動車の進路の変更を妨げてはなりません[†‡]。

×速やかに通過しなければなりません[†]

×変更しなければならないこととなる場合でも進路の変更を妨げてはなりません[‡]

アドバイス

「その速度または方向を急に変更しなければならないこととなる場合」とは、後方の車両が乗合自動車に接近し、急ブレーキや急ハンドルを余儀なくされ、交通事故になる危険性が高い**ため**、例外扱い**となっている**ことを押さえておきましょう。
なお、「左折・右折車両の進路変更の禁止」（130ページ）も同じ趣旨です。

割込み等の禁止

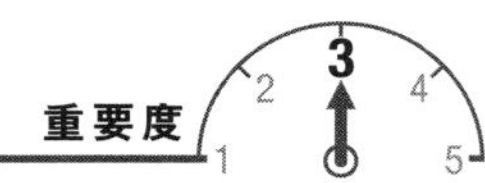

車両は、①法令の規定、②警察官の命令、③危険を防止するため、停止しまたは停止しようとして徐行している車両等に追いついたときは、その前方にある車両等の側方を通過してその前方に割り込み、またはその前方を横切ってはなりません。

車間距離の保持

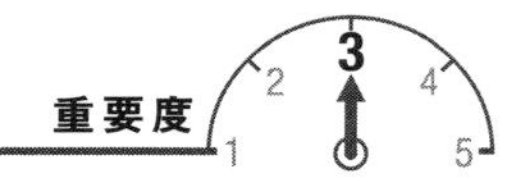

車両等は、同一の進路を進行している他の車両等の直後を進行するときは、その直前の車両等が急に停止したときにおいてもこれに追突するのを避けることができるため必要な距離を、これから保たなければなりません。

進路の変更の禁止

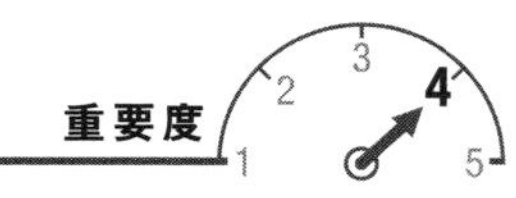

車両は、**進路を変更**した場合にその変更した後の進路と同一の進路を後方から進行してくる車両等の速度または方向を急に変更させることとなるおそれがあるときは、進路を変更してはなりません†。

×速やかに進路を変更しなければなりません†

確認テスト

☑欄	空欄に入るべき字句を答えなさい。	解答
□	1. 車両は、道路標識等により追越しが禁止されている道路の部分において、前方を進行している原動機付自転車を追い越すことは［　　］。	できない
□	2. 車両は、道路のまがりかど付近、上り坂の頂上付近又は勾配の急な［　　］坂の道路の部分においては、他の車両（軽車両を除く。）を追い越すため、進路を変更し、又は前車の側方を通過してはならない。	下り
□	3. 車両は、法令に規定する優先道路を通行している場合における当該優先道路にある交差点を除き、交差点の手前の側端から前に［　　］以内の部分においては、他の車両（軽車両を除く。）を追い越すため、進路を変更し、又は前車の側方を通過してはならない。	30m
□	4. 停留所において乗客の乗降のため停車していた乗合自動車が発進するため進路変更しようとして手、方向指示器で合図した場合においては、その後方の車両は、その速度または方向を急に変更しなければならないこととなる場合を［　　］、当該乗合自動車の進路の変更を妨げてはならない。	除き

第3章 道路交通法

4 車両の交通方法

「車両通行帯」は穴うめの対策を含め、キーワードを必ず覚えましょう。「通行区分」及び「路線バス等優先通行帯」についても押さえておきましょう。

通行区分

重要度 3

車両は、道路の左側部分の幅員が**6m未満**[†]の道路において、他の車両を追い越そうとするときは、道路の中央から右の部分にその全部または一部を**はみ出して通行**することができます。

[†]×8m未満

アドバイス

他の車両を追い越そうとするとき、道路の左側の幅員は、**車両の最大幅（2.5m）の2両分（5.0m）**と**車両間（0.5m）**と**路肩部分（0.5m）**の**6m**が必要になります。このため、**6m未満の道路**では、自ずと**道路の中央から右の部分に全部または一部をはみ出して通行することができる**ことを意味しています。

車両通行帯

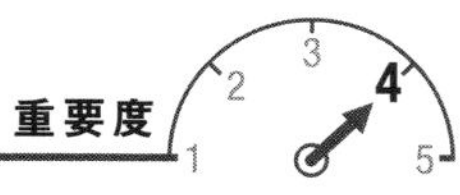

車両は、**車両通行帯の設けられた道路**においては、道路の**左側端から**数えて［1番目］の車両通行帯を通行しなければなりません。ただし、**道路の左側部分**（一方通行となっているときは、当該道路）に［3以上］の**車両通行帯が設けられているとき**は、その速度に応じ、その最も［右側］の車両通行帯**以外**の車両通行帯を通行することができます。

図 3.2　道路の左側端から数えて「1 番目」の車両通行帯を通行

図 3.3　道路の左側部分に 3 以上の車両通行帯が設けられているとき

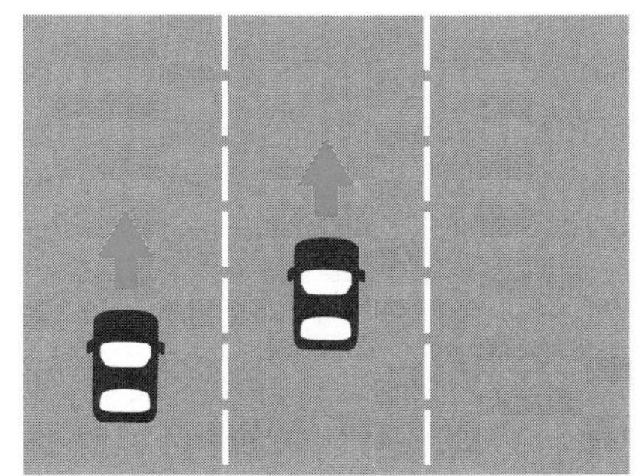

路線バス等優先通行帯

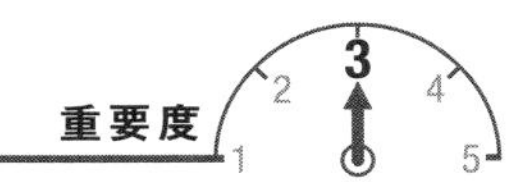

路線バス等の優先通行帯であることが道路標識等により表示されている車両通行帯が設けられている道路において、自動車（路線バス等を除く）は、**後方から路線バス等が接近**してきた場合

図 3.4　路線バス優先通行帯

①当該道路における交通の混雑のため車両通行帯から出ることができないこととなるときは	**車両通行帯を通行してはなりません**†。 ×路線バス等が接近してくるまで通行することができます†
②当該車両通行帯を通行している場合においては	**その正常な運行に支障を及ぼさないように速やかに車両通行帯の外に出なければなりません**†。 ×正常な運行に支障を及ぼさない限り、通行できます†

軌道敷内の通行

重要度 3

車両（トロリーバスを除く）は、**左折・右折・横断・転回するため軌道敷を横切る場合**または**危険防止のためやむを得ない場合を除き、軌道敷内を通行してはなりません。**ただし、法令で定める軌道敷内を通行することができる場合であって、路面電車の通行を妨げないときを除きます。

確認テスト

☑欄	空欄に入るべき字句を答えなさい。	解答
□	1. 車両は、道路の左側部分の幅員が ＿＿ に満たない道路において、他の車両を追い越そうとするときは、道路の中央から右の部分にその全部または一部をはみ出して通行することができる。	6m
A□ B□	2. 車両は、車両通行帯の設けられた道路においては、道路の左側端から数えて１番目の車両通行帯を通行しなければならない。ただし、道路の左側部分（一方通行となっているときは、当該道路）に［ A ］の車両通行帯が設けられているときは、その速度に応じ、その最も［ B ］の車両通行帯以外の車両通行帯を通行することができる。	A：３以上 B：右側
□	3. 一般乗合旅客自動車運送事業者による路線定期運行の用に供する自動車（以下「路線バス等」という。）の優先通行帯であることが道路標識等により表示されている車両通行帯が設けられている道路においては、自動車（路線バス等を除く。）は、路線バス等が後方から接近してきた場合に当該道路における ＿＿ のため当該車両通行帯から出ることができないこととなるときは、当該車両通行帯を通行してはならない。	交通の混雑

5 一時停止、徐行

「横断歩道等における歩行者等の優先」をはじめ、それぞれの場面ごとに「一時停止」か、「徐行」なのかを見極めることができるようにしましょう。

横断歩道等における歩行者等の優先

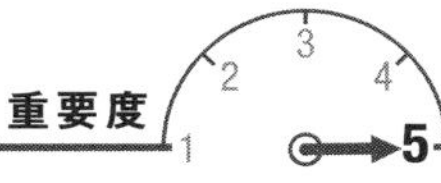

(1) 進路の前方を横断し、または横断しようとする歩行者等があるとき

車両等は横断歩道の直前で、一時停止†し、かつ、歩行者の進行を妨げないようにしなければなりません。

×徐行†

(2) 進路の前方を横断しようとする歩行者等がないことが明らかな場合を除き

車両等は横断歩道の直前で、停止することができるような速度で進行しなければなりません（徐行に準ずる）。

重 要

横断歩道に接近する場合		
横断または横断しようとする歩行者等があるとき	横断しようとする歩行者等がないことが明らかな場合を除き	横断しようとする歩行者等がないとき

横断歩道の直前で一時停止し、かつ、その通行を妨げないようにしなければならない	横断歩道の直前で停止することができるような速度で進行しなければならない	横断歩道を通過できる

(3) 横断歩道等またはその手前の直前で停止している車両等があるとき

車両等は、停止している車両等の側方を通過してその前方に出ようとするときは、その**前方に出る前に**一時停止†しなければなりません。

×直前で停止することができるような速度で進行†

覚えるコツ！

「側方を通過」の字句のある設問には、原則「徐行」の字句が入っています。ただし、**横断歩道またはその手前で停止している車両等があるとき**は例外として「一時停止」となります。

（4）横断歩道のない交差点における歩行者の優先

車両は、**交差点**または**その直近で横断歩道の設けられていない場所**において、歩行者が道路を横断**しているとき**は、その歩行者の通行を妨げてはなりません[†]。

×一時停止し、その歩行者の通行を妨げないように努めなければなりません[†]

左折・右折車両の進路変更の禁止

重要度 3

左折・右折しようとする車両が、法令の規定により、それぞれ道路の左側端、中央または右側端に寄ろうとして**手・方向指示器による**合図をした場合においては、**その後方にある車両**は、その速度または方向を急に変更しなければならないこととなる場合を除き、**合図をした車両の**進路の変更を妨げてはなりません。

左折

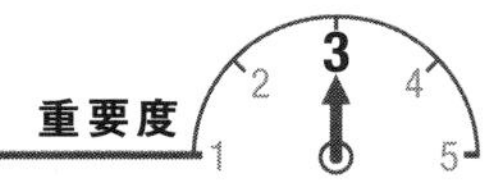

車両は、左折するときは、あらかじめその前からできる限り道路の左側端に寄り、かつ、できる限り道路の**左側端**に沿って（道路標識等により通行すべき部分が指定されているときは、その指定された部分を通行して）徐行[†]しなければなりません。

×歩行者等の通行を妨げないよう速やかに進行[†]

右折

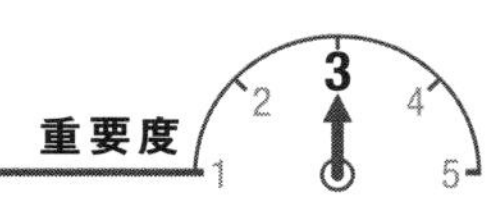

車両（軽車両を除く）は、右折するときは、あらかじめその前からできる限り道路の**中央**に寄り、かつ、交差点の中心の直近の**内側**（道路標識等により通行すべき部分が指定されているときは、その指定された部分）を徐行しなければなりません。

歩道等を横断するとき

重要度 3

車両は、**道路外の施設または場所に出入りする**ため、やむを得ない場合において、**歩道等**（歩道または路側帯）**を横断するとき**、または、法令の規定により歩道等で駐停車するため、必要な限度において**歩道等を通行**するときは、**歩道等に入る直前**で**一時停止**[†]し、かつ、**歩行者の通行を妨げないようにしなければなりません。**

×徐行[†]

歩道と車道の区別のない道路の通行

重要度 3

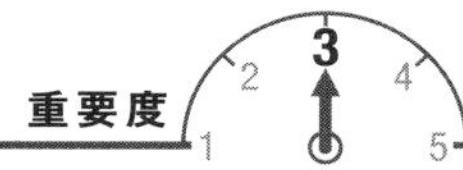

車両は、歩道と車道の区別のない道路を通行する場合その他の場合において、歩行者の**側方を通過**するときは、これとの間に**安全な間隔を保ち**、または**徐行**しなければなりません。

徐行すべき場所

重要度 3

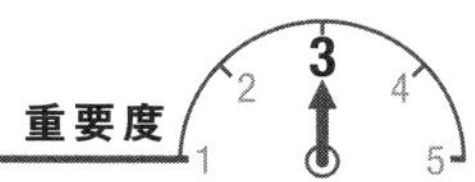

車両等は、道路標識等により徐行が指定されている場合のほか、次の場合には、徐行しなければなりません。

①**左右の見とおしがきかない交差点に入ろう**とし、または**交差点内で左右の見とおしがきかない部分を通行しよう**とするとき（優先道路を通行している場合等を除く）

②**道路のまがりかど**付近

③**上り坂の頂上**付近

④**勾配の急な下り坂**を通行するとき

確認テスト

☑欄	空欄に入るべき字句を答えなさい。	解答
□	1. 車両等は、横断歩道等に接近する場合には、当該横断歩道等を通過する際に当該横断歩道等によりその進路の前方を横断しようとする歩行者等がないことが明らかな場合を除き、当該横断歩道等の直前（道路標識等による停止線が設けられているときは、その停止線の直前。）で □ しなければならない。	停止することができるような速度で進行
□	2. 車両等は、横断歩道等又はその手前の直前で停止している車両等がある場合において、当該停止している車両等の側方を通過してその前方に出ようとするときは、その前方に出る前に □ しなければならない。	一時停止
□	3. 車両は、左折するときは、あらかじめその前からできる限り道路の左側端に寄り、かつ、できる限り道路の左側端に沿って（道路標識等により通行すべき部分が指定されているときは、その指定された部分を通行して） □ しなければならない。	徐行
□	4. 車両は、歩道と車道の区別のない道路を通行する場合その他の場合において、歩行者の側方を通過するときは、これとの間に安全な間隔を保ち、または □ しなければならない。	徐行

6 交差点

「交差点への進入禁止」「交差点における他の車両等との関係」及び「環状交差点」については、各場面ごとのキーワードを押さえておきましょう。

交差点への進入禁止

重要度 

交通整理の行われている交差点に入ろうとする車両等は、その進行しようとする進路の前方の車両等の状況により、**交差点に入った場合**においては、当該**交差点内で停止**することとなり、交差道路における車両等の**通行の妨害**となるおそれがあるときは、**交差点に入ってはなりません**†。

†×徐行

交差点における他の車両等との関係

重要度 

(1) 車両等は交通整理の行われていない**交差点**においては、その通行している道路が優先道路である場合を除き、

①**交差道路が優先道路**であるときは	当該交差道路を通行する車両等の**進行妨害をしてはなりません。**
②**その通行している道路の幅員よりも交差道路の幅員が明らかに広い**ものであるときは	

(2) 車両等（優先道路を通行している車両等を除く）は、交通整理の行われていない**交差点に入ろうとする場合**において、

①**交差道路が優先道路**であるときは	**徐行**†**しなければなりません。** †×一時停止
②その通行している**道路の幅員よりも交差道路の幅員が明らかに広い**ものであるときは	

第3章 道路交通法

(3) 車両等は交差点に入ろうとし、及び交差点内を通行するときは、当該交差点の状況に応じ、

①**交差道路**を**通行する車両**等に	特に注意**し、かつ、できる限り**安全な速度と方法で進行**しなければなりません。**
②**反対方向から進行してきて**右折**する車両**等に	
③**交差点またはその直近で道路を横断する**歩行者に	

(4) **車両等は**交差点で右折**する場合、**当該交差点において

①直進しようとする車両等があるとき	当該車両等の進行妨害をしてはなりません。
②左折しようとする車両等があるとき	

(5) **緊急自動車が交差点またはその付近に接近してきたとき、**車両は交差点を避け、かつ、道路の左側（一方通行となっている道路においてその左側に寄ることが緊急自動車の通行を妨げることとなる場合にあっては、道路の右側）に寄って、一時停止†しなければなりません。　×徐行†

(6) **交差点またはその直近で横断歩道の設けられていない場所において**歩行者が道路を横断**しているとき**、車両等は、その歩行者の通行を妨げてはなりません†。　×妨げないよう努めなければなりません†

環状交差点

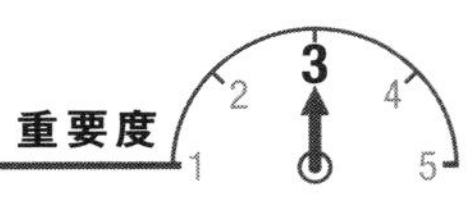

車両は、環状交差点において**左折**・右折**、直進**・**転回**するときは、あらかじめその前からできる限り道路の**左側端に寄り、かつ、できる限り環状交差点の側端に沿って**（道路標識等により通行すべき部分が指定されているときは、その指定された部分を通行して）徐行しなければなりません。

車両等は、**環状交差点に入ろうとするときは、**徐行**しなければなりません。**

図 3.5　環状交差点

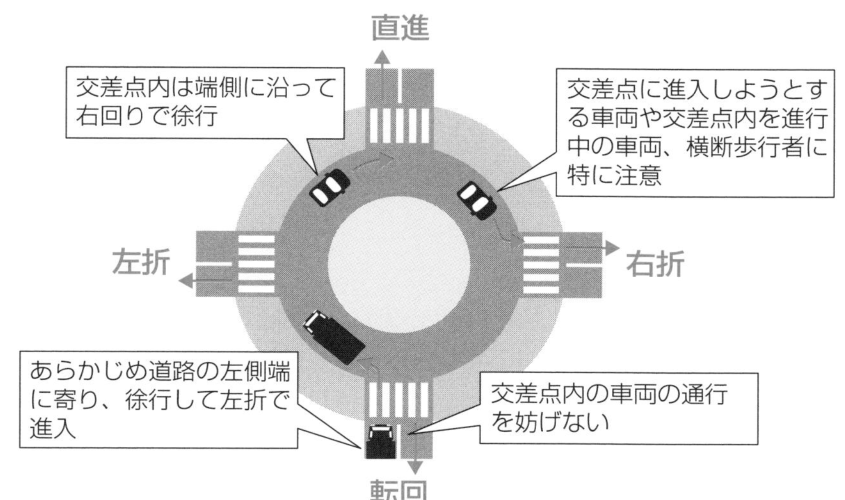

直進
交差点内は端側に沿って右回りで徐行
交差点に進入しようとする車両や交差点内を進行中の車両、横断歩行者に特に注意
左折
右折
あらかじめ道路の左側端に寄り、徐行して左折で進入
交差点内の車両の通行を妨げない
転回

確認テスト

☑欄	空欄に入るべき字句を答えなさい。	解答
□	1. 車両等（優先道路を通行している車両等を除く。）は、交通整理の行われていない交差点に入ろうとする場合において、交差道路が優先道路であるとき、又はその通行している道路の幅員よりも交差道路の幅員が明らかに広いものであるときは、［　　］しなければならない。	徐行
□	2. 交通整理の行われている交差点に入ろうとする車両等は、その進行しようとする進路の前方の車両等の状況により、交差点（交差点内に道路標識等による停止線が設けられているときは、その停止線をこえた部分。）に入った場合においては当該交差点内で［　　］することとなり、よって交差道路における車両等の通行の妨害となるおそれがあるときは、当該交差点に入ってはならない。	停止

□	3. 交差点又はその付近において、緊急自動車が接近してきたときは、車両（緊急自動車を除く。）は交差点を避け、かつ、道路の左側（一方通行となっている道路においてその左側に寄ることが緊急自動車の通行を妨げることとなる場合にあっては、道路の右側。）に寄って ＿＿ しなければならない。	一時停止
□	4. 車両は、環状交差点において左折し、又は右折するときは、あらかじめその前からできる限り道路の左側端に寄り、かつ、できる限り環状交差点の側端に沿って（道路標識等により通行すべき部分が指定されているときは、その指定された部分を通行して） ＿＿ しなければならない。	徐行

7 信号の意味、合図

「合図の時期」については必ず覚えましょう。「信号の色と意味」及び「警音器の使用」についてもしっかり押さえましょう。

信号の色と意味

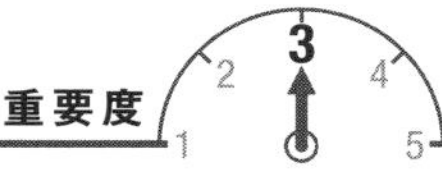

(1) 青色（灯火）

車両等（多通行帯道路等通行原動機付自転車*及び軽車両を除く）は**直進**し、**左折**し、または**右折**することができます。

*「**多通行帯道路等通行原動機付自転車**」…**右折**につき道路標識等によって指定されている交差点及び多通行帯道路（道路の左側部分に車両通行帯が3以上設けられている道路）で、交通整理が行われている交差点を通行する原動機付自転車をいう。

(2) 黄色（灯火）

車両等は、停止位置を越えて進行してはなりません。ただし、**黄色の灯火の信号が表示された時において**当該**停止位置に近接**しているため**安全に停止することができない場合を除きます。**

(3) 赤色（灯火）

車両等は、停止位置を越えて進行してはなりません。交差点において車両等が右・左折しているときの信号の意味は、次の表3.4のとおりです。

表3.4　交差点における赤色（灯火）の信号の意味

既に左折している車両等	**そのまま進行することができます。**
既に右折している車両等 （多通行帯道路等通行原動機付自転車及び軽車両を除く）	**そのまま進行することができます。** この場合において、当該車両等は、**青色の灯火により進行することができるとされている車両等の進行妨害をしてはなりません**†。 †×に優先して進行できる

（次ページに続く）

（表 3.4 の続き）

既に右折している多通行帯道路等通行原動機付自転車及び軽車両	その右折している地点において停止しなければなりません。

（4）青色（灯火）の矢印

車両は、黄色の灯火または赤色の灯火の信号にかかわらず、矢印の方向に進行することができます。この場合において、**交差点において右折する多通行帯道路等通行原動機付自転車及び軽車両は、直進する多通行帯道路等通行原動機付自転車及び軽車両とみなされます。**

図 3.6　青色（灯火）の矢印

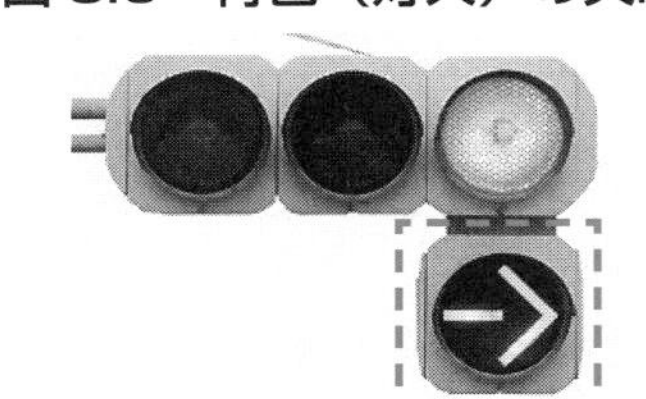

（5）黄色（灯火）の点滅

車両等は、他の交通に注意して進行することができます。

（6）赤色（灯火）の点滅

車両等は、停止位置において一時停止しなければなりません。

車両等の灯火

重要度

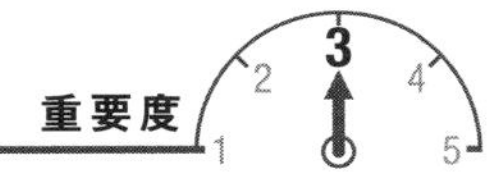

車両等は、夜間（日没時から日出時までの時間）**の場合のほか、**トンネル**の中、**濃霧**がかかっている場所**その他の場所で、**視界が高速自動車国道及び自動車専用道路**においては 200m、**その他の道路**においては 50m 以下であるような暗い場所**を通行する場合**及び当該場所に停車し、または駐車している場合においては、**前照灯、車幅灯、尾灯その他の灯火**をつけなければなりません。

ただし、**高速自動車国道及び自動車専用道路**においては**前方** 200m、**その他の道路においては前方** 50m まで明瞭に見える**程度に**照明**が行われている**トンネル**を通行**する場合は、**この限りではありません。**

合図

重要度 3

車両（自転車以外の軽車両を除く）の運転者は、**左折し、右折し、転回し、**

徐行し、停止し、後退し、または**同一方向に進行しながら進路を変えるとき**は、**手、方向指示器または灯火**により合図をし、かつ、**これらの行為が終わるまで当該合図を**継続**しなければなりません。**

合図の時期

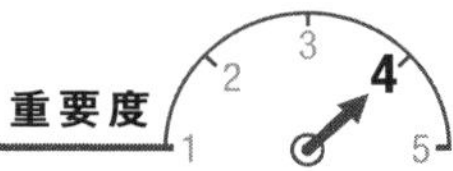

合図を行う時期については、表 3.5 のとおりです。

表 3.5　合図の時期

左折**するとき**	**その行為をしようとする地点**（交差点においてその行為をする場合にあっては、当該交差点の手前の側端）**から** 30 m 手前の地点**に達したとき**
右折**し、または**転回**するとき**	**その行為をしようとする地点**（交差点において右折する場合にあっては、当該交差点の手前の側端）**から** 30 m 手前の地点**に達したとき**
同一方向に進行しながら進路を左方**または**右方**に変えるとき**	**その行為をしようとするときの** 3 秒前**のとき**
①徐行し、または停止するとき **②後退するとき**	**その行為をしようとするとき**

警音器の使用

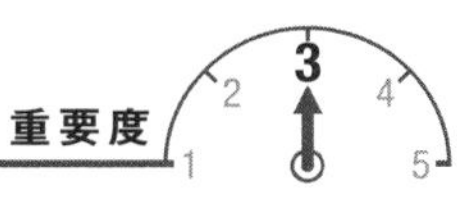

車両等（自転車以外の軽車両を除く）**の運転者は**、**①左右の見とおしのきかない**交差点、**②見とおしのきかない**道路の曲がり角、**③見とおしのきかない**上り坂の頂上において、道路標識等により指定された場所を通行しようとするときは、**警音器を鳴らさなければなりません**†。　×必ず警音器を鳴らさなければならない†

第3章　道路交通法

確認テスト

☑欄	空欄に入るべき字句を答えなさい。	解答
□	1. 交差点において既に右折している車両等（多通行帯道路等通行原動機付自転車及び軽車両を除く。）は、信号機の表示する信号の種類が赤色の灯火のときでも、そのまま進行することができる。この場合において、当該車両等は、青色の灯火により進行することができることとされている車両等の □ をしてはならない。	進行妨害
A□ B□	2. 車両等は、トンネルの中、濃霧がかかっている場所その他の場所で、視界が高速自動車国道及び自動車専用道路においては［A］、その他の道路においては［B］以下であるような暗い場所を通行する場合及び当該場所に停車し、又は駐車している場合においては、前照灯、車幅灯、尾灯その他の灯火をつけなければならない。	A：200m B：50m
□	3. 車両の運転者が左折又は右折するときの合図を行う時期は、その行為をしようとする地点（交差点においてその行為をする場合にあっては、当該交差点の手前の側端）から □ 手前の地点に達したときである。	30m
□	4. 車両の運転者が同一方向に進行しながら進路を左方又は右方に変えるときの合図を行う時期は、その行為をしようとする時の □ 前のときである。	3秒

8 駐停車禁止、駐車禁止

「駐停車禁止」及び「駐車禁止」のそれぞれの範囲は、必ず覚えましょう。「無余地駐車」の範囲もしっかり押さえましょう。

停車及び駐車を禁止する場所

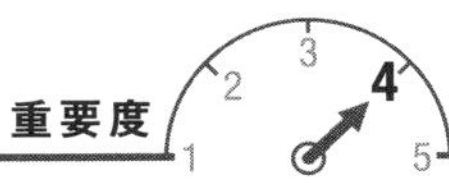

第3章 道路交通法

車両は、乗合自動車・トロリーバスが停留所・停留場において、乗客の乗降のため停車するとき等を除き、①**道路標識等により駐停車が禁止されている道路の部分**、②**次に掲げるその他の道路の部分においては、法令の規定・警察官の命令**により、または**危険を防止するため一時停止する場合のほか、**駐停車禁止**です。**

表 3.6　停車及び駐車を禁止する場所

交差点、横断歩道、自転車横断帯、踏切、軌道敷内、坂の頂上付近、勾配の急な坂、トンネル	該当の箇所
交差点の側端、道路の曲がり角**から**	5 m **以内の部分**
横断歩道、自転車横断帯**の前後の側端からそれぞれ前後に**	5 m **以内の部分**
安全地帯が設けられている道路の当該安全地帯の左側の部分**及び**当該部分の前後の側端**からそれぞれ前後に**	10 m **以内の部分**
乗合自動車の停留所**またはトロリーバス・路面電車の**停留場**を表示する**標示柱・標示板**が設けられている位置から**	10m **以内の部分**（乗合自動車・トロリーバス・路面電車の運行時間中に限る）
踏切**の前後の側端からそれぞれ前後に**	10 m **以内の部分**

覚えるコツ！

駐停車禁止の範囲は、走り幅跳びを採点するイメージで覚えましょう。

"安　定した　踏み切りは　10点、それ以外は　5点"

安全地帯　停留所　踏切　10m　5m

駐車を禁止する場所

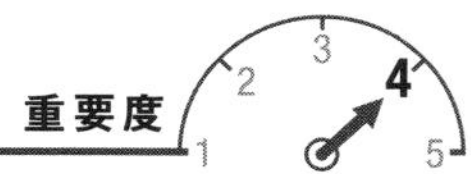

車両は、①道路標識等により駐車が禁止されている道路の部分、②次に掲げるその他の道路の部分においては、**公安委員会の定めるところにより警察署長の許可を受けたときを除き、**駐車禁止です。

表 3.7　駐車を禁止する場所

火災報知機から	1 m 以内の部分
人の乗降、貨物の積卸し、駐車または自動車の格納・修理のため道路外に設けられた施設・場所の道路に接する自動車用の出入口から	3 m 以内の部分
道路工事が行われている場合における当該工事区域の側端から	5 m 以内の部分
消防用機械器具の置場・消防用防火水槽の側端またはこれらの道路に接する出入口から	
消火栓、指定消防水利の標識が設けられている位置または消防用防火水槽の吸水口・吸管投入孔から	

覚えるコツ！

駐車禁止の範囲は、野球の打順のイメージで覚えましょう。

"葛西1番　上皇3番　浩二5番は　小5の記憶"

火災報知器 1m　乗降 3m　道路工事 5m　消防・消火栓 5m

無余地駐車の禁止

重要度

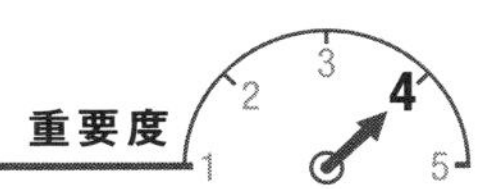

車両は、駐車する場合に当該**車両の右側**の道路上に3.5m[†]（道路標識等により距離が指定されているときは、その距離）**以上の余地がない場所は**、**駐車禁止です**。

× 3m[†]

ただし、次の場合を除きます。

①貨物の積卸しを行う場合で運転者がその車両を離れないとき

②運転者がその車両を離れたが直ちに運転に従事することができる状態にあるとき

③傷病者の救護のためやむを得ないとき

図 3.7　道路上の余地

3.5m 以上の余地

駐車できます

確認テスト

☑欄	空欄に入るべき字句を答えなさい。	解答
□	1. 車両は、横断歩道又は自転車横断帯の前後の側端からそれぞれ前後に [　　] 以内の部分は、停車し、または駐車してはならない。	5m
□	2. 車両は、安全地帯が設けられている道路のその安全地帯の左側の部分およびこの部分の前後の側端からそれぞれ前後に [　　] 以内の部分は、停車し、または駐車してはならない。	10m
□	3. 車両は、火災報知機から [　　] 以内の部分は、駐車してはならない。	1m

□	4. 車両は、人の乗降、貨物の積卸し等のため道路外に設けられた施設等の道路に接する自動車用の出入口から ☐ 以内の部分は、駐車してはならない。	3m
□	5. 車両は、消火栓、指定消防水利の標識が設けられている位置又は消防用防火水槽の吸水口若しくは吸管投入孔から ☐ 以内の部分は、駐車してはならない。	5m

9 過積載の防止、過労運転の防止

「過積載の防止」及び「過労運転の防止」はよく出題されますので、重点的に学習をしましょう。誰が誰に対して提示・指示・命令等をするのか、「相対の関係」をしっかり押さえましょう。

第3章 道路交通法

乗車または積載の制限等

車両（軽車両を除く）**の運転者は、**当該車両について政令で定める乗車人員、積載物の重量、大きさ、積載の方法（以下「**積載重量等**」という）**の制限を超えて乗車をさせ、または、積載をして車両を運転してはなりません。**

ただし、車両の出発地警察署長の許可を受けて貨物自動車の荷台に乗車させる場合にあっては、制限を超える乗車をさせて運転することができます。

なお、**超えてはならない積載物の長さ、幅、高さ**については、以下のとおりです。

（1）**積載物の大きさの制限**は、次のとおりです。

長さ	**自動車の長さ×** 1.2 **（自動車の**長さの 2 割増**まで）**
幅	**自動車の幅×** 1.2 **（自動車の**幅の 2 割増**まで）**
高さ	3.8m（公安委員会が道路、交通の状況により支障がないと認めて定めるものにあっては 3.8m 以上 4.1m を超えない範囲内において公安委員会が定める高さ）**からその自動車の積載をする場所の高さを減じたもの**

（2）**積載物の積載方法の制限**は、次のとおりです。

長さ	**自動車の車体の**前後**から自動車の**長さの 1 割増**まで**
幅	**自動車の車体の**左右**から自動車の**幅の 1 割増**まで**

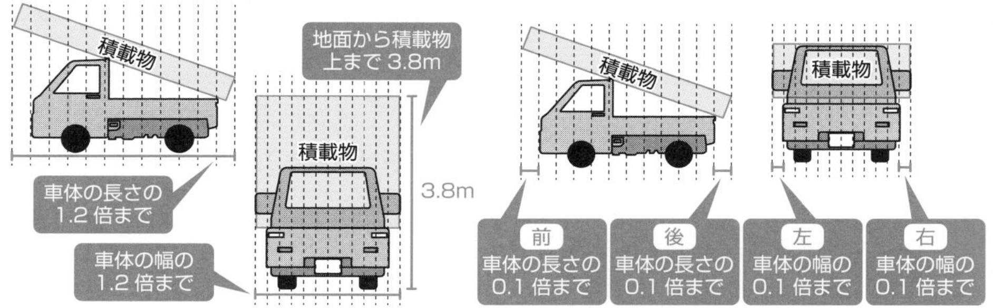

過積載の防止

（1）警察官の運転者に対する積載物の重量の測定・過積載車両に係る措置命令

警察官は、積載重量等の制限を超える積載が認められる**車両を停止**させ、**運転者**に対し、自動車検査証その他政令で定める**書類の提示**を求め、及び当該車両の**積載物の重量を測定**することができます。

警察官は、過積載をしている車両の**運転者**に対し†、当該車両に係る積載が過積載とならないようにするため必要な**応急の措置**をとることを命ずることができます。

†×車両の使用者に対し

（2）公安委員会の車両の使用者に対する過積載車両に係る指示

過積載をしている運転者に対し、警察官から過積載とならないようにするため、必要な**応急の措置命令**がされた場合において、車両の**使用者**が当該車両に係る過積載を防止するため必要な**運行の管理**を行っていると認められないときは、当該車両の使用の本拠の位置を管轄する**公安委員会**は、当該車両の**使用者**に対し、車両を運転者に運転させる場合にあらかじめ車両の積載物の重量を確認することを運転者に**指導**しまたは**助言**することその他車両に係る過積載を防止するため**必要な措置をとる**†ことを**指示**することができます。

†×当該自動車の運行の停止を命じる

（3）警察署長の荷主に対する過積載車両の運転の要求等の禁止命令

警察署長は、荷主が自動車の運転者に対し、過積載をして自動車を運転することを要求するという違反行為を行った場合において、荷主が当該違反を反復

して行うおそれがあると認めるときは、内閣府令で定めるところにより、荷主†に対し、当該違反行為をしてはならない旨を命ずる‡**ことができます。**

×運転者† ×過積載による運転をしてはならない旨を命ずる‡

覚えるコツ！

誰が、誰に対して、提示・指示・命令等をするかを押さえましょう。

"運 管の講 師 は2 丁 目"

運転者 警察官 公安委員会 使用者 荷主 警察署長

(4) 荷主の運転者に対する過積載車両に係る積載物の引き渡し行為等の禁止

荷主は、運転者に対し、車両への積載が過積載となるとの情を知りながら、積載重量等の制限に係る重量を超える積載物を車両に積載させるため、売り渡し、または積載物を引き渡す行為をしてはなりません。

乗車・積載の方法

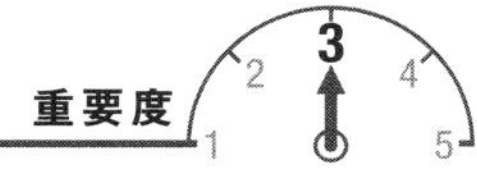

(1) 車両の運転者は、車両の乗車のために設備された場所以外の場所に乗車させ、または乗車・**積載のために設備された場所以外の場所に積載して運転してはなりません。**ただし、貨物自動車で貨物を積載している場合には、**貨物を看守**するため必要な最小限度の人員†**をその荷台に乗車させて運転することができます。**

×自動車が積載可能な重量までの人員†

(2) 車両の運転者は、運転者の**視野・ハンドルその他の装置の操作を妨げ、後写鏡の効用を失わせ、車両の安定を害し**、または外部から当該車両の**方向指示器、車両の番号標、制動灯、尾灯若しくは後部反射器を確認することができないこととなる**ような**乗車・積載をして車両を**運転してはなりません。

(3) 車両（軽車両を除く）の運転者は、当該車両について政令で定める**乗車人員または積載物の重量・大きさ、積載の方法の制限を超えて**乗車または積載をして車両を運転してはなりません。

自動車の使用者の義務

重要度 3

（1）自動車の使用者は、その者の業務に関し、自動車の運転者に対し、乗車または積載の制限等の規定に違反して政令で定める積載物の重量、大きさまたは積載の方法の制限を超えて積載をして運転することを命じ、または自動車の運転者がこれらの行為をすることを容認してはなりません。

（2）自動車の使用者は、上記の積載制限等違反運転のほか、その者の業務に関し、**運転者に対し**、次に掲げる行為をすることを命じ、または運転者がこれらの行為をすることを容認してはなりません。

①無免許運転、②最高速度違反運転、③酒気帯び運転、④過労運転、⑤無資格運転、⑥乗車・積載の制限違反運転、⑦自動車を離れて直ちに運転することができない状態にする行為

（3）自動車の使用者が法令の規定に違反し、当該違反により自動車の運転者が次のいずれかに掲げる行為をした場合において、自動車の**使用者**がその者の業務に関し自動車を使用することが著しく道路における交通の危険を生じさせ、または著しく交通の妨害となるおそれ**があると認めるときは**、違反に係る自動車の使用の本拠の位置を管轄する公安委員会は、自動車の使用者に対し、6カ月を超えない範囲内で期間を定めて、違反に係る自動車を運転させてはならない旨を命ずることができます。

①公安委員会の運転免許を受けている者でなければ運転することができない自動車を運転免許を受けている者以外の者が運転すること
②最高速度の規定に違反して運転すること
③酒気帯び運転等の禁止の規定に違反して運転すること
④過労運転等の禁止の規定に違反して運転すること
⑤運転資格の規定に違反して運転すること
⑥乗車または積載の制限等の規定に違反して運転すること
⑦自動車を離れて直ちに運転することができない状態にする行為

過労運転の防止

重要度 5

何人も、**酒気帯び運転**のほか、**過労**、**病気**、**薬物の影響その他の理由により**、**正常な運転ができないおそれがある状態**で車両等を運転してはなりません。

車両の運転者が**過労**により［正常な運転］**ができないおそれがある状態で車両を運転する行為**（**過労運転**）を当該車両の**使用者の業務**に関してした場合において、当該過労運転に係る車両の［使用者］が当該車両につき過労運転を防止するため必要な［運行の管理］を行っていると認められないときは、当該車両の使用の本拠の位置を管轄する**公安委員会**は、当該車両の使用者に対し、過労運転が行われることのないよう運転者に**指導**し又は［助言］することその他**過労運転を防止**するため［必要な措置をとる］ことを［指示］することができます。

妨害運転（あおり運転）禁止

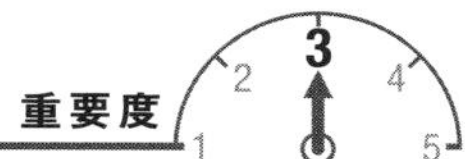

①**他の車両等の通行を妨害する目的**で、①**通行区分違反**、②**急ブレーキ禁止違反**、③**車間距離不保持**、④**進路変更禁止違反**、⑤**追越し違反**、⑥**減光等義務違反**、⑦**警音器使用制限違反**、⑧**安全運転義務違反**、⑨**最低速度違反（高速自動車国道）**、⑩**高速自動車国道等駐停車違反**の行為であって、**他の車両等に道路における交通の危険を生じさせるおそれのある方法**によるものをしてはなりません。（懲役 3 年以下または罰金 50 万円以下）

②**①の罪を犯し**、**高速自動車国道**等において**他の自動車を停止**させ、その他道路における**著しい交通の危険**を生じさせてはなりません。（懲役 5 年以下または罰金 100 万円以下）

③**②の行為をしたとき**は、**運転免許を取り消す**ことができ、3 年以上 10 年を超えない範囲内で**運転免許を受けることができない期間**を指定できます。

公安委員会の通知

重要度
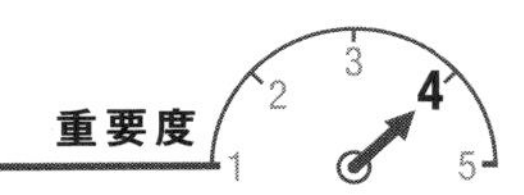

車両等の運転者が道路交通法若しくは同法に基づく命令の規定または同法の規定に基づく処分に違反した場合において、当該違反が当該違反に係る車両等の使用者の業務に関してなされたものであると認めるときは、公安委員会は、内閣府令で定めるところにより、当該車両等の使用者が道路運送法の規定による自動車運送事業者、貨物利用運送事業法の規定による第二種貨物利用運送事業を経営する者であるときは当該事業者及び当該事業を監督する行政庁に対し、当該車両等の使用者がこれらの事業者以外の者であるときは当該車両等の使用者に対し、当該違反の内容を通知することになります。

特定自動運行の許可

重要度
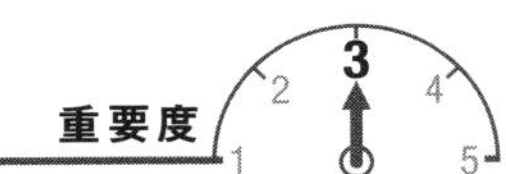

特定自動運行を行おうとする者は、特定自動運行を行おうとする場所を管轄する**公安委員会**の許可を受けなければなりません。

許可を受けた**特定自動運行実施者**は、次のいずれかの措置を講じなければなりません。

①特定自動運行用自動車の**周囲の道路及び交通の状況、特定自動運行用自動車の状況を**映像及び音声により確認**することができる**遠隔監視装置を**備え付け**、特定自動運行主任者を配置する（乗車している場合を除く）。
②**特定自動運行において交通事故があった場合の措置その他の措置を講じさせる**ため、特定自動運行主任者**を特定自動運行用自動車に**乗車させる。

特定自動運行において特定自動運行用自動車（**遠隔監視装置による措置が講じられたものに限る。**）に交通事故があったときは、**特定自動運行主任者は、**直ちに交通事故の現場の最寄りの消防機関に通報する措置（**現場措置業務実施者を**交通事故の現場に向かわせる措置**を講じなければなりません。**この場合、**特定自動運行主任者**は、直ちに当該交通事故の現場の最寄りの警察署の警察官に交通事故発生日時等を報告しなければなりません。

公安委員会は、**特定自動運行実施者**またはその**特定自動運行業務従事者**が、特定自動運行に関しこの法律、この法律に基づく**命令**の規定、この法律の規定に基づく**処分**または他の法令の規定に**違反**した場合において、道路における危険を防止しその他交通の安全と円滑を図るため必要がある**と認めるとき**は、特定自動運行実施者**に対し、特定自動運行に関し**必要な措置**をとるべきこと**を指示**する**ことができます。

確認テスト

☑欄	空欄に入るべき字句を答えなさい。	解答
A□ B□	1. 積載物の長さは、自動車の長さにその長さの［A］の長さを加えたものを超えてはならず、積載の方法は、自動車の車体の前後から自動車の長さの［B］の長さを超えてはみ出してはならない。	A：10分の2 B：10分の1
□	2. 警察官は、過積載をしている車両の［　］に対し、当該車両に係る積載が過積載とならないようにするため必要な応急の措置をとることを命ずることができる。	運転者
□	3. ［　］は、荷主が自動車の運転者に対し、過積載をして自動車を運転することを要求するという違反行為を行った場合において、荷主が当該違反を反復して行うおそれがあると認めるときは、内閣府令で定めるところにより、荷主に対し、当該違反行為をしてはならない旨を命ずることができる。	警察署長

A□ B□	4. 車両の運転者が過労により［ A ］運転ができないおそれがある状態で車両を運転する行為（過労運転）を当該車両の使用者の業務に関してした場合において、当該過労運転に係る車両の使用者が当該車両につき過労運転を防止するため必要な［ B ］を行っていると認められないときは、当該車両の使用の本拠の位置を管轄する公安委員会は、当該車両の使用者に対し、過労運転が行われることのないよう運転者に指導し又は助言することその他過労運転を防止するため必要な措置をとることを指示することができる。	A：正常な B：運行の管理

10 運転者の義務・遵守事項

「運転者の義務」は穴うめの対策として、キーワードを必ず覚えましょう。「運転者の遵守事項」は、個別にしっかり理解のうえ覚えましょう。

運転者の義務

交通事故があったときは、当該交通事故に係る車両等の運転者その他の乗務員は、直ちに車両等の運転を停止して、負傷者を救護し、**道路における**危険を防止する等必要な措置を講じなければなりません。この場合において、当該車両等の運転者（運転者が死亡し、又は負傷したためやむを得ないときは、その他の乗務員）は、警察官が現場にいるときは当該**警察官**に、警察官が現場にいないときは直ちに最寄りの警察署（派出所又は駐在所を含む）の**警察官**に当該交通事故が発生した日時及び場所、当該交通事故における死傷者の数及び負傷者の負傷の程度並びに損壊した物及びその損壊の程度、当該交通事故に係る車両等の積載物並びに当該交通事故について講じた措置を報告しなければなりません。

重 要

交通事故のときの運転者の義務については、次のキーワードを押さえましょう。

1. **交通事故の発生時の措置**
   - ①運転の停止
   - ②負傷者の救護
   - ③**道路における**危険の防止

2. **警察官への報告**
   - ①**事故発生の**日時、場所
   - ②死傷者の数、負傷者の負傷の程度
   - ③**損壊物、損壊の程度**
   - ④**車両等の**積載物
   - ⑤当該交通事故について講じた措置

高速自動車国道等での運転者の義務

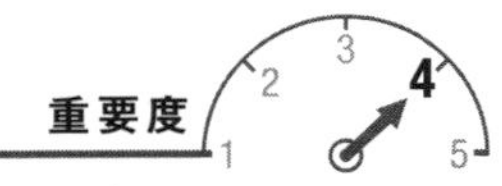

自動車の運転者は、次に掲げる事項を守らなければなりません。

(1)	高速自動車国道等において運転しようとするときは、あらかじめ、**燃料・冷却水・原動機のオイルの量**または貨物の積載の状態を点検し、必要がある場合においては、高速自動車国道等において**燃料・冷却水・原動機のオイルの量の不足のため運転することができなくなる**ことまたは**積載している物を転落させ、飛散させること**を**防止するための措置**を講じなければなりません。
(2)	**故障**その他の理由により高速自動車国道等の**本線車道**もしくはこれに接する**加速車線・減速車線・登坂車線**(以下「**本線車道等**」という)またはこれらに接する**路肩・路側帯**において、当該自動車を運転することができなくなったときは、**停止表示器材**を**後方から進行してくる自動車の運転者が見やすい位置に置いて**、自動車が**故障その他の理由により停止している**ものであることを**表示**しなければなりません†。 ×ただし、本線車道等に接する路肩・路側帯は、この限りではない†
(3)	自動車は、法令の規定によりその速度を減ずる場合等を除き、**高速自動車国道の本線車道**においては、道路標識等により自動車の**最低速度が指定されている区間**にあっては**その最低速度**に、**その他の区間**においては、**時速 50km の最低速度に達しない速度で進行してはなりません**。ただし、**往復の方向にする通行が行われている本線車道で、本線車線が道路の構造上往復の方向別に分離されていない**場合は、**この限りではありません**。
(4)	自動車(緊急自動車を除く。)は、**本線車道に入ろう**とする場合(本線車道から他の本線車道に入ろうとする場合は、道路標識等により指定された本線車道に入ろうとする場合に限る。)において、**本線車道を通行する自動車があるとき**は、自動車の**進行妨害をしてはなりません**。ただし、**交差点において、交通整理が行われているとき**は、この限りではありません。
(5)	自動車は、**本線車道に入ろうとする**場合、**加速車線が設けられているとき**は、その**加速車線を通行**しなければなりません†。 ×本線車道で後方から進行してくる自動車がないときはこの限りではない†

(6) 自動車は、その通行している本線車道から出ようとする場合においては、あらかじめその前から出口に接続する車両通行帯を通行しなければなりません†。この場合、減速車線が設けられているときは、その減速車線を通行しなければなりません。 ×本線車道で後方から進行してくる自動車がないときはこの限りではない†
(7) 高速自動車国道等においては、法令の規定若しくは警察官の命令により、または危険を防止するため一時停止する場合のほか、停車し、または駐車してはなりません。ただし、故障その他の理由により停車し、または駐車することがやむを得ない場合において、停車または駐車のため十分な幅員がある路肩・路側帯に停車し、または駐車するときは、この限りではありません。

第3章 道路交通法

運転者の遵守事項

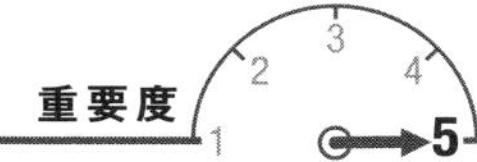

車両等の運転者は、次に掲げる事項を守らなければなりません。

(1) ①身体障害用の車いす、②目が見えない者、③耳が聞こえない者が杖を携え、通行しているとき ④監護者が付き添わない児童、幼児が歩行しているときは	一時停止しまたは徐行してその通行または歩行を妨げないようにしなければなりません†。 ×その側方を離れて走行し、その通行を妨げないようにしなければならない†
(2) ①高齢の歩行者、②身体障害のある歩行者等での通行に支障のあるものが通行しているときは	一時停止しまたは徐行してその通行を妨げないようにしなければなりません†。 ×できる限り安全な速度と方法で進行†
(3) 児童・幼児等の乗降のため、停車している通学通園バスの側方を通過するときは	徐行して安全を確認しなければなりません。
(4) 道路の左側部分にある安全地帯の側方を通過する場合、安全地帯に歩行者がいるときは	徐行しなければなりません†。 ×一時停止†

(5)	乗降口のドアを閉じ、**貨物の積載を確実に行う**等車両等に乗車している者の転落または積載している物の転落・飛散を防ぐため必要な措置を講じなければなりません。
(6)	車両等に積載している物が道路に転落・飛散したときは、速やかに転落・飛散した物を除去する等道路における危険を防止するため必要な処置を講じなければなりません。
(7)	**車両等を離れるときは、その**原動機を止め、完全にブレーキをかける等当該車両等が停止の状態を保つため**必要な措置**を講じなければなりません†。 ×原動機を止めることを要しない†
(8)	自動車を運転する場合、危険防止のためやむを得ない場合を除き、進行している初心運転者標識・高齢運転者標識・聴覚障害運転者標識・身体障害者運転者標識・仮免許練習標識の表示自動車の側方に幅寄せ**してはなりません。**自動車が進路を変更した場合にその変更した後の進路と同一の進路を後方から進行してくる**表示自動車が当該自動車との間**に法令に規定する必要な距離を保つことができない**こととなるとき**は進路を変更**してはなりません。**
(9)	自動車を運転する場合、自動車が停止しているときを除き† ①**携帯電話用装置その他無線通話装置**（手で保持しなければ送信・受信のいずれをも行うことができないものに限る）を通話のために使用**してはなりません。** ②**画像表示用装置**の表示された画像を注視**してはなりません。** ×運転または停止にかかわらず†
(10)	①自動車の運転者は、法令で定める場合を除き†、座席ベルトを装着しないで自動車を運転してはなりません。 ×高速自動車国道に限り† ただし、次の場合は**免除されています。** ア．負傷、障害、妊娠中で、座席ベルトの装着が**療養上、健康保持上適当でない者** イ．自動車を後退させるとき ②自動車の運転者は、法令で定める場合を除き、座席ベルトを装着しない者を、**運転者席**以外の**乗車装置に乗車させて運転してはなりません。**

アドバイス

上記 (1)、(2) のいわゆる「**交通弱者**」**の設問では、**「一時停止」「徐行」のいずれかではなく、「**一時停止**」「**徐行**」**の両方が規定されている**ことを押さえましょう。

確認テスト

☑欄	空欄に入るべき字句を答えなさい。	解答
□	1. 交通事故があったときは、当該交通事故に係る車両等の運転者その他の乗務員は、直ちに車両等の運転を停止して、［　　］し、道路における危険を防止する等必要な措置を講じなければならない。	負傷者を救護
□	2. 車両等の運転者は、児童、幼児等の乗降のため、道路運送車両の保安基準に関する規定に定める非常点滅表示灯をつけて停車している通学通園バスの側方を通過するときは、［　　］して安全を確認しなければならない。	徐行
□	3. 車両等の運転者は、高齢の歩行者でその通行に支障のあるものが通行しているときは、［　　］し、又は徐行して、その通行を妨げないようにしなければならない。	一時停止
□	4. 自動車を運転する場合においては、当該自動車が停止しているときを［　　］、携帯電話用装置（その全部又は一部を手で保持しなければ送信及び受信のいずれをも行うことができないものに限る。）を通話（傷病者の救護等の ため当該自動車の走行中に緊急やむを得ずに行うものを除く。）のために使用してはならない。	除き

第3章 道路交通法

11 運転免許

「準中型免許」については、必ず押さえましょう。「免許の取消し・停止」及び「免許の効力の仮停止」についても押さえておきましょう。

運転免許の種類

運転免許は、①**第一種運転免許**（以下「第一種免許」という）、②**第二種運転免許**（以下「第二種免許」という）、③**仮運転免許**（以下「仮免許」という）の**3つに区分**されます。

（1）第一種免許の種類

自動車等を運転しようとする者は、自動車等の種類に応じ、第一種免許を受けなければなりません。

第一種免許の種類は、準中型免許の新設に伴い、**10種類**となっています。

表 3.8　第一種免許の種類

自動車等の種類	第一種免許の種類
1．大型自動車	1．大型免許
2．中型自動車	2．中型免許
3．準中型自動車	3．準中型免許
4．普通自動車	4．普通免許
5．大型特殊自動車	5．大型特殊免許
6．大型自動二輪車	6．大型二輪免許
7．普通自動二輪車	7．普通二輪免許
8．小型特殊自動車	8．小型特殊免許
9．原動機付自転車	9．原付免許
－	10．牽引免許

表 3.9　運転免許の種類

免許の種類	自動車	最大積載量	車両総重量	乗車定員
大型免許	**大型自動車**	6.5 トン以上	11 トン以上	**30 人以上**
中型免許	**中型自動車**	**4.5 トン以上 6.5 トン未満**	**7.5 トン以上 11 トン未満**	**11 人以上 29 人以下**
準中型免許	**準中型自動車**	2 トン以上 4.5 トン未満	3.5 トン以上 7.5 トン未満	**10 人以下**
普通免許	**普通自動車**	**2 トン未満**	**3.5 トン未満**	**10 人以下**

アドバイス

平成 29 年 3 月 12 日、貨物自動車による交通死亡事故の削減及び若年者の雇用を促進するため、**普通自動車、中型自動車、大型自動車**に加えて、**準中型自動車**が新設され、これに対応する免許として**準中型免許**及び**準中型仮免許**が新設されました。なお、準中型免許の新設前の普通自動車免許取得者は最大積載量 3 トン未満または車両総重量 5 トン未満の自動車が運転できます。

(2) 第一種免許の取得年齢、通算期間

第一種免許の取得年齢、通算期間は、次ページの表 3.10 のとおりです。

表 3.10　第一種免許の取得年齢、免許の通算期間

	免許の取得年齢		免許の通算期間	
大型免許	**21 歳以上**	19 歳以上※ （特別な教習の修了者）	**3 年以上**	1 年以上※ （特別な教習の修了者）
中型免許	**20 歳以上**		**2 年以上**	
準中型免許	**18 歳以上**		—	
普通免許	**18 歳以上**		—	

※**特別な教習**（特例教習）**を修了**（36 時間以上）することにより、**19 歳以上**で、かつ、普通免許等の**通算期間が 1 年以上**あれば、**大型免許**、**中型免許**を取得できます。なお、**第二種免許**についても、同様の特例により第二種免許を取得できます。

（3）第一種免許の有効期間

①運転免許の有効期間は、**優良運転者**であって更新日における年齢が **70 歳未満**は 5 年、**70 歳**は 4 年、**71 歳以上**は 3 年です。

②運転免許の有効期間の**更新期間は、有効期間が満了する日の直前の**誕生日の 1 カ月前から**有効期間が満了する日**（誕生日から 1 カ月を経過する日）**までの間**です。

③**準中型自動車免許**を取得して、期間が通算 1 年に達しない場合には、初心運転者標識を表示しなければなりません。

（4）第一種免許で運転することができる自動車等の種類

第一種免許によって運転することができる自動車等の種類は、表 3.8 の区分に応じた自動車等の種類のほか、次のとおりです。

表 3.11　第一種免許で運転することができる自動車等の種類

第一種免許の種類	運転することができる自動車等の種類
大型免許	中型自動車、準中型自動車、普通自動車、小型特殊自動車及び原動機付自転車
中型免許	準中型自動車、普通自動車、小型特殊自動車及び原動機付自転車
準中型免許	普通自動車、小型特殊自動車及び原動機付自転車
普通免許	小型特殊自動車及び原動機付自転車
大型特殊免許	小型特殊自動車及び原動機付自転車
大型二輪免許	普通自動二輪車、小型特殊自動車及び原動機付自転車
普通二輪免許	小型特殊自動車及び原動機付自転車

免許の取消し・停止

重要度 3

(1) 免許を受けた者が自動車等の運転に関し、当該自動車等の交通による**人の死傷があった場合**において、**交通事故があったときは直ちに車両等の運転を停止して、負傷者を救護し、道路における危険を防止する**等**必要な措置を講じなければならない規定に違反したとき**は、その者が当該違反行為をしたときにおけるその者の住所地を管轄する**公安委員会**はその者の**免許を取り消す**ことができます。

(2) **公安委員会**は、**①自動車等の運転により人を死傷させ、または建造物を損壊させる行為で故意によるものをしたとき、②危険運転致死傷等の罪に当たる行為をしたとき、③自動車等の運転に関し酒気帯び運転等の禁止、過労運転等の禁止の違反行為をしたとき**にも**免許を取り消す**ことができます。

(3) **公安委員会**は、認知症であることが判明したなどに該当したとき、政令で定める基準に従い、その者の**免許を取り消し**、または**6カ月**を超えない範囲内で期間を定めて**免許の効力を停止**することができます。

免許の効力の仮停止

重要度 3

警察署長は、酒気帯び運転、過労運転等による交通事故で**人を死亡させ、または人を傷つけた場合**において、交通事故の場合の措置に違反したとき、交通事故を起こした日から起算して**30日**を経過する日を終期とする免許の停止(**仮停止**)をすることができます。

弁明の機会の付与義務

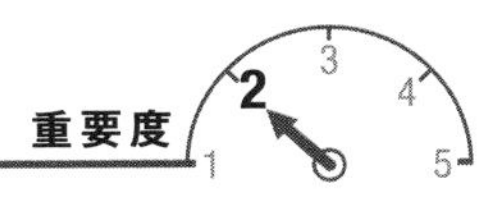

警察署長は、免許の効力の仮停止をしたときは、仮停止の処分をした日から起算して**5日**以内に、当該処分を受けた者に対し、**弁明の機会**を与えなければなりません。

第3章 道路交通法

高齢者講習

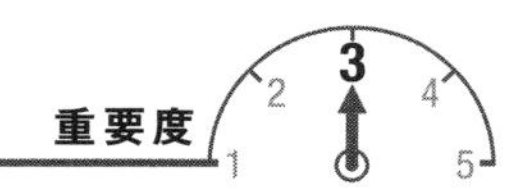

免許証の更新を受けようとする者で**更新期間が満了する日における年齢**が**70 歳以上**の者（当該講習を受ける必要がないものとして法令で定める者を除く。）は、**更新期間が満了する日前 6ヵ月以内**にその者の住所地を管轄する公安委員会が行った「**高齢者講習**」を受けていなければなりません。

放置車両確認標章

車両の使用者や運転者は、警察署長の許可がなくても取り付けられた**放置車両確認標章**を取り除くことができます。

規制標識

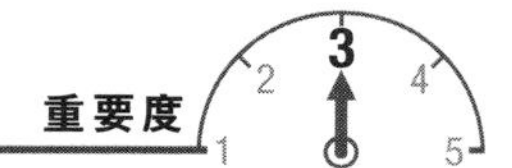

規制標識及び運転者標識は、以下のとおりです。名称欄の赤字の標識は出題されることがありますので、押さえましょう。

規制標識

規制標識	名称	説明
通行止	通行止め	歩行者、車両、路面電車の通行を禁止する
	車両通行止め	車両（自動車、原動機付自転車、軽車両）の通行を禁止する

規制標識	名称	説明
	車両進入禁止	車両の通行につき、一定の方向への通行が禁止される道路において、車両がその禁止されている方向に向かって進入することを禁止する
	二輪の自動車以外の自動車通行止め	二輪の自動車以外の自動車は通行することを禁止する
	大型貨物自動車等通行止め	大型貨物自動車、特定中型貨物自動車、大型特殊自動車の通行を禁止する（特定中型貨物自動車：最大積載量５トン以上または車両総重量８トン以上）
	指定方向外進行禁止	標示板の矢印の示す方向以外の方向への車両の進行を禁止する
	車両横断禁止	車両の横断を禁止する[†]（ただし、道路外の施設または場所に出入りするための左折を伴う横断を除く） ×指定された方向以外の方向への進行を禁止[†]
	転回禁止	車両の転回（Ｕターン）を禁止する
追越し禁止	追越し禁止	車両は、**他の車両（軽車両を除く）の追越しを禁止する** ※ 原動機付自転車は追越しできない

第3章 道路交通法

規制標識	名称	説明
8−20	駐停車禁止	車両は駐停車を禁止する（上の数字は駐停車禁止の時間を示しており、この場合は 8 時から 20 時まで）
8−20	駐車禁止	車両は駐車を禁止する†（上の数字は駐車禁止の時間を示しており、この場合は 8 時から 20 時まで） ×停車を禁止する†
白地に青い左向きの矢印	左折可	車両は信号が黄色または赤色の灯火の信号にかかわらず左折できる（白地に青色の左向きの矢印）※青地に白色の矢印は「一方通行」
5.5 t	重量制限	標示板に表示されている重量を超える総重量の車両の通行を禁止する
3.3 m	高さ制限	標示板に表示されている高さを超える高さ（積載した貨物の高さを含む）の車両の通行を禁止する
2.2 m	最大幅	法令の規定で定める車両の最大幅（積載した貨物の幅を含む）を超える幅の車両の通行を禁止する
	特定の種類の車両の通行区分	**大型貨物自動車、特定中型貨物自動車、大型特殊自動車は**、左から 1 番目の車両通行帯**以外**の車両通行帯の通行を禁止する

規制標識	名称	説明
	けん引自動車の高速自動車国道通行区分	車両通行帯に設けられた高速自動車国道の本線車道において、重被けん引車（車両総重量750kg 超）をけん引しているけん引自動車の通行の区分を指定する
	けん引自動車の自動車専用道路第一通行帯通行指定区間	車両通行帯に設けられた自動車専用道路の本線車道において、重被けん引車（車両総重量750kg 超）をけん引しているけん引自動車が、最も左側の車両通行帯（第一通行帯）を通行しなければならない区間を指定する
8-20 P 60分 標章車専用	高齢運転者等専用時間制限駐車区間	高齢運転者等専用時間制限駐車区間は、高齢運転者等標章車**以外は**駐車できない。高齢運転者等標章の交付を受けることができるのは、① 70 歳以上、②聴覚障害者・身体障害者（免許に条件を付与）、③妊娠中・出産後 8 週間以内の者
	タイヤチェーンを取り付けていない車両通行止め	チェーン規制が出された場合は、スタッドレスタイヤを着けていても、タイヤチェーンを装着していなければ走行できない

運転者標識

運転者標識	名称	対象者
	初心運転者標識（義務）	普通自動車免許を受けた者で、当該自動車免許を受けていた期間（当該免許の効力が停止されていた期間を除く）が通算して 1 年**に達しない**者
	高齢運転者標識（努力義務）	普通自動車を運転することができる免許を受けた 70 歳以上の者で、加齢に伴って生ずる身体機能の低下が自動車の運転に影響を及ぼすおそれがある者

運転者標識	名称	対象者
	聴覚障害者標識 **（義務）**	普通自動車を運転することができる免許を受けた者で、政令で定める程度の**聴覚障害**のあることを理由に当該免許に条件を付されている者
	身体障害者標識 （努力義務）	普通自動車を運転することができる免許を受けた者で、**肢体不自由**であることを理由に当該免許に条件を付されている者

確認テスト

☑欄	空欄に入るべき字句を答えなさい。	解答
A□ B□	1. 大型免許は、特別な教習を修了することにより、［A］以上で、かつ、普通免許等の通算期間が［B］以上あれば取得することができる。	A：19歳 B：1年
□	2. 準中型自動車免許を取得して、期間が通算［　］に達しない場合には、初心運転者標識を表示しなければならない。	1年
A□ B□	3.「大型貨物自動車等通行止め」の標識では、最大積載量［A］以上または車両総重量［B］以上の特定中型貨物自動車は、通行禁止である。	A：5トン B：8トン

過去問にチャレンジ

問1 道路交通法に照らし、次の記述のうち、【誤っているものを1つ】選びなさい。なお、解答にあたっては、各選択肢に記載されている事項以外は考慮しないものとする。

1. 路側帯とは、歩行者及び自転車の通行の用に供するため、歩道の設けられていない道路又は道路の歩道の設けられていない側の路端寄りに設けられた帯状の道路の部分で、道路標示によって区画されたものをいう。

2. 車両は、道路の中央から左の部分の幅員が6メートルに満たない道路において、他の車両を追い越そうとするとき（道路の中央から右の部分を見とおすことができ、かつ、反対の方向からの交通を妨げるおそれがない場合に限るものとし、道路標識等により追越しのため道路の中央から右の部分にはみ出して通行することが禁止されている場合を除く。）は、道路の中央から右の部分にその全部又は一部をはみ出して通行することができる。

3. 車両の運転者が左折又は右折するときの合図を行う時期は、その行為をしようとする地点（交差点においてその行為をする場合にあっては、当該交差点の手前の側端）から30メートル手前の地点に達したときである。（環状交差点における場合を除く。）

4. 停留所において乗客の乗降のため停車していた乗合自動車が発進するため進路を変更しようとして手又は方向指示器により合図をした場合においては、その後方にある車両は、その速度又は方向を急に変更しなければならないこととなる場合を除き、当該合図をした乗合自動車の進路の変更を妨げてはならない。

問2 道路交通法に定める停車及び駐車等についての次の記述のうち、【正しいものを2つ】選びなさい。なお、解答にあたっては、各選択肢に記載されている事項以外は考慮しないものとする。

1. 車両は、交差点の側端又は道路のまがりかどから5メートル以内の道路の部分においては、法令の規定若しくは警察官の命令により、又は危険を防止するため一時停止する場合のほか、停車し、又は駐車してはならない。

2. 車両は、人の乗降、貨物の積卸し、駐車又は自動車の格納若しくは修理のため道路外に設けられた施設又は場所の道路に接する自動車用の出入口から5メートル以内の道路の部分においては、駐車してはならない。

3. 車両は、消防用機械器具の置場若しくは消防用防火水槽の側端又はこれらの道路に接する出入口から5メートル以内の道路の部分においては、駐車してはならない。

4. 車両は、火災報知機から5メートル以内の道路の部分においては、駐車してはならない。

問3 道路交通法に定める交通事故の場合の措置についての次の文中、A、B、C、Dに入るべき字句として、【いずれか正しいものを1つ】選びなさい。

交通事故があったときは、当該交通事故に係る車両等の運転者その他の乗務員は、直ちに車両等の運転を停止して、［A］し、道路における［B］する等必要な措置を講じなければならない。この場合において、当該車両等の運転者（運転者が死亡し、又は負傷したためやむを得ないときは、その他の乗務員）は、警察官が現場にいるときは当該警察官に、警察官が現場にいないときは直ちに最寄りの警察署の警察官に当該交通事故が発生した日時及び場所、当該交通事故における［C］及び負傷者の負傷の程度並びに損壊した物及びその損壊の程度、当該交通事故に関わる車両等の積載物並びに［D］を報告しなければならない。

A	1. 事故状況を確認	2. 負傷者を救護
B	1. 危険を防止	2. 安全な駐車位置を確保
C	1. 死傷者の数	2. 事故車両の数
D	1. 当該交通事故について講じた措置	2. 同乗者の数

問４　道路交通法に定める交差点等における通行方法についての次の記述のうち、【正しいものを２つ】選びなさい。なお、解答にあたっては、各選択肢に記載されている事項以外は考慮しないものとする。

1. 左折又は右折しようとする車両が、法令の規定により、それぞれ道路の左側端、中央又は右側端に寄ろうとして、手又は方向指示器による合図をした場合においては、その後方にある車両は、いかなる場合であっても当該合図をした車両の進路を妨げてはならない。

2. 車両等は、交差点に入ろうとし、及び交差点内を通行するときは、当該交差点の状況に応じ、交差道路を通行する車両等、反対方向から進行してきて右折する車両等及び当該交差点又はその直近で道路を横断する歩行者に特に注意し、かつ、できる限り安全な速度と方法で進行しなければならない。

3. 車両等は、横断歩道に接近する場合には、当該横断歩道を通過する際に当該横断歩道によりその進路の前方を横断しようとする歩行者がいないことが明らかな場合を除き、当該横断歩道の直前で停止することができるような速度で進行しなければならない。

4. 車両等（優先道路を通行している車両等除く。）は、交通整理の行われていない交差点に入ろうとする場合において、交差道路が優先道路であるとき、又はその通行している道路の幅員よりも交差道路の幅員が明らかに広いものであるときは、その前方に出る前に必ず一時停止をしなければならない。

問５　貨物自動車に係る道路交通法に定める乗車、積載及び過積載（車両に積載をする積載物の重量が法令による制限に係る重量を超える場合における当該積載。以下同じ。）等についての次の記述のうち、【誤っているものを１つ】選びなさい。なお、解答にあたっては、各選択肢に記載されている事項以外は考慮しないものとする。

1. 積載物の長さは、自動車の長さにその長さの10分の２の長さを加えたものを超えてはならず、積載の方法は、自動車の車体の前後から自動車の長さの10分の１の長さを超えてはみ出してはならない。

2. 車両（軽車両を除く。）の運転者は、当該車両について政令で定める乗車人員又は積載物の重量、大きさ若しくは積載の方法の制限を超えて乗車をさせ、又は積載をして車両を運転してはならない。ただし、当該車両の出発地を管轄する警察署長による許可を受けてもっぱら貨物を運搬する構造の自動車の荷台に乗車させる場合にあっては、当該制限を超える乗車をさせて運転することができる。

3. 警察署長は、荷主が自動車の運転者に対し、過積載をして自動車を運転することを要求するという違反行為を行った場合において、当該荷主が当該違反行為を反復して行うおそれがあると認めるときは、内閣府令で定めるところにより、当該自動車の運転者に対し、当該過積載による運転をしてはならない旨を命ずることができる。

4. 準中型自動車とは、大型自動車、中型自動車、大型特殊自動車、大型自動二輪車、普通自動二輪車及び小型特殊自動車以外の自動車で、車両総重量 3,500 キログラム以上、7,500 キログラム未満のもの又は最大積載量 2,000 キログラム以上 4,500 キログラム未満のものをいう。

解答・解説

問1 解答　1.

1. 誤。**路側帯**とは、「**歩行者**」の通行の用に供し、又は車道の効用を保つため、歩道の設けられていない道路又は道路の歩道の設けられていない側の路端寄りに設けられた帯状の道路の部分で、道路標示によって区画されたものをいう。　×歩行者及び自転車の通行の用に供するため
2. 正。
3. 正。
4. 正。

問2 解答　1．3.

1. 正。
2. 誤。車両は、人の乗降、貨物の積卸し、駐車又は自動車の格納若しくは修理のため道路外に設けられた施設又は場所の道路に接する自動車用の出入口から「**3m 以内**」の道路の部分においては、駐車してはならない。　× 5m 以内
3. 正。
4. 誤。車両は、火災報知機から「**1m 以内**」の道路の部分においては、駐車してはならない。　× 5m 以内

問3 解答　A＝2．B＝1．C＝1．D＝1.

交通事故があったときは、当該交通事故に係る車両等の運転者その他の乗務員は、直ちに車両等の運転を停止して、**負傷者を救護**し、道路における**危険を防止**する等必要な措置を講じなければならない。この場合において、当該車両等の運転者（運転者が死亡し、又は負傷したためやむを得ないときは、その他の乗務員）は、警察官が現場にいるときは当該警察官に、警察官が現場にいないときは直ちに最寄りの警察署の警察官に当該交通事故が発生した日時

及び場所、当該交通事故における**死傷者の数**及び負傷者の負傷の程度並びに損壊した物及びその損壊の程度、当該交通事故に関わる車両等の積載物並びに**当該交通事故について講じた措置**を報告しなければならない。

問4 **解答** 2. 3.

1. 誤。左折又は右折しようとする車両が、法令の規定により、それぞれ道路の左側端、中央または右側端に寄ろうとして手または方向指示器による合図をした場合においては、その後方にある車両は、「**その速度または方向を急に変更しなければならないこととなる場合を除き**」、合図をした車両の進路の変更を妨げてはならない。　×いかなる場合であっても
2. 正。
3. 正。
4. 誤。車両等（優先道路を通行している車両等を除く。）は、交通整理の行われていない交差点に入ろうとする場合において、交差道路が優先道路であるとき、またはその通行している道路の幅員よりも交差道路の幅員が明らかに広いものであるときは、「**徐行**」しなければならない。
×その前方に出る前に必ず一時停止

問5 **解答** 3.

1. 正。
2. 正。
3. 誤。**警察署長**は、荷主が自動車の運転者に対し、過積載をして自動車を運転することを要求するという違反行為が行われた場合において、荷主が当該違反行為を反復して行うおそれがあると認めるときは、「**荷主に対し、当該違反行為をしてはならない**」旨を命ずることができる。
×運転者に対し、当該過積載による運転をしてはならない
4. 正。

第4章 労働基準法関係

学習のポイント

総　括

全30問中6問が労働基準法関係からの出題です。6問のうち4問は改善基準で、残りの2問は労働基準法（うち1問は労働安全衛生法の場合もあります）となっています。改善基準をしっかり理解できれば高得点を期待できることから合格するための鍵を握る分野といえます。

目　安

出題6問のうち、4問は正解しましょう。

頻　出

改善基準は「拘束時間」「運転時間」「連続運転時間」「休日労働」「休息期間」、労働基準法・労働安全衛生法は「解雇」「年次有給休暇」「時間外及び休日の労働」「労働契約」「健康診断」などです。

アクセスキー　6
（数字のろく）

1 労働基準法総則

「労働条件の原則」をはじめそれぞれの原則・定義をしっかり押さえましょう。特に、語尾に着目して学習しましょう。

労働条件の原則

重要度 4

労働条件は、労働者が人たるに値する生活を営むための必要を充たすべきものでなければなりません。

この法律で定める**労働条件の基準**は最低のものであるから、**労働関係の当事者**は、この基準を理由として**労働条件**を低下させてはならないことはもとより、その**向上**を図るように努めなければなりません。

重 要

労働基準法は、労働条件の最低の基準を定めているため、労使当事者の合意があっても労働条件を低下させてはならないとされ、規定の語尾は、「～してはならない」「～しなければならない」となっています。ただし、上記の労働条件の向上についてだけは「～努めなければならない」となっていることを押さえましょう。

労働条件の決定

重要度 3

労働条件は労働者と使用者が対等の立場で決定すべきものです。

労働者（日雇い含む）と使用者は、労働協約、**就業規則**、**労働契約を遵守し、誠実にその義務**を履行しなければなりません†。

†×履行するように努めなければなりません

労働基準法、労働協約、就業規則、労働契約のそれぞれの間の**優先順位は、**“労働基準法 ＞ 労働協約 ＞ 就業規則 ＞ 労働契約”であるため、労働基準法で定める基準に達しない労働条件を定める労働契約は、その部分については無効となり、無効となった部分は労働基準法で定める基準によることになります。

労働者の定義

重要度
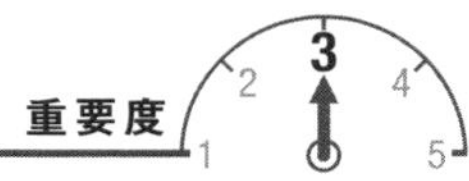

労働者とは、職業の種類を問わず[†]、事業または事務所に**使用される者で、**賃金を支払われる者をいいます。

×賃金の支払いの有無を問わず[†]

使用者の定義

重要度
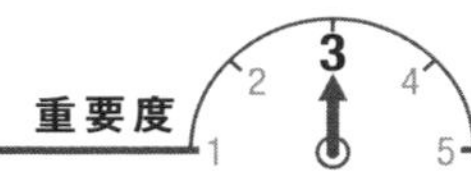

使用者とは、①**事業主**、②**事業の経営担当者**、③**その他事業の労働者に関する事項について、事業主のために行為をするすべての者**（人事、給与、労務担当者等）、のいずれかをいいます。

均等待遇の原則

重要度
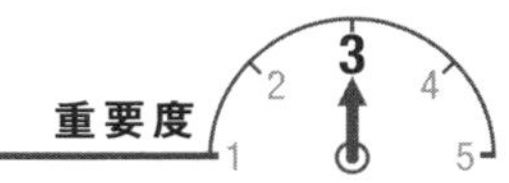

使用者は、労働者の国籍・信条・社会的身分を理由として、賃金・労働時間その他の労働条件について、**差別的取扱いをしてはなりません。**

男女同一賃金の原則

重要度
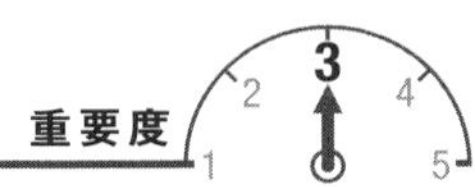

使用者は、労働者が女性であることを理由として、賃金について**男性と差別的取扱いをしてはなりません。**

強制労働の禁止

重要度
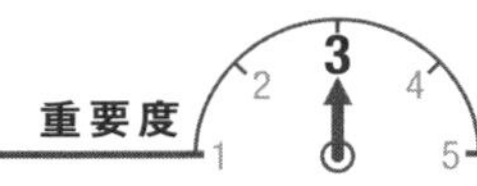

使用者は、暴行・脅迫・監禁その他精神・身体の自由を不当に拘束する手段によって、労働者の意思に反して労働を強制してはなりません[†]。

×強制しないように努めなければなりません[†]

中間搾取の排除

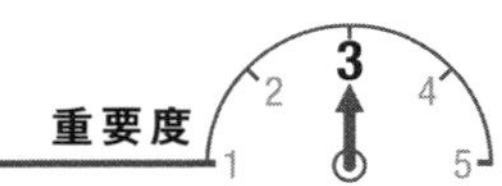

何人も法律に基づいて許される場合のほか、業として他人の就業に介入して**利益を得てはなりません。**

公民権行使の保障

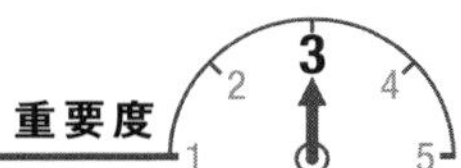

使用者は、労働者が**公民としての権利**（選挙権など）を行使し、または**公の職務**（裁判員など）を執行するために必要な時間を請求した場合、**拒んではなりません。**ただし、権利の行使または公の職務の執行に妨げがない限り、請求された時刻を変更することができます。

確認テスト

☑欄	空欄に入るべき字句を答えなさい。	解答
A□ B□	1. この法律で定める労働条件の基準は［ A ］のものであるから、労働関係の当事者は、この基準を理由として労働条件を低下させてはならないことはもとより、その［ B ］を図るように努めなければならない。	A：最低 B：向上
□	2. この法律で「労働者」とは、職業の種類を問わず、事業又は事務所に使用される者で、［　］を支払われる者をいう。	賃金
□	3. 使用者は、暴行・脅迫・監禁その他精神・身体の自由を不当に拘束する手段によって、［　］に反して労働を強制してはならない。	労働者の意思

2 労働契約

「労働契約の期間」「労働条件の明示」「解雇制限」「解雇の予告」及び「金品の返還」については、よく出題されているので、必ず覚えましょう。

労働契約の期間

重要度 4

労働契約は、期間の定めのないものを除き、一定の事業の完了に必要な期間を定めるもののほかは、期間の定めのある労働契約は**3年**[†]（次のいずれかに該当する労働契約にあっては、**5年**）**を超える期間について締結してはなりません。**

†×期間の定めのある労働契約は1年

表 4.1　労働契約の期間

労働契約	期間
期間の定めのある労働契約	**3年**
（例外） **①専門的な知識・技術・経験を有する労働者との労働契約** **② 60歳以上**の労働者との労働契約	**5年**

労働条件の明示

使用者は、労働契約の締結に際し、賃金、労働時間その他の労働条件を明示**しなければなりません。**

労働契約の期間、就業の場所及び従事する業務の変更の範囲、労働時間に関する事項、休日、休暇、賃金、退職に関する事項（解雇の事由を含む）は、**書面により明示**しなければなりません（退職金、賞与は書面による明示の義務はありません）。

明示された労働条件が事実と異なる場合には、労働者は労働契約を即時に解除[†]**することができます。**

†× 30日前に予告して解除

なお、就業のために住所を変更したとき、契約解除の日から 14 日以内に帰郷する場合には、使用者は必要な旅費を負担しなければなりません。

賠償予定の禁止

重要度 3

使用者は、**労働契約の不履行について違約金を定め、または損害賠償額を予定する契約をしてはなりません**[†]。

×労働者の同意があるときはできます[†]

前借金相殺の禁止

重要度

使用者は、**前借金その他労働することを条件とする前貸の債権と賃金を相殺してはなりません。**

強制貯蓄の禁止

重要度

使用者は、**労働契約に附随して貯蓄の契約をさせ、または貯蓄金を管理する契約をしてはなりません。**

使用者は、労働者の貯蓄金をその委託を受けて管理しようとするときは、労働者の過半数の労働組合または過半数の代表者との書面による協定をし、行政官庁に届け出なければなりません。

解雇制限

重要度
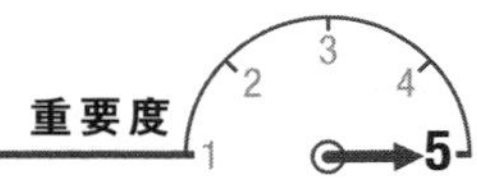

使用者は、労働者の次の期間は**解雇してはなりません。**

①**業務上の負傷・疾病**により療養のために**休業する期間**及び**その後 30 日間**[†]

②**産前 6 週間、産後 8 週間**の期間及び**その後 30 日間**[†]

×その後 6 週間[†]

ただし、使用者が、打切補償を支払う場合または天災事変その他やむを得ない事由のため、事業の継続が不可能になった場合を除きます。

解雇の予告

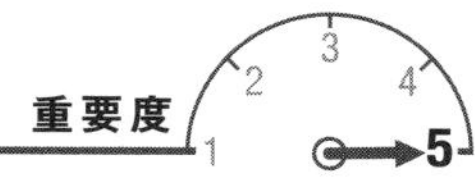

使用者は、**労働者を解雇しようとする場合においては**、少なくとも30日前[†]**に解雇予告しなければなりません。** ×14日前[†]

30日前に予告をしない使用者は、30日分[†]以上の**平均賃金**（解雇予告手当）**を支払わなければなりません。** ×14日分[†]

ただし、天災事変その他やむを得ない事由のため事業の継続が不可能になった場合、または労働者の責に帰すべき事由に基づいて解雇する場合を除きます。

予告の日数は1日について平均賃金を支払った場合、その日数を短縮できます。例えば、**10日分の平均賃金を支払った場合には、20日前に解雇を予告することができます。**

次のいずれかに該当する者は、法令に定める期間を超えない限り、**解雇の予告の規定は適用されません。**

①日々雇い入れられる者
②2カ月以内[†]の期間を定めて使用される者
③季節的業務に4カ月以内[‡]の期間を定めて使用される者
④試みの使用期間中の者（14日[‡]を超えて引き続き使用されるに至った場合においては、この限りでない） ×3カ月[†]　×6カ月[‡]　×1カ月[‡]

重要

解雇の予告の規定が適用されない、**①日々雇い入れられる者、②2ヵ月以内の期間を定めて使用される者、④試みの使用期間中の者（14日を超えて引き続き使用されるに至った場合は、この限りではない）の3項目は、貨物自動車運送事業法の**「**選任することができない運転者**」の要件と同じです。

退職時等の証明

労働者が退職の場合、使用期間、業務の種類、地位、賃金、退職の事由（解

第4章 労働基準法関係

雇の場合にはその理由を含む）**の証明書の請求があれば、使用者は**遅滞なく**交付しなければなりません。**

金品の返還

使用者は、労働者の**死亡・退職**の場合において、権利者の**請求**があった場合においては、７日以内[†]に**賃金を支払い**、積立金、保証金その他名称の如何を問わず労働者の権利に属する**金品を返還しなければなりません。**　×30日以内[†]

確認テスト

☑欄	空欄に入るべき字句を答えなさい。	解答
□	1. 労働契約は、期間の定めのないものを除き、一定の事業の完了に必要な期間を定めるもののほかは、［　　］（法に定める労働契約にあっては、５年）を超える期間について締結してはならない。	3年
□	2. 使用者は、労働者が業務上負傷し、又は疾病にかかり療養のために休業する期間及びその後［　　］並びに産前産後の女性が法の定めによって休業する期間及びその後［　　］は、解雇してはならない。	30日間
□	3. 解雇の予告の規定は、法に定める期間を超えない限りにおいて、日々雇い入れられる者、２ヵ月以内の期間を定めて使用される者、季節的業務に［　　］以内の期間を定めて使用される者又は試の使用期間中の者、のいずれかに該当する労働者については適用しない。	4ヵ月
□	4. 使用者は、労働者の死亡または退職の場合において、権利者の請求があった場合においては、［　　］以内に賃金を支払い、積立金、保証金、貯蓄金その他名称の如何を問わず、労働者の権利に属する金品を返還しなければならない。	7日

3 賃金

「平均賃金」「非常時払」「出来高払制の保障給」については、出題されていますので、必ず覚えましょう。

賃金の定義

重要度 3

賃金とは、賃金、給料、手当、賞与その他名称の如何を問わず、**労働の対償**として使用者が労働者に支払うすべてのものをいいます。

平均賃金

重要度 5

平均賃金は、次の計算式により算出します。

$$\frac{\text{算定すべき事由が発生した日以前 3 カ月間に支払われた賃金の総額}}{\text{その期間の総日数}^{\dagger}}$$

×所定労働日数†

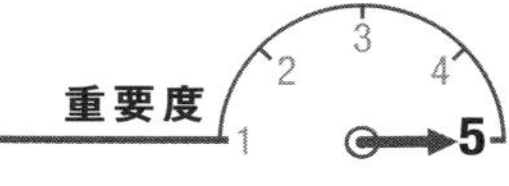

例えば、上記の3カ月間の賃金の総額が90万円で、1～3月の**総日数**が90日のとき、平均賃金は1万円となります。

賃金支払の5原則

重要度 3

労働者に対する賃金の支払いには、次の5つの原則があります。

①通貨払いの原則　②直接払いの原則　③全額払いの原則
④毎月払いの原則　⑤一定期日払いの原則

非常時払

重要度 3

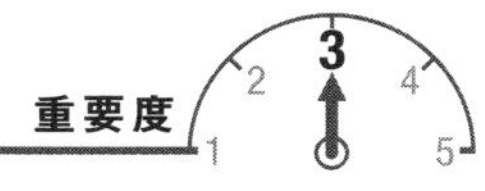

使用者は、**出産、疾病、災害**その他厚生労働省令で定める**非常の場合の費用に充てるために請求する場合**においては、支払期日前であっても、**既往の労働に対する賃金を支払わなければなりません。**

休業手当

使用者の責に帰すべき事由による休業の場合には、使用者は、休業期間中、労働者に、平均賃金の$\frac{60}{100}$以上の手当を支払わなければなりません。

出来高払制の保障給

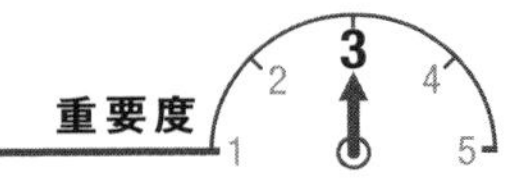

出来高払制その他の請負制で使用する労働者には、使用者は、**労働時間に応じ**[†]**一定額の賃金の保障をしなければなりません。**

†×労働時間にかかわらず

確認テスト

☑欄	空欄に入るべき字句を答えなさい。	解答
□	1. 賃金とは、賃金、給料、手当、賞与その他名称の如何を問わず、□として使用者が労働者に支払うすべてのものをいう。	労働の対償
□	2. 平均賃金とは、これを算定すべき事由の発生した日以前3ヵ月間にその労働者に対し支払われた賃金の総額をその期間の□で除した金額をいう。	総日数
□	3. 使用者は、労働者が出産、疾病、災害その他厚生労働省令で定める非常の場合の費用に充てるために請求する場合においては、支払期日前であっても、□に対する賃金を支払わなければならない。	既往の労働
□	4. 出来高払制その他の請負制で使用する労働者については、使用者は、労働時間に□一定額の賃金の保障をしなければならない。	応じ

4 労働時間・休憩・休日、年次有給休暇

「休憩時間」「法定休日」「時間外及び休日の労働」及び「年次有給休暇」については、よく出題されているので、必ず覚えましょう。

法定労働時間

重要度

使用者は、労働者に休憩時間を除き 1 週間について 40 時間を超えて労働させてはなりません。

使用者は、1 週間の各日については、労働者に休憩時間を除き 1 日について 8 時間を超えて労働させてはなりません。

労働時間の通算

重要度

労働時間は事業場を異にする場合においても、労働時間に関する規定の適用については、通算**します。**

休憩時間

重要度
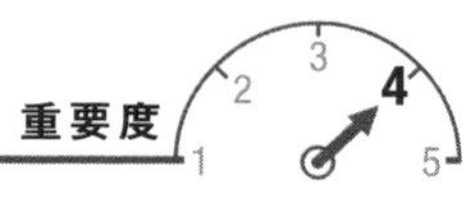

使用者は、次の労働時間の場合には、**労働時間の途中**に休憩時間を与えなければなりません。

表 4.2　休憩時間

労 働 時 間	休憩時間
労働時間が 6 時間を超えて 8 時間以内のとき	**少なくとも 45 分**
労働時間が 8 時間を超えるとき	**少なくとも 60 分**

法定休日

使用者は、労働者に対して、①毎週少なくとも１回[†]の休日または、②４週間を通じ４日[‡]以上の休日を与えなければなりません。　×２回[†]　×８日[‡]

時間外及び休日の労働

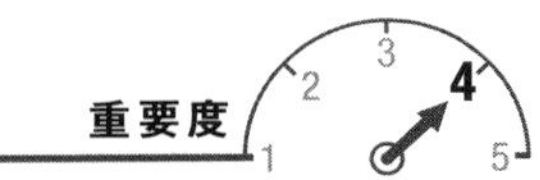

使用者は、当該事業場に、労働者の過半数で組織する労働組合がある場合にはその労働組合（または労働者の過半数を代表する者）との書面による協定をし、これを行政官庁に届け出た場合においては、法定労働時間または法定休日に関する規定にかかわらず、その協定で定めるところによって労働時間を延長し、または休日に労働させることができます。

□労働者の過半数で組織する労働組合がない場合における「労働者の過半数を代表する者」とは、投票、挙手等による手続きにより選出された者であって、使用者により指名された者ではありません。

坑内労働その他厚生労働省令で定める**健康上特に有害な業務の労働時間の延長**は、**１日について**２時間**を超えてはなりません。**

災害その他避けることのできない事由によって、臨時の必要がある場合においては、使用者は、行政官庁の許可を受けて、その必要の限度において法に定める労働時間を延長し、または休日に労働させることができます。ただし、事態急迫のために行政官庁の許可を受ける暇がない場合においては、事後に遅滞なく届け出なければなりません。

時間外・休日・深夜の割増賃金

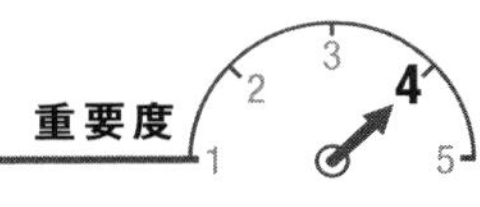

使用者が、法の規定により労働時間を延長し、または休日に労働させた場合

においては、その時間またはその日の労働については、通常の労働時間または労働日の賃金の計算額の2割5分以上5割以下の範囲内でそれぞれ政令で定める率以上の率で計算した**割増賃金を支払わなければなりません。**

参考

時間外労働、休日労働及び深夜労働における割増賃金の率については、それぞれ次のとおり定められています。

①**時間外労働**は、**2割5分**以上の割増賃金
②**休日労働**は、**3割5分**以上の割増賃金
③**深夜労働**は、**2割5分**以上の割増賃金
深夜労働とは午後10時から午前5時までの間の労働をいいます。

ただし、延長して労働させた時間が1カ月について60時間を超えた場合は、その超えた時間の労働については、通常の労働時間の賃金の計算額の5割以上の率で計算した割増賃金を支払わなければなりません。

年次有給休暇

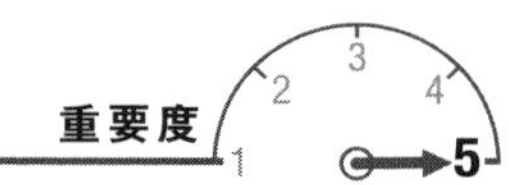

(1) 使用者は、**その雇入れの日から起算して**6カ月間[†]継続勤務**し全労働日の**8割以上**出勤した労働者に対して、継続**し、または**分割した**10労働日**の有給休暇を与えなければなりません。**

×3カ月[†]

覚えるコツ！

6カ月間、8割以上、10労働日を「2」の等間隔として覚えましょう。

2　　2

6カ月間**継続勤務**　**全労働日の**8割**以上**　10労働日**の有給休暇**

(2) 使用者は、**年次有給休暇の日数**が10労働日**以上の労働者に対し**、年次有給休暇の日数のうち5日については、基準日から1年以内の期間に、労働者ごとにその**時季を定める**ことにより与えなければなりません。

第4章 労働基準法関係

（3）使用者は、法の規定による**有給休暇を労働者の**請求する時季**に与えなければなりません。**ただし、請求された時季に有給休暇を与えることが事業の正常な運営を妨げる場合においては、他の時季にこれを与えることができます。

（4）労働者が**業務上負傷・疾病にかかり療養のために休業した期間**及び育児・介護休業法に規定する**育児休業・介護休業をした期間及び産前産後の休業の期間**は、**年次有給休暇取得のための出勤率の算定上、これを**出勤したもの**とみなします。**

確認テスト

☑欄	空欄に入るべき字句を答えなさい。	解答
□	1. 使用者は、労働者に、休憩時間を［　　］1週間について40時間を超えて、労働させてはならない。	除き
A□ B□	2. 使用者は、労働時間が6時間を超える場合においては少なくとも［ A ］、8時間を超える場合においては少なくとも［ B ］の休憩時間を労働時間の途中に与えなければならない。	A：45分 B：60分
A□ B□ C□	3. 使用者は、その雇入れの日から起算して［ A ］継続勤務し全労働日の［ B ］以上出勤した労働者に対して、継続し、又は分割した［ C ］労働日の有給休暇を与えなければならない。	A：6ヵ月間 B：8割 C：10

5 年少者・妊産婦等の保護

「深夜業の制限」「産前・産後休業」については、出題されていますので、必ず覚えましょう。

年少者の保護

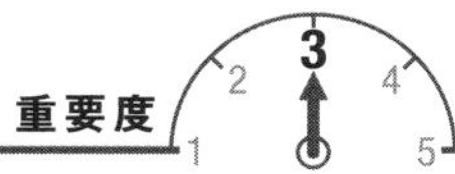

労働基準法で定める年少者の保護は、次のとおりです。

（1）労働者の最低年齢

使用者は、義務教育期間中**（満15歳に達した日以後の最初の3月31日が終了するまで）は労働者として使用してはなりません。**

（2）年少者の証明書

使用者は、満18歳未満の者を使用するときは、その年齢を証明する**戸籍証明書**を事業場に備え付けなければなりません。

（3）未成年者の労働契約

親権者または後見人は未成年者に代わって労働契約を締結してはなりません。

未成年者は独立して賃金を請求でき、親権者または後見人は未成年者の賃金を代わって受け取ってはなりません。

（4）深夜業の制限

使用者は、満18歳未満の者を午後10時から午前5時までの間において使用してはなりません。

（例外）交替制勤務の満16歳以上**の**男性

定義

「児童」…満15歳に達した日以後の最初の3月31日が終了するまでの者
「年少者」…満18歳未満の者
「未成年者」…満18歳未満の者

第4章 労働基準法関係

妊産婦等の保護

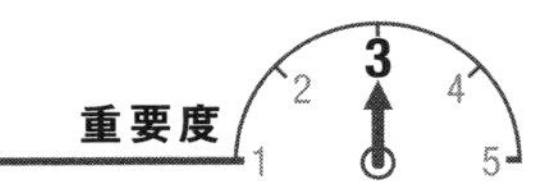

労働基準法で定める妊産婦等の保護は、次のとおりです。

(1) 産前・産後休業

①使用者は、産前6週間(多胎妊娠は14週間)**以内**の女性が休業を**請求**したときは、**就業させてはなりません。**

②使用者は、産後8週間を**経過しない**女性を**就業させてはなりません。**ただし、産後6週間を経過し**請求**があった場合においては、**医師が支障がないと認めた業務**については**就かせても差し支えありません。**

③**使用者は、妊娠中の女性が請求**した場合においては、**他の軽易な業務に転換させなければなりません。**

図4.1 産前・産後休業

6週間	予定日 出産日		6週間	8週間
← **請求**の場合 **就業不可** →		← 就業禁止 →		← **請求**があり**医師が認めた**業務は**可**

(2) 育児時間

生後満1年に達しない生児を育てる女性は、休憩時間のほか、1日2回それぞれ少なくとも30分[†]、**その生児を育てるための時間**を**請求**することができます。

×20分[†]

確認テスト

☑欄	空欄に入るべき字句を答えなさい。	解答
A□ B□	1. 使用者は、［A］に満たない者を午後10時から午前5時までの間において使用してはならない。ただし、交替制によって使用する［B］以上の男性については、この限りでない。	A：満18歳 B：満16歳
A□ B□	2. 使用者は、産後［A］を経過しない女性を就業させてはならない。ただし、産後［B］を経過した女性が請求した場合において、その者について医師が支障がないと認めた業務に就かせることは、差し支えない。	A：8週間 B：6週間
□	3. 生後満1年に達しない生児を育てる女性は、休憩時間のほか、1日2回各々少なくとも［　］、その生児を育てるための時間を請求することができる。	30分

6 就業規則・労働安全衛生法

「就業規則」「健康診断」及び「健康診断の結果の医師からの意見聴取」をしっかり押さえましょう。

就業規則

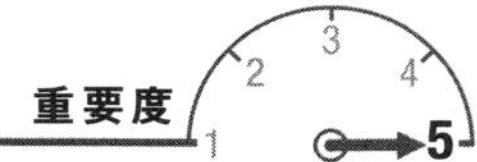

常時 10人以上の労働者を使用する使用者は、**就業規則を作成（変更）し、行政官庁に届け出なければなりません。**

（1）労働組合の意見

使用者は、就業規則の作成（変更）について、労働者の過半数で組織する労働組合がある場合にはその労働組合（または労働者の過半数を代表する者）の意見を聴かなければなりません†。

†×同意を得なければならない

（2）記載事項

就業規則には、①労働時間関係（**始業・終業の時刻、休憩時間、休日、休暇、就業時転換に関する事項**）、②賃金関係（**賃金の決定、計算及び支払い方法、賃金の締切り及び支払い時期、昇給に関する事項**）、③退職関係（**退職に関する事項（解雇の事由を含む）**）は必ず記載しなければなりません。

（3）減給の制裁

就業規則において、減給の制裁を定める場合には、

> ① **1回の額は平均賃金の** 1日分の半額以内で
> ②**総額は1賃金支払期における**賃金の総額の$\frac{1}{10}$以内

でなければなりません。

（4）変更命令

行政官庁は、法令または労働協約に抵触する就業規則の変更を命じることができます。

(5) 基準に達しない労働契約

就業規則で定める基準に達しない労働条件を定める**労働契約**は、その部分については無効とします。この場合において、**無効となった部分は就業規則で定める基準による**こととされます。

(6) 労働者への周知

就業規則は常時事業所の見やすい場所へ掲示し、または備え付けるなど厚生労働省令で定める方法によって**労働者に**周知させなければなりません。

労働者名簿

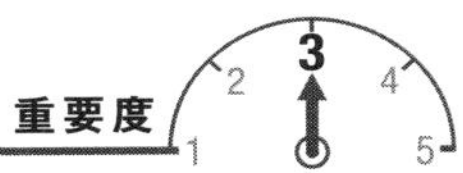

使用者は、事業所ごとに労働者名簿（日雇い労働者を除く）、賃金台帳及び雇入れ、解雇、災害補償、賃金その他労働関係に関する重要な書類を、**5年間（当分の間3年間）**保存しなければなりません。

健康診断

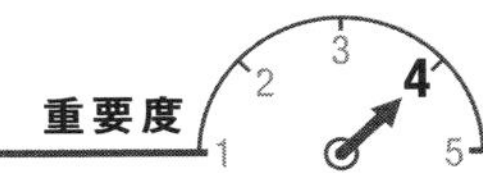

（1）事業者は、労働者に対し、**医師**（一部の有害な業務は歯科医師）**による**健康診断（心理的な負担の程度を把握するための検査を除く）を行わなければなりません。

表 4.3　健康診断の種類及び実施時期

種　類	実施時期
①雇入れ時の健康診断	事業者は**常時使用する労働者**を雇い入れるとき**は、法令に定める項目について医師による健康診断を**行わなければなりません。ただし、医師による健康診断を受け、3カ月[†]を経過しない者を雇い入れる場合において、当該健康診断の結果を証明する書面を提出したときは、当該健康診断の項目に相当する項目は、この限りではありません。×6カ月[†]

（次ページに続く）

（表 4.3 の続き）

②定期健康診断	事業者は、**常時使用する労働者**（深夜業を含む業務等法令に定める労働者を除く）に対し1年以内ごとに1回、法令に定める項目について**医師による健康診断**を行わなければなりません。
③**特定業務従事者（**深夜業務等**）**の健康診断	事業者は、深夜業務（午後10時から午前5時まで）等に**常時従事する労働者**に対し当該業務への配置替えの際及び6カ月以内ごとに1回、定期に医師による健康診断を行わなければなりません。

（2）労働者は、事業者の指定した医師または歯科医師が行う健康診断を希望しない場合、他の医師または歯科医師の行う健康診断を受け、**その結果を証明する書面を事業者に提出**することができます。

（3）事業者は、健康診断を受けた労働者に対し、健康診断の結果を通知しなければなりません[†]。　×労働者から請求のあった場合に限り通知[†]

（4）事業者は、健康診断の結果に基づいて、健康診断個人票を作成して5年間[†]保存しなければなりません。　×3年間[†]

健康診断の結果の医師からの意見聴取

重要度 3

（1）事業者は、**健康診断の結果**（当該健康診断の項目に異常の所見**があると診断された労働者に係るものに限る**）に基づき、当該労働者の健康を保持するために必要な措置について、法令の定めにより、医師**または歯科医師**の意見を聴かなければなりません。

（2）健康診断の結果（健康診断の項目に異常の所見があると診断された労働者に係るものに限る）に基づき、医師からの意見聴取は**健康診断が行われた日**（事業者の指定した医師ではなく、他の医師の行う健康診断を受けたときは労働者が健康診断の結果を証明する書面を事業者に提出した日）から3カ月以内に行わなければなりません。

（3）深夜業に従事する労働者**が、自ら受けた健康診断の結果を証明する書面を事業者に提出した場合**は、その健康診断の結果に基づく医師からの意

見聴取は、健康診断の結果を証明する書面が**事業者に提出された日**から**2カ月以内**[†]に行わなければなりません。　×4カ月以内[†]

医師による面接指導

重要度 3

事業者は、労働者の健康の保持を考慮して、休憩時間を除き1週間当たり40時間を超えて労働させた場合におけるその超えた時間が**1カ月当たり80時間**を超え、かつ、**疲労の蓄積が認められる労働者**の**申し出**があったときは、**医師による面接指導**を行わなければなりません。

確認テスト

☑欄	空欄に入るべき字句を答えなさい。	解答
□	1. 常時 ＿＿ 以上の労働者を使用する使用者は、就業規則を作成し、行政官庁に届け出なければならない。	10人
□	2. 事業者は、常時使用する労働者を雇い入れるときは、当該労働者に対し、医師による健康診断を行わなければならない。ただし、医師による健康診断を受けた後、＿＿ を経過しない者を雇い入れる場合において、その者が当該健康診断の結果を証明する書面を提出したときは、当該健康診断の項目に相当する項目については、この限りでない。	3ヵ月

第4章 労働基準法関係

□	3. 事業者は、法令の定めにより、深夜業に従事する労働者が、自ら受けた健康診断の結果を証明する書面を事業者に提出した場合において、その健康診断の結果（当該健康診断の項目に異常の所見があると診断された労働者に係るものに限る。）に基づく医師からの意見聴取は、当該健康診断の結果を証明する書面が事業者に提出された日から［　　］以内に行わなければならない。	2ヵ月

7 改善基準告示

「目的等」は穴うめの対策として、キーワードを覚えましょう。「拘束時間」「運転時間」「連続運転時間」「休日労働」及び「特例」については、重点的に学習をしましょう。

目的等

（1）自動車運転者の労働時間等の改善のための基準（以下「改善基準告示」という。）は、**自動車運転者**（四輪以上の自動車の運転従事者）**の労働時間等の改善のための基準を定める**ことにより、**自動車運転者の**労働時間**等の**労働条件の向上を図ることを目的としています。

（2）労働関係の当事者はこの基準を理由として、**自動車運転者の**労働条件を低下**させてはならない**ことはもとより、その向上に努めなければなりません。

（3）**使用者及び労働者の過半数で組織する労働組合または労働者の過半数を代表する者**は、労働時間を延長し、休日に労働させるための「**時間外・休日労働協定**」をする場合、次に掲げる事項に十分留意しなければなりません。

一 **労働時間を延長して労働させることができる時間**は、1ヵ月45時間、1年360時間（対象期間として3ヵ月を超える期間を定めて1年単位の変形時間制により労働させる場合は、1ヵ月42時間、1年320時間。「限度時間」という）**を超えない時間に限る**こと。

二 前号に定める1年についての限度時間を超えて労働させることができる時間**を定める**に当たっては、事業場における通常予見することのできない業務量の大幅な増加**等に伴い**臨時的に限度時間を超えて労働させる必要がある場合でも**協定した時間を含め、**960時間**を超えない範囲内**とされていること。

三 前二号に掲げる事項のほか、**労働時間の延長・休日の労働**は必要最小限に**とどめられるべきであること**その他の**労働時間の延長・休日の労働**を適正な**ものとする**ために必要な事項は、**協定で定める労働時間の延長・休日の労働について留意すべき事項等に関する指針**において定められていること。

定 義

①拘束時間…始業時刻から終業時刻までの時間**で、**労働時間と休憩時間を合計した時間をいいます。

労働時間**は、作業時間で、手待ち時間を含みます。**

休憩時間**は、仮眠時間を含みます。**

②休息期間…勤務と次の勤務との間にあって、**休息期間の直前の拘束時間における疲労の回復を図る**とともに、**睡眠時間を含む労働者の生活時間**として、労働者の全く自由な時間をいいます。

図 4.2　拘束時間と休息期間

0:00〜8:00	**休息期間**		
8:00〜17:00	拘束時間	労働時間	**作業時間** **手待ち時間**
		休憩時間	**仮眠時間を含む**
17:00〜24:00	**休息期間**		

拘束時間

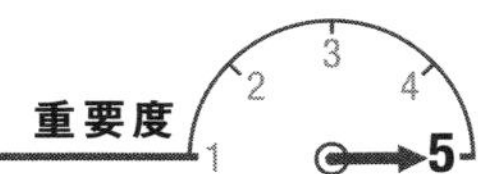

（1）1日についての拘束時間

1日とは、 始業時刻 **から起算**して 24時間をいいます。

① 1日の拘束時間は、 13時間 **を超えてはなりません。13時間を延長する場合でも最大拘束時間は** 15時間 **です。**

≪例外≫

宿泊を伴う長距離貨物運送※の場合、**1週間について**2回**に限り、最大拘束時間を**16時間まで延長することができます。

② 1日の拘束時間が**14時間を超える回数をできる限り少なくするよう努めなければなりません。**

③ 14時間 を超える回数は**1週間について** 2回 までが目安です。

1日の拘束時間が**14時間を超える日が連続することは望ましくありません。**

図4.3　1日についての拘束時間の計算例

1日の拘束時間は、当日12時間と翌日1時間の**合計**13時間となります。

覚えるコツ！

1日の拘束時間（「宿泊を伴う長距離貨物運送」を除く）**は**
“意味のある　囲碁　の　石は、週2回までが目安”と覚えましょう。
13時間　**15**時間　**14**時間

※「宿泊を伴う長距離貨物運送」とは、

1週間**における運行が**すべて**長距離貨物運送（一の運行の走行距離が**450km以上**の貨物運送**）で、かつ、**一の運行における休息期間が、自動車運転者の住所地**以外**の場所**である場合をいいます。**「一の運行」とは、自動車運転者が所属の事業場を出発してから事業場に帰着するまでをいいます。**

覚えるコツ！

1日の拘束時間（宿泊を伴う長距離貨物運送）は、
“意味　のない　色　は、以後、週2回まで”と覚えましょう。
13時間　　**16**時間　**15**時間

（2）1ヵ月及び1年の拘束時間

① **1ヵ月の拘束時間**は、284時間以内で、かつ、**1年の拘束時間は、3,300時間を超えてはなりません。**

≪例外≫
1ヵ月及び1年の拘束時間の延長に関する協定（**労使協定**）により、1年のうち6ヵ月までは、**1年の拘束時間が**3,400時間**を超えない範囲内において、1ヵ月の拘束時間を**310時間まで延長することができます。

② 1ヵ月の拘束時間が284時間**を超える月**は、連続3ヵ月以内とし、かつ、**1ヵ月の時間外労働**及び**休日労働**の**合計時間数は**100時間未満となるよう努める必要があります。

チェック

□労使協定があるとき、1ヵ月の拘束時間が、毎月284時間の場合、1年の拘束時間が、3,400時間を超えるため、違反です。また、1ヵ月の拘束時間が284時間が6ヵ月、310時間が6ヵ月の場合も同様に違反です。

次の例では、1ヵ月の拘束時間は284時間を超え310時間までの月数は6ヵ月であり、284時間を超える月が連続3ヵ月以内となっているので、**適法**です。

例：労使協定締結の場合（年間合計 3,400 時間）

1月	2月	3月	4月	5月	6月	7月	8月	9月	10月	11月	12月
295	284	245	267	300	262	252	293	308	300	284	310

覚えるコツ！

1ヵ月の拘束時間は
“庭師の家までは、3,300 歩、佐藤さんの家までは、3,400 歩”
284 時間　3,300 時間　310 時間　3,400 時間

休息期間

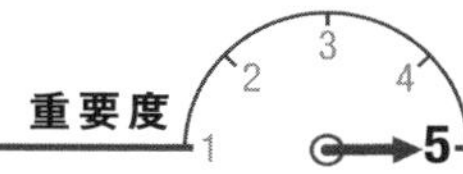

（1）休息期間は、勤務終了後、継続 11 時間以上の休息期間を与えるよう努めることを基本とし、継続 9 時間 を下回ってはなりません。

≪例外≫
宿泊を伴う長距離貨物運送に該当する場合は、1 週間について 2 回に限り、休息期間を継続 8 時間とすることができます。
この場合、一の運行終了後、継続 12 時間以上の休息期間を与えなければなりません。

（2） 住所地 における休息期間は、それ以外の場所の休息期間より長くなるように努めなければなりません。

運転時間

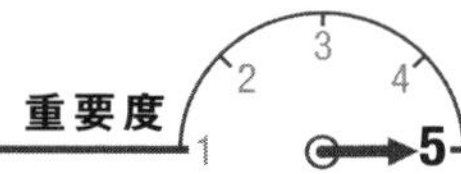

（1）1 日の運転時間

運転時間（ハンドル時間）は、2 日（ 始業時刻 から起算し 48 時間をいいます）を平均し 9 時間を超えてはなりません。

特定日の運転時間（a)、特定日の前日の運転時間（b)、特定日の翌日の運転時間（c）において、違反となるのは次の場合です。

$\frac{a+b}{2}$ ＞ 9時間 かつ $\frac{a+c}{2}$ ＞ 9時間

言い換えると、違反となるのは

a＋b＞18時間　かつ　a＋c＞18時間の場合です。

特定日の運転時間と特定日の前日の運転時間の合計時間、特定日の運転時間と特定日の翌日の運転時間の合計時間が、ともに18時間を超えているときが、改善基準に違反しているといえます。

以下の例では、a＋b、a＋cの時間がともに18時間（2日平均で9時間）を超えていますので、改善基準に違反となります。

	特定日の前日（b）	特定日（a）	特定日の翌日（c）
運転時間	10時間	10時間	9時間

(2) 1週間の運転時間

運転時間は、2週間を平均し1週間当たり 44時間[†] を超えてはなりません。つまり2週間では、合計88時間以内です。

[†] ×40時間

連続運転時間

（1）連続運転時間は 4時間 です。

運転開始後、4時間以内または4時間経過直後に30分以上（少なくとも1回につきおおむね連続 10分 以上の分割はできます）の運転を中断しなければなりません。

≪例外≫

高速自動車国道・自動車専用道路のサービスエリア・パーキングエリア、コンビニ**、ガスステーション、道の駅に満車等で**駐車・停車できないため、やむを得ず**連続運転時間が**4時間を超える場合**には、連続運転時間を**4時間30分まで延長**することができます。**

(2) **運転の中断**は、**原則として**「休憩」を**与えなければなりません。**

(3) **1回が**10分未満**の「運転の中断」**は、連続2回までは**認められます**が、**連続3回以上**は**「運転の中断」としては認められません。**

連続運転時間がリセットされるときは、

□**運転時間が通算4時間になる前**に、**運転の中断（原則として**休憩**）**が1回につき連続30分以上あるとき

□**運転時間が通算4時間になる前**に、**運転の中断（原則として**休憩**）**が合計30分以上あるとき

（例1）適法

運転時間が通算4時間になる前に、運転の中断（休憩）が運転の途中に合計30分あるため、リセット（▽）されます。その後、運転時間2時間であるため、**適法**です。

運転時間	休憩時間	運転時間	休憩時間	▽ 運転時間
1時間	20分	1時間	10分	2時間

（例2）適法

運転時間が通算4時間になる前に、運転の中断（休憩）が運転の途中に1回につき30分あるため、リセット（▽）されます。その後、通算運転時間が3時間であり、**適法**です。

▽

運転時間	休憩時間	運転時間	休憩時間	運転時間
1 時間	30 分	1 時間	10 分	2 時間

（例 3）違反

運転時間が通算 4 時間（運転時間 2 時間の 1 時間）時点で、運転の中断が運転の途中の 25 分しかない（運転時間 4 時間経過直後は運転中のため運転の中断はない）ため、違反です。

なお、休憩時間 5 分は「おおむね 10 分以上」と乖離しているため、認められません。

運転時間	休憩時間	運転時間	休憩時間	運転時間
1 時間 30 分	5 分	1 時間 30 分	25 分	2 時間

（例 4）違反

1 回が 10 分未満の運転の中断が 3 回連続しているため、違反です。

運転時間	休憩時間	運転時間	休憩時間	運転時間	休憩時間	運転時間	休憩時間
1 時間	9 分	1 時間	9 分	1 時間	9 分	1 時間	10 分

予期し得ない事象への対応時間の取扱い

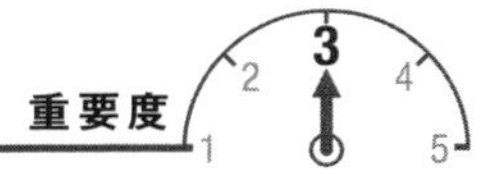

災害、事故等通常予期し得ない事象に遭遇し、運行が遅延した場合、「1 日についての拘束時間」、「2 日を平均した 1 日当たりの運転時間」及び「連続運転時間」から、「予期し得ない事象への対応時間」を除外できます。

この場合、**勤務終了後、継続 11 時間以上の休息期間を与えるよう努めることを基本**とし、休息期間は継続 9 時間を下回ってはなりません。

「予期し得ない事象への対応時間」（Ⅰ、Ⅱの両方の要件を満たす時間）

Ⅰ 次の事象により生じた運行の遅延に対応するための時間であること

① 運転中に乗務している車両が予期せず故障した

② 運転中に予期せず乗船予定の**フェリーが欠航**した
③ 運転中に**災害や事故の発生**に伴い、**道路が封鎖**または**道路が渋滞**した
④ **異常気象（警報発表時）に遭遇**し運転中に**正常な運行が困難**となった

なお、平常時の交通状況等から事前に発生を予測可能な道路渋滞等は、該当しません。

Ⅱ 客観的な記録により確認できる時間であること

次の①**の記録に加え、**②**の記録により事象の発生日時等を客観的に確認**できること

① **運転日報上の記録**

対応を行った場所、予期し得ない事象に係る具体的事由、当該事象への対応を開始・終了した時刻・所要時間数

② **予期し得ない事象の発生を特定できる客観的な資料**

ア 修理会社等が発行する**故障車両の修理明細書**等
イ フェリー運航会社等のホームページに掲載された**フェリー欠航情報の写し**
ウ 公益財団法人日本道路交通情報センター等のホームページに掲載された**道路交通情報の写し**（渋滞の日時・原因を特定できるもの）
エ 気象庁のホームページ等に掲載された**異常気象等に関する気象情報等の写し**　等

<table>
<tr><td>1日の拘束時間</td><td rowspan="3">実際の時間
（A）</td><td rowspan="3">予期し得ない事象への対応時間
（B）</td><td rowspan="3">改善基準告示の適用となる時間
（C）＝（A）－（B）</td></tr>
<tr><td>運転時間（2日平均）</td></tr>
<tr><td>連続運転時間</td></tr>
</table>

なお、1ヵ月の拘束時間は「予期し得ない事象への対応時間」を除くことはできません。

休日労働

使用者は、貨物自動車運送事業に従事する自動車運転者に**法定休日に労働させる場合は、労働させる休日は** 2 週間 **について** 1 回[†] **を超えてはなりません。**

× 4 週間に 3 回[†]

また、当該休日の労働によって、改善基準に定める**拘束時間**及び**最大拘束時間**の限度を超えてはなりません。

休息期間の分割の特例

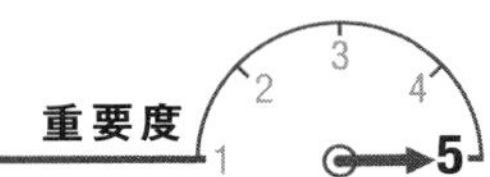

業務の必要上、**勤務の終了後**継続 9 時間（「宿泊を伴う長距離貨物運送」**に該当する場合は**継続 8 時間）以上**の休息期間を与えることが困難な場合**、次の要件を満たすものに限り、当分の間、**一定期間（**1ヵ月程度**を限度）**における**全勤務回数の** $\frac{1}{2}$[†] **を限度**に、**休息期間を拘束時間の途中及び拘束時間の経過直後に分割して与える**ことができます。

× $\frac{2}{3}$[†]

（1）**分割された休息期間**は、**1 回当たり**継続 3 時間以上とする
（2）2 分割の場合は、合計 10 時間以上の休息期間を与える
（3）3 分割の場合は、合計 12 時間以上の休息期間を与える
（4）**休息期間を 3 分割する日が連続しない**ように努める

なお、4 分割以上の休息期間は、認められません。

（例 1）適法

2 分割の休息期間の場合、合計 10 時間であるため、**適法**です。

拘束時間	休息期間	拘束時間	休息期間
7 時間	3 時間	7 時間	7 時間

（例 2）適法

3 分割の休息期間の場合、合計 12 時間であるため、**適法**です。

拘束時間	休息期間	拘束時間	休息期間	拘束時間	休息期間
5 時間	3 時間	4 時間	3 時間	3 時間	6 時間

（例 3）違反

3 分割の休息期間の場合、合計 12 時間が必要で 10 時間しかないため、違反です。

拘束時間	休息期間	拘束時間	休息期間	拘束時間	休息期間
5 時間	3 時間	4 時間	3 時間	5 時間	4 時間

2 人乗務の特例

重要度

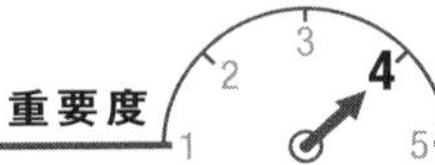

運転者が同時に **1 台の自動車に** 2 人以上乗務する場合、**車両内に身体を伸ばして休息できる設備があるとき**は、**最大拘束時間を** 20 時間 † **まで延長**でき、また、**休息期間を** 4 時間**まで短縮できます。**

† × 21 時間

≪例外≫　馬匹輸送（競走馬輸送）等

次の①②をともに備える**車両内ベッド**で、**勤務終了後、**継続 11 時間以上**の休息期間を与える場合**は、**最大拘束時間を** 24 時間**まで延長**できます。この場合、8 時間以上の仮眠**を与える場合**には、**拘束時間を** 28 時間**まで延長**することができます。

①長さ 198cm 以上・幅 80cm 以上の連続した平面である

②クッション材等で走行中、路面等からの衝撃が緩和されるものである

隔日勤務の特例

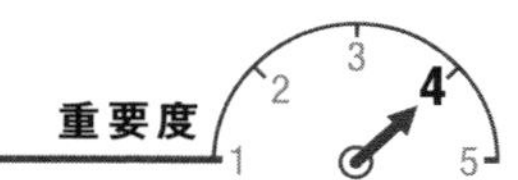

業務の必要上やむを得ない場合には、当分の間、次の要件を満たす場合、隔日勤務（始業・終業の時刻が同一の日に属さない業務）に就かせることができます。

①2暦日についての拘束時間が21時間を超えない

②勤務終了後、継続20時間以上の休息期間を与える

≪例外≫

事業場内仮眠施設において、**夜間4時間以上**の仮眠を与える場合には、**2週間についての拘束時間**が126時間（21時間×6勤務）を超えない範囲において、**2週間について3回**を限度に、**2暦日の拘束時間**を24時間**まで延長**できます。

（隔日勤務の例）

月曜日	火曜日	水曜日	木曜日	金曜日	土曜日	日曜日

9時 ～ 6時　拘束時間21時間（月曜日～火曜日）

8時 ～ 5時　拘束時間21時間（水曜日～木曜日）

（休日）（金曜日）

9時 ～ 6時　拘束時間21時間（土曜日～日曜日）

フェリー乗船の特例

（1）運転者が勤務の中途において、**フェリーに乗船している時間**は、**原則として**休息期間として取り扱います。その場合、休息期間とされた時間を与えるべき休息期間（9時間※）から減じる**ことができます。**

※「宿泊を伴う長距離貨物運送」において休息期間の特例を適用する場合は**8時間**。

（2）減算後の休息期間は、2人乗務の場合を除き、**フェリーを下船した時刻から終業の時刻までの時間の**$\frac{1}{2}$†**を下回ってはなりません。**

†×$\frac{1}{3}$

(3) フェリーの乗船時間が8時間※※を超える**場合**には、原則としてフェリー下船時刻から次の勤務が開始されます。

※※2人乗務の場合は**4時間、**隔日勤務の場合は**20時間**です。

(例) フェリー乗船時間（6時間）は、休息期間として取り扱います。与えるべき休息期間（9時間※）からフェリー乗船時間（6時間）を減じることができるため、減算後の休息期間は、3時間以上が必要です。減算後の休息期間は、フェリー下船時刻から終業の時刻までの時間（6時間）の$\frac{1}{2}$である3時間を下回ってはなりません。本例では、Cは4時間となっているため、**適法**です。

※宿泊を伴う長距離貨物運送において休息期間の特例を適用する場合は8時間。

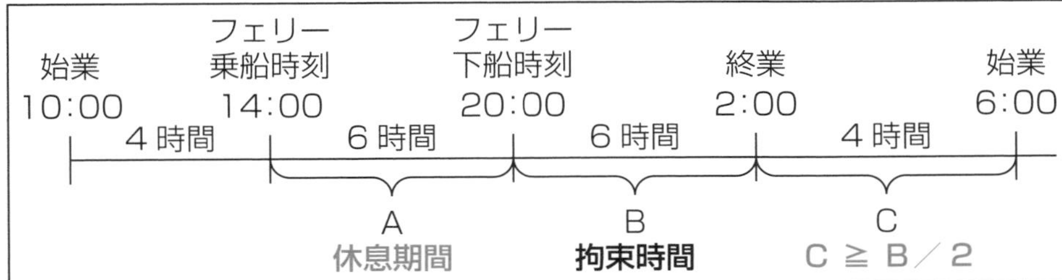

第4章 労働基準法関係

確認テスト

☑欄	空欄に入るべき字句を答えなさい。	解答
A☐ B☐	1. この基準は、自動車運転者（ A 以上の自動車の運転の業務に主として従事する者をいう）の労働時間等の改善のための基準を定めることにより、自動車運転者の労働時間等の B の向上を図ることを目的とする。	A：四輪 B：労働条件

A□ B□	2. 1日についての拘束時間は、13時間を超えないものとし、当該拘束時間を延長する場合であっても、最大拘束時間は［A］とする。ただし、宿泊を伴う長距離貨物運送の場合、1週間について2回に限り、最大拘束時間を［B］まで延長することができる。	A：15時間 B：16時間
A□ B□	3. 1ヵ月の拘束時間は、［A］を超えてはならず、かつ、1年については3,300時間を超えてはならない。ただし、労使協定により、1年について6ヵ月までは、1ヵ月について［B］まで延長することができ、かつ、1年については3,400時間まで延長することができる。	A：284時間 B：310時間
A□ B□	4. 連続運転時間（1回がおおむね連続［A］以上で、かつ、合計が30分以上の運転の中断をすることなく連続して運転する時間をいう）は、［B］を超えないものとすること。	A：10分 B：4時間
A□ B□	5. 運転者が同時に1台の自動車に2人以上乗務する場合であって、車両内に身体を伸ばして休息できる設備があるときは、最大拘束時間を［A］まで延長するとともに、休息期間を［B］まで短縮することができる。	A：20時間 B：4時間

8 特別講座：改善基準告示に関する問題のチェックポイント

「自動車運転者の労働時間等の改善のための基準」で出題される演習問題（5つの形態）について、正解するためのチェックポイントを解説します。

【例 1】 1 日についての拘束時間

1 日（始業時刻から起算して 24 時間）についての拘束時間は、13 時間以内とし、**13 時間を延長する場合**でも、**最大拘束時間は** 15 時間が限度です。ただし、「**宿泊を伴う長距離貨物運送**」（1 週間の運行のすべてが一の運行の**走行距離が 450km 以上**の貨物運送であって、かつ、一の運行における休息期間が、自動車運転者の住所地以外の場所である）においては、**1 週間について** 2 回**に限り最大拘束時間を** 16 時間とすることができます。なお、1 日についての拘束時間が 14 時間を超える回数をできるだけ少なくするよう努めるものとし、14 時間を超える回数**は 1 週間について** 2 回までを目安とします。14 時間を超える日が連続することは望ましくありません。次のことをチェックしましょう。

□	**1 日の拘束時間を算出するとき（当日の終業時刻－当日の始業時刻）だけを算出していないか。当日の始業時刻から起算した 24 時間時点の時刻より**翌日の始業時刻が早いとき**は**その間差の時間を当日の拘束時間に加算**しなければなりません**
□	**1 日の最大拘束時間（**15 時間**）を超えていないか。宿泊を伴う長距離貨物運送については、1 日の最大拘束時間（**16 時間**）を超えていないか**
□	**1 日の拘束時間が** 14 時間を超える回数**が 1 週間に目安の** 2 回**を超えていないか。宿泊を伴う長距離貨物運送については、1 日の最大拘束時間を** 16 時間**とすることができる 1 週間の回数が** 2 回**を超えていないか**

第4章 労働基準法関係

【例題 1】

次の図は、貨物自動車運送事業に従事する自動車運転者の５日間の勤務状況の例を示したものであるが、「自動車運転者の労働時間等の改善のための基準」に基づく１日の拘束時間の次の組合せのうち、【正しいものを１つ】選びなさい。

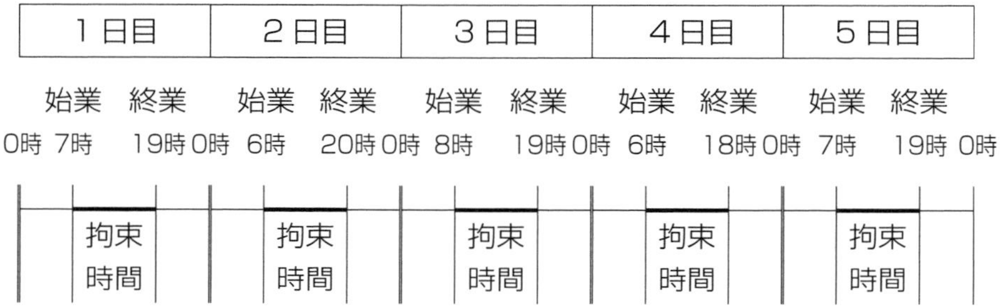

1日目	2日目	3日目	4日目	5日目
始業 終業	始業 終業	始業 終業	始業 終業	始業 終業
0時 7時 19時	0時 6時 20時	0時 8時 19時	0時 6時 18時	0時 7時 19時 0時
拘束時間	拘束時間	拘束時間	拘束時間	拘束時間

1. １日目：12 時間　２日目：14 時間　３日目：11 時間　４日目：12 時間
2. １日目：12 時間　２日目：15 時間　３日目：11 時間　４日目：13 時間
3. １日目：13 時間　２日目：14 時間　３日目：13 時間　４日目：12 時間
4. １日目：13 時間　２日目：15 時間　３日目：13 時間　４日目：13 時間

解答　3

１日目：12 時間（終業 19 時－始業７時）＋翌日の１時間（７時－始業６時）
　　　＝ 13 時間

２日目：14 時間（終業 20 時－始業６時）

３日目：11 時間（終業 19 時－始業８時）＋翌日の２時間（８時－始業６時）
　　　＝ 13 時間

４日目：12 時間（終業 18 時－始業６時）

【例 2】1ヵ月及び 1 年の拘束時間

1ヵ月の拘束時間は、284 時間**が限度**で、**1 年では** 3,300 時間**が限度**です。ただし、**労使協定を締結**すれば、1 年について 6ヵ月までは、**1 年の総拘束時間が** 3,400 時間を超えない範囲内**で、1ヵ月の拘束時間**を 310 時間まで延長**することができます**。また、**1ヵ月の拘束時間**が **284 時間を超える月**は連続 3ヵ月**を超えてはなりません。**

労使協定を締結している場合は、次のことをチェックしましょう。

□	**1ヵ月の拘束時間が** 310 時間**を超えていないか**
□	**1ヵ月の拘束時間が** 284 時間**を超え、**310 時間**までが 1 年のうち、**6ヵ月**を超えていないか**
□	**1 年間の拘束時間が** 3,400 時間**を超えていないか**
□	**1ヵ月の拘束時間が** 284 時間を超える月**が**連続 3ヵ月**を超えていないか**

【例題 2】

下表は、貨物自動車運送事業に従事する自動車運転者の 1 年間における各月の拘束時間の例を示したものであるが、このうち「自動車運転者の労働時間等の改善のための基準」に【適合しているものを 1 つ】選びなさい。ただし、「1ヵ月及び 1 年の拘束時間の延長に関する労使協定」があるものとする。

1.

	4月	5月	6月	7月	8月	9月	10月	11月	12月	1月	2月	3月	1年間
拘束時間	274 時間	291 時間	275 時間	301 時間	298 時間	254 時間	263 時間	310 時間	275 時間	302 時間	273 時間	281 時間	3,397 時間

2.

	4月	5月	6月	7月	8月	9月	10月	11月	12月	1月	2月	3月	1年間
拘束時間	302 時間	267 時間	269 時間	289 時間	303 時間	286 時間	273 時間	294 時間	286 時間	277 時間	265 時間	285 時間	3,396 時間

3.

	4月	5月	6月	7月	8月	9月	10月	11月	12月	1月	2月	3月	1年間
拘束時間	287時間	277時間	274時間	258時間	268時間	307時間	267時間	291時間	311時間	302時間	278時間	264時間	3,384時間

4.

	4月	5月	6月	7月	8月	9月	10月	11月	12月	1月	2月	3月	1年間
拘束時間	254時間	298時間	276時間	304時間	282時間	283時間	285時間	294時間	286時間	298時間	278時間	268時間	3,406時間

解答 1

1：適合。1ヵ月の拘束時間が284時間を超え310時間までが、5ヵ月（5月291時間、7月301時間、8月298時間、11月310時間、1月302時間）。1年間の拘束時間は3,400時間を超えていません。

2：不適合。1ヵ月の拘束時間が284時間を超え310時間までが、7ヵ月（4月302時間、7月289時間、8月303時間、9月286時間、11月294時間、12月286時間、3月285時間）となっているため、違反。

3：不適合。12月の拘束時間（311時間）が、310時間を超えているため、違反。

4：不適合。1年間の拘束時間（3,406時間）が、3,400時間を超えており、また、284時間を超える月が連続4ヵ月（10月、11月、12月、1月）となっているため、違反。

【例3】連続運転時間

運転開始後、4時間以内または4時間経過直後の時点で運転の中断（原則として休憩）が途中、直後で合計30分以上なければなりません。ただし、30分以上を分割する場合には1回につきおおむね連続10分以上が必要となるため、次のことをチェックしましょう。なお、1回の10分未満の運転の中断は連続2回を超えてはなりません。

次のことをチェックしましょう。

□	**連続運転時間が**4時間**（サービスエリア・パーキングエリア等で満車等のため駐車・停車できずやむを得ないときは4時間30分）を超えていないか**
□	4時間以内**または**4時間経過直後**の時点で**運転の中断**が途中、直後で**合計30分以上**となっているか**
□	**30分以上の運転の中断を分割する場合、1回につき**おおむね連続10分以上**となっているか**（5分はおおむね連続10分以上と乖離しているため認められません）
□	**1回の**10分未満**の運転の中断が**連続2回**を超えていないか**

第4章 労働基準法関係

【例題3】

下表は、貨物自動車運送事業に従事する運転者の運転時間及び休憩時間の例を示したものであるが、このうち、連続運転の中断方法として「自動車運転者の労働時間等の改善のための基準」に【適合しているものを2つ】選びなさい。

1.

乗務開始　　　　　　　　　　　　　　　　　　　　乗務終了

運転時間	休憩時間	運転時間	休憩時間	運転時間	休憩時間	運転時間	休憩時間	運転時間
2時間	10分	2時間	20分	3時間	25分	1時間	5分	1時間30分

2.

乗務開始　　　　　　　　　　　　　　　　　　　　乗務終了

運転時間	休憩時間	運転時間	休憩時間	運転時間	休憩時間	運転時間	休憩時間	運転時間
2時間	30分	1時間30分	20分	2時間30分	20分	1時間	10分	1時間30分

3.

乗務開始　　　　　　　　　　　　　　　　　　　　　乗務終了

運転時間	休憩時間	運転時間	休憩時間	運転時間	休憩時間	運転時間	休憩時間	運転時間
1 時間	9 分	1 時間	9 分	1 時間 30 分	9 分	30 分	15 分	1 時間

4.

乗務開始　　　　　　　　　　　　　　　　　　　　　乗務終了

運転時間	休憩時間	運転時間	休憩時間	運転時間	休憩時間	運転時間	休憩時間	運転時間
2 時間	10 分	1 時間 30 分	20 分	3 時間	20 分	1 時間	10 分	1 時間

解答　2，4

1：適合。運転開始後、運転時間が通算 4 時間時点（2 時間と 2 時間）で、運転の中断が途中と直後で 30 分あるため、リセット。運転再開後、運転時間が通算 4 時間時点（3 時間と 1 時間）では、運転の中断が 25 分しかないため、改善基準に**違反**しています。なお、休憩 5 分は、「おおむね連続する 10 分以上」には、認められません。

2：適合。運転開始後、休憩が 30 分あるため、リセット。運転再開後、運転時間が通算 4 時間時点（1 時間 30 分と 2 時間 30 分）で、運転の中断が途中と直後で 40 分あるため、リセット。次の運転開始後も違反はなく、改善基準に**適合**しています。

3：不適合。1 回が 10 分未満の運転の中断が連続 3 回は運転の中断とは認められないため、改善基準に**違反**しています。

4：適合。運転開始後、運転時間が通算 4 時間になる前に、運転の中断が 30 分あるため、リセット。運転再開後、運転時間が通算 4 時間時点（3 時間と 1 時間）で、運転の中断が途中と直後で 30 分あるため、リセット。次の運転再開後も違反はなく、改善基準に**適合**しています。

【例 4】2 日を平均した 1 日当たりの運転時間

運転時間は 2 日（始業時刻から起算して 48 時間）を平均し 1 日当たり 9 時間を超えてはなりません。①特定日の前日の運転時間と特定日の運転時間、②特定日の運転時間と特定日の翌日の運転時間が 2 日を平均し、ともに 1 日当たり 9 時間を超えているときが違反となります。

次のことをチェックしましょう。

□	**①特定日の前日の運転時間と特定日の運転時間、②特定日の運転時間と特定日の翌日の運転時間が、2 日（始業時刻から起算して 48 時間）を平均し 1 日当たりともに 9 時間を超えていないか。**または、**①特定日の前日の運転時間と特定日の運転時間、②特定日の運転時間と特定日の翌日の運転時間の合計時間がともに 18 時間を超えていないか**

【例題 4】

次の図は、貨物自動車運送事業に従事する運転者の運転時間の例を示したものであるが、2 日目を特定日とした場合、次のうち、2 日を平均して 1 日当たりの運転時間について「自動車運転者の労働時間等の改善のための基準」に【違反しているものを 1 つ】選びなさい。

1.

1日目	2日目	3日目	4日目
運転時間 10 時間	運転時間 8 時間	運転時間 10 時間	運転時間 9 時間

2.

1日目	2日目	3日目	4日目
運転時間 10 時間	運転時間 10 時間	運転時間 8 時間	運転時間 9 時間

第4章 労働基準法関係

3.

1日目	2日目	3日目	4日目
運転時間 11時間	運転時間 9時間	運転時間 8時間	運転時間 11時間

4.

1日目	2日目	3日目	4日目
運転時間 10時間	運転時間 10時間	運転時間 9時間	運転時間 9時間

解答 4

1. ①特定日の前日の運転時間（10時間）と特定日の運転時間（8時間）の平均の運転時間は9時間（合計では18時間）
   ②特定日の運転時間（8時間）と特定日の翌日の運転時間（10時間）の平均の運転時間は9時間（合計では18時間）
   2日平均の運転時間がともに9時間（合計では18時間）を超えていないため、改善基準違反ではありません。
2. ①特定日の前日の運転時間（10時間）と特定日の運転時間（10時間）の平均の運転時間は10時間（合計では20時間）
   ②特定日の運転時間（10時間）と特定日の翌日の運転時間（8時間）の平均の運転時間は9時間（合計では18時間）
   2日平均の運転時間がともに9時間（合計では18時間）を超えていないため、改善基準違反ではありません。
3. ①特定日の前日の運転時間（11時間）と特定日の運転時間（9時間）の平均の運転時間は10時間（合計では20時間）
   ②特定日の運転時間（9時間）と特定日の翌日の運転時間（8時間）の平均の運転時間は8.5時間（合計では17時間）
   2日平均の運転時間がともに9時間（合計では18時間）を超えていないため、改善基準違反ではありません。
4. ①特定日の前日の運転時間（10時間）と特定日の運転時間（10時間）

の平均の運転時間は 10 時間（合計では 20 時間）

②特定日の運転時間（10 時間）と特定日の翌日の運転時間（9 時間）の平均の運転時間は 9.5 時間（合計では 19 時間）

2 日平均の運転時間がともに 9 時間（合計では 18 時間）を超えているため、改善基準に違反です。

【例 5】2 週間を平均した 1 週間当たりの運転時間

2 週間を平均した 1 週間当たりの運転時間は 44 時間（つまり、**2 週間の運転時間の合計時間で** 88 時間）**を超えているときは違反となります。**

次のことをチェックしましょう。

□	**2 週間を平均**した **1 週間当たりの運転時間は** 44 時間を超えていないか。 または、**2 週間の運転時間の合計時間が** 88 時間を超えていないか

【例題 5】

次の表は、貨物自動車運送事業に従事する自動車運転者の 2 週間の運転時間の例を示したものであるが、2 週間を平均した 1 週間当たりの運転時間が「自動車運転者の労働時間等の改善のための基準」に【違反しているものを 1 つ】選びなさい。

1.　←第 1 週→←第 2 週→

	1日	2日	3日	4日	5日	6日	7日	8日	9日	10日	11日	12日	13日	14日	2 週間の運転時間計
運転時間（時間）	休日	6	8	5	9	10	8	休日	8	6	8	7	9	6	休日	90 時間

（起算日）

（注 1）2 週間の起算日は 1 日とする（以下同じ）
（注 2）各労働日の始業時刻は午前 8 時とする（以下同じ）

第4章 労働基準法関係

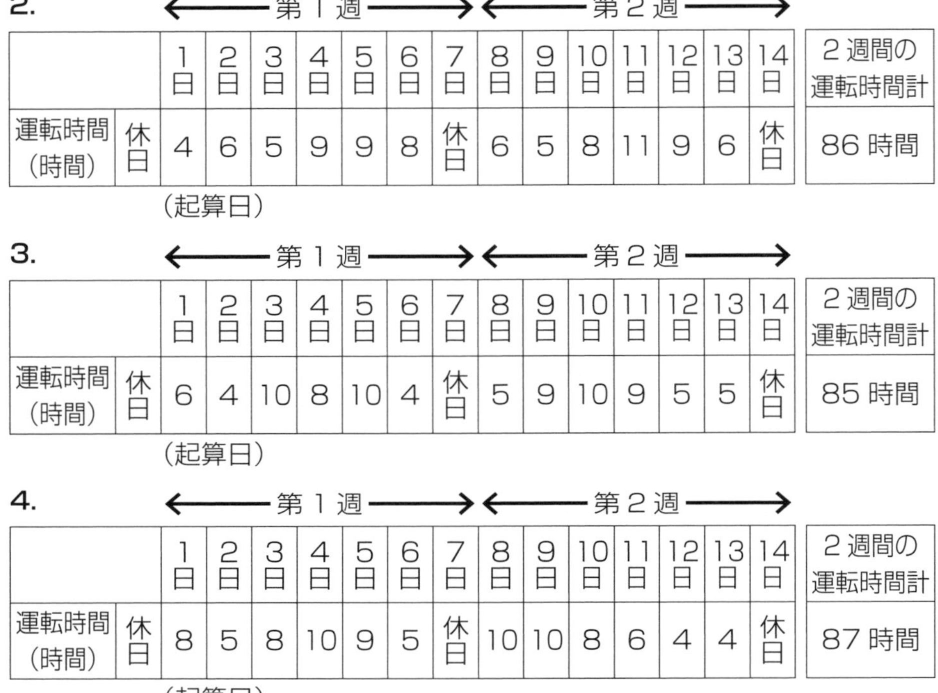

2.

		←第１週						→	←第２週						→	
		1日	2日	3日	4日	5日	6日	7日	8日	9日	10日	11日	12日	13日	14日	2週間の運転時間計
運転時間（時間）	休日	4	6	5	9	9	8	休日	6	5	8	11	9	6	休日	86時間
		（起算日）														

3.

		←第１週						→	←第２週						→	
		1日	2日	3日	4日	5日	6日	7日	8日	9日	10日	11日	12日	13日	14日	2週間の運転時間計
運転時間（時間）	休日	6	4	10	8	10	4	休日	5	9	10	9	5	5	休日	85時間
		（起算日）														

4.

		←第１週						→	←第２週						→	
		1日	2日	3日	4日	5日	6日	7日	8日	9日	10日	11日	12日	13日	14日	2週間の運転時間計
運転時間（時間）	休日	8	5	8	10	9	5	休日	10	10	8	6	4	4	休日	87時間
		（起算日）														

解答　1

1：2週間の運転時間が90時間で、2週間を平均し、1週間当たり44時間（2週間で88時間）を超えているため、改善基準に**違反**です。

2：2週間の運転時間が86時間で、2週間を平均し、1週間当たり44時間（2週間で88時間）を超えていないため、改善基準に違反ではありません。

3：2週間の運転時間が85時間で、2週間を平均し、1週間当たり44時間（2週間で88時間）を超えていないため、改善基準に違反ではありません。

4：2週間の運転時間が87時間で、2週間を平均し、1週間当たり44時間（2週間で88時間）を超えていないため、改善基準に違反ではありません。

なお、2日を平均した1日当たりの運転時間については、特定日が2. の11日及び3. の10日がともに改善基準に**違反**です。

過去問にチャレンジ

問1　労働基準法（以下「法」という。）に定める労働契約に関する次の記述のうち、【正しいものを2つ】選びなさい。なお、解答にあたっては、各選択肢に記載されている事項以外は考慮しないものとする。

1. 使用者は、労働者を解雇しようとする場合においては、少くとも30日前にその予告をしなければならない。30日前に予告をしない使用者は、30日分以上の平均賃金を支払わなければならない。ただし、天災事変その他やむを得ない事由のために事業の継続が不可能となった場合又は労働者の責に帰すべき事由に基いて解雇する場合においては、この限りでない。

2. 試みの使用期間中の者に該当する労働者については、法第20条の解雇の予告の規定は適用しない。ただし、当該者が1カ月を超えて引き続き使用されるに至った場合においては、この限りでない。

3. 労働契約は、期間の定めのないものを除き、一定の事業の完了に必要な期間を定めるもののほかは、3年（法第14条（契約期間等）第1項各号のいずれかに該当する労働契約にあっては、5年）を超える期間について締結してはならない。

4. 労働者は、労働契約の締結に際し使用者から明示された賃金、労働時間その他の労働条件が事実と相違する場合においては、少くとも30日前に使用者に予告したうえで、当該労働契約を解除することができる。

問2　労働基準法に定める就業規則についての次の記述のうち、【誤っているものを1つ】選びなさい。なお、解答にあたっては、各選択肢に記載されている事項以外は考慮しないものとする。

1. 常時10人以上の労働者を使用する使用者は、始業及び終業の時刻、休憩時間、休日、休暇等法令に定める事項について就業規則を作成し、行政官庁に届け出なければならない。

2. 就業規則で、労働者に対して減給の制裁を定める場合においては、その減給は、1回の額が平均賃金の1日分の半額を超え、総額が一賃金支払期における賃金の総額の10分の1を超えてはならない。

3. 使用者は、就業規則の作成又は変更について、当該事業場に、労働者の過半数で組織する労働組合がある場合においてはその労働組合、労働者の過半数で組織する労働組合がない場合においては労働者の過半数を代表する者と協議し、その内容について同意を得なければならない。

4. 就業規則は、法令又は当該事業場について適用される労働協約に反してはならない。また、行政官庁は、法令又は労働協約に抵触する就業規則の変更を命ずることができる。

問3 「自動車運転者の労働時間等の改善のための基準」に定める目的等についての次の文中、A、B、C、Dに入るべき字句として【いずれか正しいものを1つ】選びなさい。

1. この基準は、自動車運転者（労働基準法（以下「法」という。）第9条に規定する労働者であって、［A］の自動車の運転の業務（厚生労働省労働基準局長が定めるものを除く。）に主として従事する者をいう。以下同じ。）の労働時間等の改善のための基準を定めることにより、自動車運転者の［B］等の労働条件の向上を図ることを目的とする。

2. ［C］は、この基準を理由として自動車運転者の労働条件を低下させてはならないことはもとより、その［D］に努めなければならない。

A	①	二輪以上	②	四輪以上
B	①	労働時間	②	運転時間
C	①	使用者	②	労働関係の当事者
D	①	維持	②	向上

問4 「自動車運転者の労働時間等の改善のための基準」において定める貨物自動車運送事業に従事する自動車運転者（以下「トラック運転者」という。）の拘束時間等の規定に関する次の記述のうち、【誤っているものを1つ】選びなさい。なお、

解答にあたっては、各選択肢に記載されている事項以外は考慮しないものとする。

1. 使用者は、トラック運転者の運転時間は、2日（始業時刻から起算して48時間をいう。）を平均し1日当たり9時間、2週間を平均し1週間当たり44時間を超えないものとする。

2. トラック運転者が勤務の中途においてフェリーに乗船する場合における拘束時間及び休息期間は、フェリー乗船時間（乗船時刻から下船時刻まで）については、原則として、休息期間として取り扱うものとし、この休息期間とされた時間を改善基準第4条の規定により与えるべき休息期間の時間から減ずることができるものとする。ただし、その場合においても、減算後の休息期間は、2人乗務の場合を除き、フェリー下船時刻から勤務終了時刻までの間の時間の2分の1を下回ってはならない。

3. 使用者は、トラック運転者（隔日勤務に就く運転者以外のもの。）が同時に1台の事業用自動車に2人以上乗務する場合、車両内に身体を伸ばして休息できる設備があるときは、1日についての最大拘束時間を20時間まで延長することができる。

4. 使用者は、業務の必要上やむを得ない場合には、当分の間、トラック運転者を隔日勤務に就かせることができる。この場合、2暦日における拘束時間は、20時間を超えないものとする。

問５　下図は、貨物自動車運送事業に従事する自動車運転者の運転時間及び休憩時間の例を示したものであるが、このうち、連続運転の中断方法として「自動車運転者の労働時間等の改善のための基準」に【適合しているものを２つ】選びなさい。

1.

乗務開始	運転	休憩	運転	休憩	運転	休憩	運転	休憩	運転	休憩	運転	休憩	運転	乗務終了
	30 分	10 分	2 時間	15 分	30 分	10 分	1 時間 30 分	1 時間	2 時間	15 分	1 時間 30 分	10 分	1 時間	

2.

乗務開始	運転	休憩	運転	休憩	運転	休憩	運転	休憩	運転	休憩	運転	休憩	運転	乗務終了
	1 時間	15 分	2 時間	10 分	1 時間	15 分	1 時間	1 時間	1 時間 30 分	10 分	1 時間	5 分	30 分	

3.

乗務開始	運転	休憩	運転	休憩	運転	休憩	運転	休憩	運転	休憩	運転	休憩	運転	乗務終了
	2 時間	10 分	1 時間 30 分	10 分	30 分	10 分	1 時間	1 時間	1 時間	10 分	1 時間	10 分	2 時間	

4.

乗務開始	運転	休憩	運転	休憩	運転	休憩	運転	休憩	運転	休憩	運転	休憩	運転	乗務終了
	1 時間	10 分	1 時間 30 分	15 分	30 分	5 分	1 時間 30 分	1 時間	2 時間	10 分	1 時間 30 分	10 分	30 分	

問6 下図は、貨物自動車運送事業に従事する自動車運転者（1人乗務で隔日勤務に就く運転者以外のもの。）の5日間の勤務状況の例を示したものであるが、次の1～4の拘束時間のうち、「自動車運転者の労働時間等の改善のための基準」等における1日についての拘束時間として、【正しいものを1つ】選びなさい。

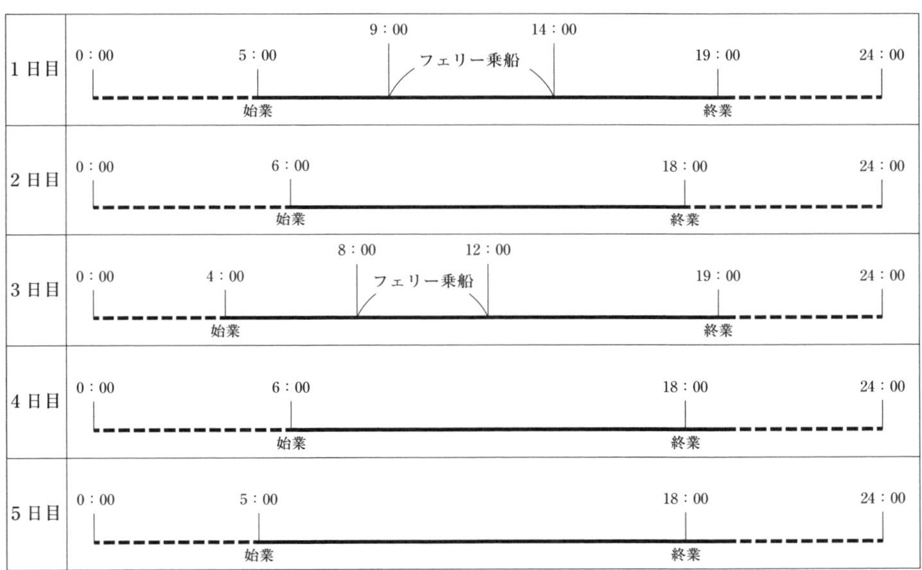

1. 1日目：9時間　2日目：12時間　3日目：15時間　4日目：12時間
2. 1日目：9時間　2日目：12時間　3日目：11時間　4日目：12時間
3. 1日目：9時間　2日目：14時間　3日目：11時間　4日目：13時間
4. 1日目：14時間　2日目：14時間　3日目：15時間　4日目：13時間

解答・解説

問1 **解答** 1. 3.

1. 正。
2. 誤。試みの使用期間中の労働者は、解雇の予告の規定は適用しない。ただし、「14日」を超えて引き続き使用されるに至った場合には適用される。
3. 正。
4. 誤。明示された労働条件が事実と相違する場合においては、労働者は、「**即時に**」労働契約を解除することができる。 ×30日前に使用者に予告したうえ

問2 **解答** 3.

1. 正。
2. 正。
3. 誤。使用者は、就業規則の作成または変更について、当該事業場に、労働者の過半数で組織する労働組合がある場合においてはその労働組合、労働者の過半数で組織する労働組合がない場合においては労働者の過半数を代表する者の「**意見を聴かなければならない**」。
 ×協議し、その内容について同意を得なければならない
4. 正。

問3 **解答** A＝2.（四輪以上） B＝1.（労働時間）
C＝2.（労働関係の当事者） D＝2.（向上）

問4 **解答** 4.

1. 正。
2. 正。
3. 正。

4. 誤。2暦日における拘束時間は「**21時間**」を超えないものとする。

× 20時間

問5 解答 2. 3.

連続運転時間は、運転開始後、4時間以内または4時間経過直後に30分以上（少なくとも1回につきおおむね連続10分以上の分割はできる）の運転を中断しなければならない。運転時間が通算4時間前に、①運転の中断が合計して30分以上あるとき、②運転の中断が1回30分以上あるとき、連続運転時間はリセットされる。

1. 運転開始後、運転時間が通算4時間前に休憩が30分以上（35分）あるため、リセット。次に、運転1時間30分後、休憩が1時間あるため、リセット。次の運転開始後、運転時間が通算して4時間（運転1時間の30分時点）のとき、運転の途中（運転直後は0分）で、運転の中断が25分しかないため、**違反**。
2. 運転開始後、運転時間が通算して4時間（3回目の運転1時間時点）のとき、運転の途中及び運転直後で、運転の中断が40分であるため、リセット。次に、運転1時間後、休憩が1時間あるため、リセット。次に、運転開始後の運転時間は通算して3時間で乗務終了しているため、**適法**。
3. 運転開始後、運転時間が通算して4時間（運転30分時点）のとき、運転の途中及び運転直後で、運転の中断が30分であるため、リセット。次に、運転1時間後、休憩が1時間あるため、リセット。次に、運転時間の通算が4時間時点では乗務終了のため、**適法**。
4. 運転開始後、運転時間が通算して4時間（2回目の運転1時間30分の1時間時点）のとき、運転途中で、運転の中断が25分しかないため、**違反**（休憩5分は分割の要件であるおおむね10分以上を満たしていないため、運転の中断とならない）

問6 解答 3.

拘束時間は、始業時刻から終業時刻までの時間で、労働時間と休憩時間の合計時間をいい、1日についての拘束時間でいう「1日とは、始業時刻から起算して24時間」をいう。なお、フェリーの乗船時間は、休息期間として取り扱う。
1日目：1日の拘束時間は9時間
＜当日：14時間（19:00−5:00）−フェリー乗船5時間（14:00−9:00）＞
2日目：1日の拘束時間は14時間
＜当日：12時間（18:00−6:00）＋翌日：2時間（6:00−4:00）＞
3日目：1日の拘束時間は11時間
＜当日：15時間（19:00−4:00）−フェリー乗船4時間（12:00−8:00）＞
4日目：1日の拘束時間は13時間
＜当日：12時間（18:00−6:00）＋翌日：1時間（6:00−5:00）＞
　以上から、正解は3。

第5章 実務上の知識及び能力

学習のポイント

総　括

全30問中7問が実務上の知識及び能力からの出題です。大半が、「適切なものをすべて」の設問となっており、4肢とも正しくないと正解にならないため、正確な知識が求められます。また、足切り（2問正解しないと不合格）があるため、最低2問以上は正解できるように学習することが大切です。

目　安

出題7問のうち、4問は正解しましょう。

頻　出

「貨物自動車運送事業法」に関連する出題が2問程度（点呼、運行管理、記録等）、「自動車の特性と運転」「自動車の走行時に働く力」「交通事故防止対策」「タイヤ・ブレーキ現象」「健康管理」「運行計画に基づく改善基準の問題」「車間距離の計算時間・速度の計算」など。

アクセスキー　L
（大文字のエル）

1 自動車に働く力、停止距離

「遠心力」及び「停止距離」（空走距離と制動距離との合計）をしっかり覚えましょう。「停止距離」は、計算問題にも正解できるようにしましょう。

自動車に働く自然の力

重要度 5

自動車の走行時には慣性力や遠心力及び衝撃力が働きます。

（1）慣性力

止まっているものは止まっていようとし、動いているときは動き続けようとする性質を慣性といい、これによって生じる力を**慣性力**といいます。

自動車に働く慣性力は、自動車の重量に比例して大きくなることから、その重量が増加すればするほど制動距離が長くなります。

（2）遠心力

円の中心から遠ざかる方向（外側）に働く力を**遠心力**といいます。

遠心力の特徴は、次のとおりです。

①同一速度で走行する場合、カーブの半径が小さいほど遠心力は大きくなる

②自動車の重量・速度が同じとき、カーブの半径が$\frac{1}{2}$になると、遠心力の大きさは２倍になる

③自動車の重量・速度が同じとき、カーブの半径が２倍になると、遠心力の大きさは$\frac{1}{2}$になる

④自動車の重量、カーブの半径が同じとき、速度が２倍になると遠心力は４倍になる

⑤自動車の重量、カーブの半径が同じとき、速度が$\frac{1}{2}$になると遠心力は$\frac{1}{4}$になる

（3）衝撃力

物体が他の物体に衝突した際に受ける力を**衝撃力**といいます。

- 衝撃力**は**自動車の重量に比例**して大きくなる**
- 衝撃力**は**自動車の速度の２乗に比例**して大きくなる**
- **双方が共に時速50kmの速度で衝突した場合の衝撃力**は、**時速100kmで固定物に衝突するのに等しい**
- 時速60kmで走行し固定壁に衝突した場合の衝撃力は、４階建てビル屋上（14m）から落下したときの衝撃に等しい

重 要

遠心力、衝撃力**の大きさは、**

①「重量**」**に比例**（重量が**2倍**になると**2倍、**重量が**$\frac{1}{2}$倍**になると**$\frac{1}{2}$倍**）**

②「速度の２乗**」**に比例**（速度が**2倍**になると**4倍、**速度が**$\frac{1}{2}$倍**になると**$\frac{1}{4}$倍**）**

停止距離

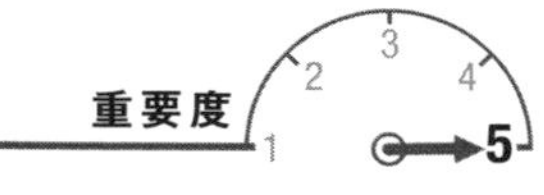

（1）空走距離

危険を認知してブレーキを踏み、ブレーキが効き始めるまでに自動車が走行する距離を 空走距離 といいます（約１秒）。

（2）制動距離

ブレーキが効き始めてから、自動車が停止するまでの距離を 制動距離 といいます。**制動距離は、速度が速くなるほど長くなり**、速度の２乗に比例します。

（3）停止距離

危険を認知してブレーキを踏んでから自動車が停止するまでの距離を 停止距離 といいます。

重要

停止距離とは、空走距離と制動距離の合計した距離をいいます。

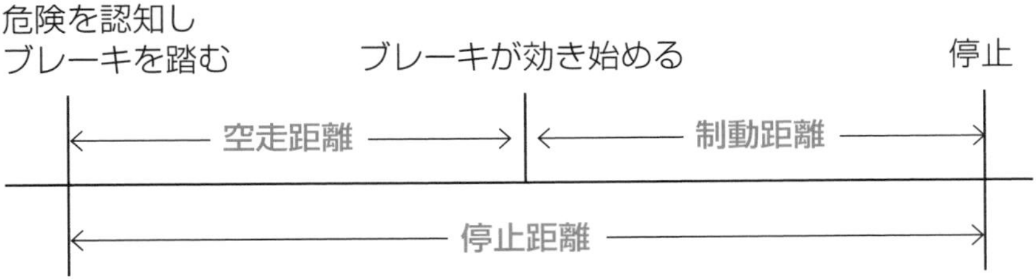

危険を認知し
ブレーキを踏む　　ブレーキが効き始める　　停止

|←　空走距離　→|←　制動距離　→|

|←　停止距離　→|

確認テスト

☑欄	空欄に入るべき字句を答えなさい。	解答
□	1. 自動車がカーブを走行するときの遠心力の大きさは、自動車の重量及び速度が同一の場合には、カーブの半径が2分の1になると［　　］の大きさになる。	2倍
□	2. 自動車の重量、カーブの半径が同じとき、速度が2倍になると遠心力は［　　］になる。	4倍
□	3. 自動車が衝突するときの衝撃力は、車両総重量が2倍になると、［　　］になる。	2倍
A□ B□ C□	4. 危険を認知してブレーキを踏み、ブレーキが効き始めるまでに自動車が走行する距離を［A］という。また、ブレーキが効き始めてから、自動車が停止するまでの距離を［B］という。 ［C］とは、［A］と［B］を合計した距離をいう。	A：空走距離 B：制動距離 C：停止距離

参考

下図は通常の乾いた舗装した路面での停止距離の目安です。

なお、空走距離は危険を認識してブレーキを踏み、ブレーキが効き始めるまでの約 1 秒間に自動車が走行する距離ですので、一定ですが、制動距離は雨、雪などの場合にはこれよりもっと長くなります。

速度と停止距離の目安

	空走距離	制動距離	
時速 20km	5.6m	3m	8.6m
時速 40km	空走距離 11.1m	制動距離 11m	22.1m
時速 60km	空走距離 16.7m	制動距離 27m	43.7m
時速 80km	空走距離 22.2m	制動距離 54m	76.2m
時速100km	空走距離 27.8m	制動距離 84m	111.8m

2 視野・視覚

「視野」「距離の錯覚」及び「二輪車の特性」は、よく出題されているので、必ず覚えましょう。「蒸発現象と眩惑現象」についても押さえましょう。

視力

重要度 2

(1) 静止視力

人が静止した状態で、静止した対象物を見る場合の視力を**静止視力**といいます。

(2) 動体視力

人が動きながら、または動いている対象物を見る場合の視力を**動体視力**といいます。動体視力は、静止視力に比較して低いとされています。静止視力、動体視力とも加齢とともに低下します。

明るさの変化と視力

明るいところから暗いところに入るとき、最初は見づらいが、次第に見えるようになる現象を**暗順応**といいます。

暗いところから明るいところに出たとき、最初はまぶしいが、時間とともに見えるようになる現象を**明順応**といいます。

視力の機能が回復するには、暗順応の方が明順応よりも時間がかかります。

視野

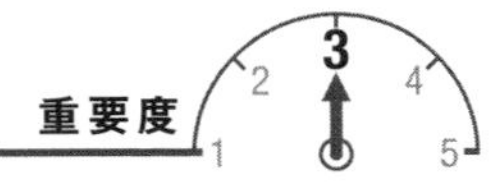

自動車の速度が**速く**なるほど、運転者の視野は**狭く**なり、**遠く**を**注視**するようになり、**近く**は**見えにくくなります**。

視野は、**片目では、左右それぞれ 160 度位**ですが、**両目では 200 度位**です。

距離の錯覚

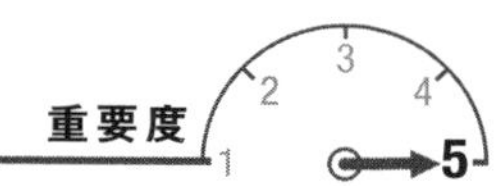

前方の自動車を大型車と乗用車から同じ距離で見た場合、それぞれの視界や見え方が異なります。**大型車は運転席の位置が高い**ため、実際より**車間距離に余裕があるように感じる**のに対し、**乗用車は**実際より**車間距離に余裕がないように感じ**やすくなります。

図 5.1　距離の錯覚

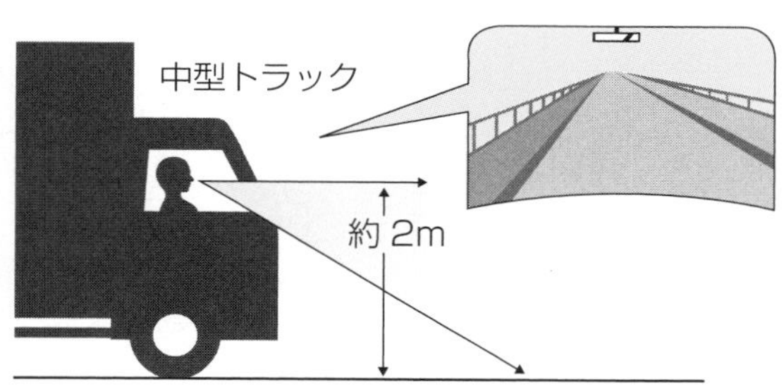

トラックは、乗用車よりも運転席が高いため、車間距離を詰めてもあまり危険を感じない傾向があります。

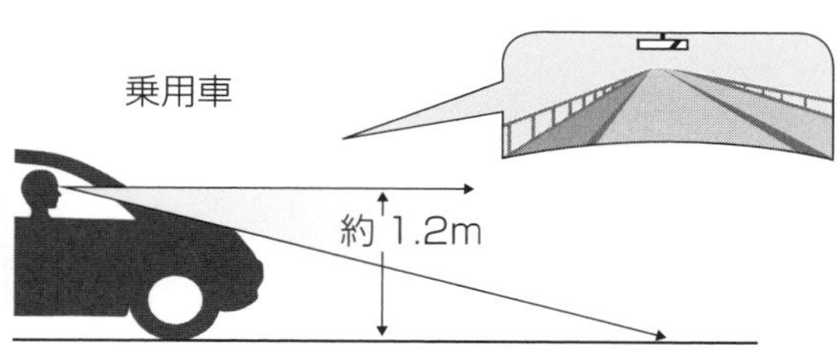

二輪車の特性

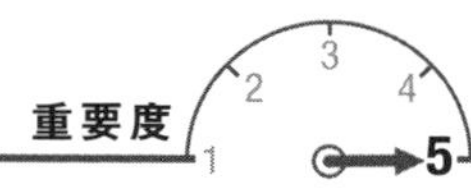

四輪車を運転する場合、二輪車に対し、次の注意が必要です。

- **二輪車は速度が実際より遅く[†]感じたり、距離が遠く[‡]に見えたりする**
  ×速く[†]　×近く[‡]
- **二輪車も四輪車と同じように急に停止できない**
- **二輪車は死角に入りやすく、その存在に気づきにくい**

蒸発現象と眩惑現象

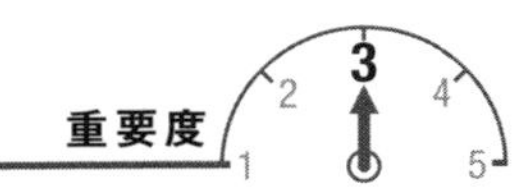

夜間走行中、自車のライトと対向車のライトで、道路中央付近の歩行者などが見えにくくなる現象を 蒸発現象 といいます。

夜間、対向車のライトを直接目に受けると、まぶしさのために一瞬視力を失った状態になる現象を**眩惑現象**といいます。対処するには、視点をやや**左前方**へ移す方法があります。

確認テスト

☑欄	空欄に入るべき字句を答えなさい。	解答
A□ B□	1. 自動車の速度が速くなるほど、運転者の視野は狭くなり A を注視するようになり、 B は見えにくくなる。	A：遠く B：近く
A□ B□	2. 大型車は運転席の位置が高いため、実際より車間距離に余裕が A ように感じるのに対し、乗用車は実際より車間距離に余裕が B ように感じやすい。	A：ある B：ない
A□ B□	3. 四輪車を運転する場合、二輪車は速度が実際より A 感じたり、距離が実際より B に見えたりする特性がある。	A：遅く B：遠く
□	4. 夜間走行中、自車のライトと対向車のライトで、道路中央付近の歩行者などが見えにくくなる現象を □ という。	蒸発現象

3 交通事故防止、悪条件下の運転等

「交通事故防止」「適性診断」「悪条件下での運転」「タイヤ・ブレーキに起きる現象」などが出題されていますので、キーワードを覚えましょう。

交通事故の防止

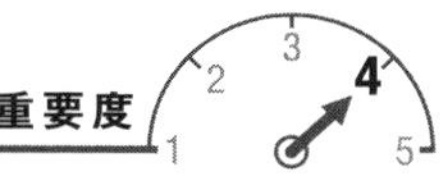

交通事故は、そのほとんどが運転者等のヒューマンエラーにより発生するものです。交通事故の再発を未然に防止するには、発生した事故の調査や事故原因を分析することが有効です。

交通事故の防止対策を効率的かつ効果的に講じていくためには、事故情報を多角的に分析し、事故状態を把握したうえで、**①計画の策定、②対策の実施、③効果の評価、④対策の見直し及び改善**、という一連の交通安全対策のサイクルを繰り返すことが必要です。

(1) ヒヤリ・ハット

運転者が運転中に他の自動車等と衝突または接触するおそれがあったと認識した状態をヒヤリ・ハットといいます。1件の重大な事故（死亡・重傷）が発生する背景には、多くのヒヤリ・ハットがあるとされています。そのため、このヒヤリ・ハットを調査し減少させていくことが、交通事故防止対策に有効な手段となっています。

(2) ハインリッヒの法則

1件の重大事故の背景には、29件の軽傷事故と300件のヒヤリ・ハット（運転中に衝突・接触のおそれがあったと認識すること）があるとされています。これをハインリッヒの法則といいます。

(3) 指差呼称

指差呼称は、運転者の錯覚、誤判断、誤操作等を防止するための手段です。実際には、道路の信号や標識などを指で差し、その対象が持つ名称や状態を声に出して確認します。**安全確認に重要な運転者の意識レベルを高めるなど、交通事故防止対策に有効な手段の一つとして指差呼称が活用されています。**

（4）教育及び研修

輸送の安全に関する教育及び研修には、知識を普及させることに重点を置く手法と、問題を解決することに重点を置く手法があります。また、グループ討議や「参加体験型」研修等、運転者が参加する手法を取り入れることも交通事故防止対策の有効な手段となっています。

適性診断

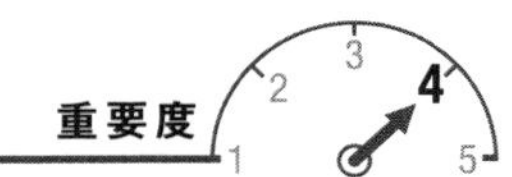

適性診断は、運転者の運転行動、運転態度が安全運転にとって好ましい方向へ変化するように動機付けを行うことにより、**運転者自身の安全意識を向上させるためのものです。**ヒューマンエラーによる交通事故の発生を未然に防止するための有効な手段となっているもの†です。

×運転に適さない者を運転者として選任しないようにするためのもの†

悪条件下での運転

（1）濃霧

濃霧のとき、自動車の前照灯は下向きにします。

（2）大地震

大地震が発生し、車両の通行が困難となった場合は、自動車のエンジンキーは付けたまま†、窓を閉め、ドアロックはしない‡で避難することが大切です。

×エンジンキーを持って†　×ドアをロックして‡

（3）踏切

故障で踏切内に立ち往生した場合は、以下を行った後、自動車を踏切の外に移動させることが大切です。

①直ちに踏切支障報知装置の**非常ボタンを押す**

②発炎筒を使用して列車の運転士等に踏切内に当該自動車が立ち往生していることを知らせる

(4) 夜間の運転

夜間の運転では、見えにくい時間帯では**早めに前照灯を点灯**することとし、**走行用前照灯(ハイビーム)を積極的に活用**し、適切な**すれ違い用前照灯**(ロービーム)**への切替の励行**に心がけなければなりません。

(5) 雪道の走行

整備管理者は、**雪道を走行する自動車のタイヤ**について、**溝の深さがタイヤ製作者の推奨する使用限度**(溝の深さが新品時の50%まですり減った状態)**よりもすり減っていないことを確認**しなければなりません。

運行管理者は、雪道を走行する自動車について、点呼の際に前述の事項が確認されていることを確認しなければなりません。

踏切を通過するとき

重要度 4

踏切の手前で一時停止した後に踏切を通過する場合、**変速装置を操作しないで、そのまま踏切を通過**することが大切です。

走行速度が徐々に上がり原動機の回転数が上昇するので、変速装置を操作しがちですが、トラブルを防止するため、踏切の通過中には変速装置の操作は行いません。

追越し

重要度

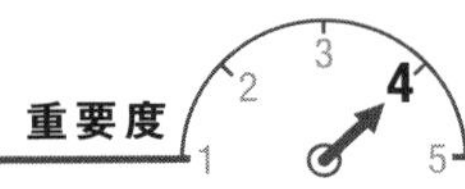

自動車が追越しをするときは、前の自動車の走行速度に応じた追越し距離、追越し時間が必要になります。前の自動車と追越しをする自動車の**速度差が小さい**† 場合には**追越しに長い時間と距離が必要になる**ことから、無理な追越しをしないことが大切です。

† ×速度差が大きい

対向車との接触防止

重要度

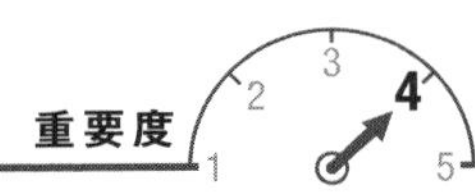

全長が長い大型車が右折・左折する場合、車体後部の**オーバーハング部分**

（最後輪より車両後端までのはみ出し部分）が対向車線にはみ出すことがあります。これを防ぐには、ハンドルを**ゆっくり切る**[†]ような運転を心がけることが大切です。

[†]×ハンドルを一気にいっぱいに切る

図 5.2　対向車との接触防止

内輪差

重要度 4

自動車のハンドルを切り旋回するとき、左右及び前後輪はそれぞれ別の軌跡を通ります。ハンドルを左に切った場合は、**左側の後輪が左側の前輪の軌跡に対し内側[†]を通る**こととなります。**この前後輪の軌跡**の差を**内輪差**といいます。

[†]×外側

ホイールベースの長い大型車ほど内輪差は大きく[†]なります。大型車の運転者は、交差点での左折時に、内輪差による歩行者や自転車等との接触、巻き込み事故に注意が必要です。

[†]×小さく

図 5.3　内輪差

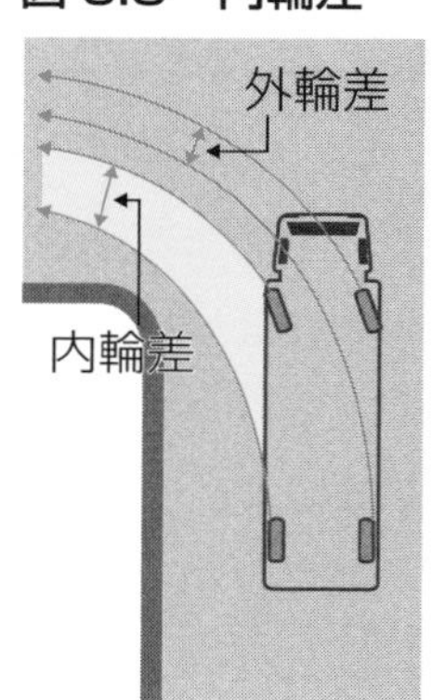

タイヤに起きる現象

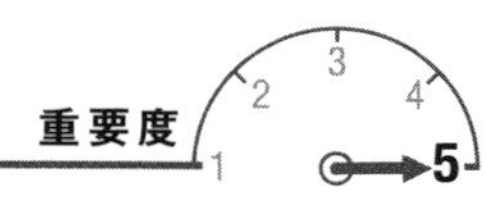

重要度 5

（1）ハイドロプレーニング現象

路面が水でおおわれているときに高速走行すると、**水上を滑走**する状態となり、操縦不能となることがあります。これを **ハイドロプレーニング現象** といいます。

（2）ウェット・スキッド現象

雨の降り始めに、路面の油、土砂などの微粒子が雨と混じり、**タイヤと路面**

との摩擦係数が低下します。この状態で、急ブレーキをかけたときなどにスリップすることを ウェット・スキッド現象 といいます。

(3) スタンディングウェーブ現象

タイヤの空気圧不足のまま高速走行したとき、タイヤに波打ち現象が生じ、剥（はく）離やコード切れ等が発生します。これを スタンディングウェーブ現象 といいます。

ブレーキに起きる現象

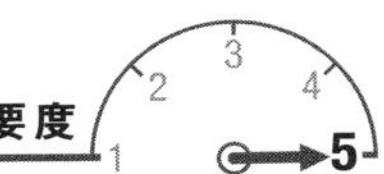

(1) ベーパー・ロック現象

長い下り坂でフット・ブレーキを使い過ぎると、ブレーキ・ライニングなどが摩擦で過熱し、ブレーキ液内で気泡が発生します。これにより**ブレーキの効きが悪くなる**ことを ベーパー・ロック現象 といいます。

(2) フェード現象

長い下り坂で、フット・ブレーキを使い過ぎるとドラムとライニングの間の摩擦力が減少し、**ブレーキの効きが悪くなります。**これを フェード現象 といいます。

第5章 実務上の知識及び能力

覚えるコツ！

ブレーキ・タイヤに起きる現象は、各現象のキーワードを覚えましょう！

現象	キーワード
ハイドロプレーニング現象	「水」(ハイドロ)、「滑走」(プレーニング)
ウェット・スキッド現象	「雨の降り始め」(ウェット・湿った状態)、 「横滑り」(スキッド)
スタンディングウェーブ現象	「立つ」(スタンディング)、「波打たせる」(ウェーブ)
ベーパー・ロック現象	「気泡」(ベーパー) **がある**ときは**「ベーパー・ロック現象」**
フェード現象	「気泡」(ベーパー) **がないときは「フェード現象」**

ジャックナイフ現象

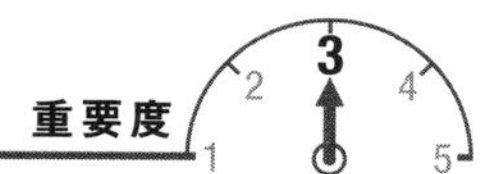

けん引自動車（トラクタ）が高速走行時に急ブレーキや急ハンドルにより、トラクタは停止あるいは左右に移動しようとするが、**後ろの被けん引自動車（トレーラ）**はそのまま進もうとするため、**連結部でトラクタとトレーラが「くの字」に曲がり、**操縦不能になる現象をジャックナイフ現象という。

クリープ現象

オートマチック車で、アクセルペダルを踏むことなく、エンジンがアイドリングの状態で車両が動くことを**クリープ現象**といいます。

アルコール 1 単位

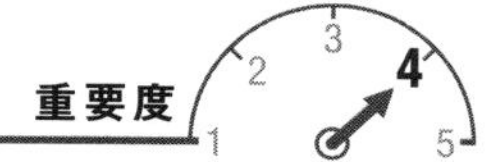

純アルコール 20g（アルコール分 5%のビール 500㎖）が**アルコール 1 単位**と定められています。

飲酒により体内に摂取されたアルコールを処理するために必要な時間の目安については、アルコール 1 単位で概ね（おおむ）4 時間とされています。

確認テスト

☑欄	空欄に入るべき字句を答えなさい。	解答
□	1. 自動車が追越しをするとき、前の自動車と追越しをする自動車の速度差が［　］場合には追越しに長い時間と距離が必要になる。	小さい
□	2. 自動車のハンドルを切り旋回した場合、左右及び前後輪はそれぞれ別の軌跡を通り、ハンドルを左に切った場合、左側の後輪が左側の前輪の軌跡に対し［　］を通ることとなり、この前後輪の軌跡の差を内輪差という。	内側
□	3. 雨の降り始めに、路面の油、土砂などの微粒子が雨と混じり、タイヤと路面との摩擦係数が低下し、急ブレーキをかけたときなどにスリップする現象を［　］現象という。	ウェット・スキッド
□	4. 長い下り坂で、フット・ブレーキを使い過ぎるとドラムとライニングの間の摩擦力が減少し、ブレーキの効きが悪くなる現象を［　］現象という。	フェード
□	5. 飲酒により体内に摂取されたアルコールを処理するために必要な時間の目安については、アルコール1単位で概ね［　］とされている。	4時間

4 遠隔点呼、業務後自動点呼、IT点呼

遠隔点呼、業務後自動点呼、IT 点呼の違いを押さえておきましょう。

「対面による点呼と同等の効果を有するものとして、国土交通大臣が定める方法」による点呼として、点呼告示に規定する遠隔点呼及び業務後自動点呼のほかに IT 点呼があります。

遠隔点呼

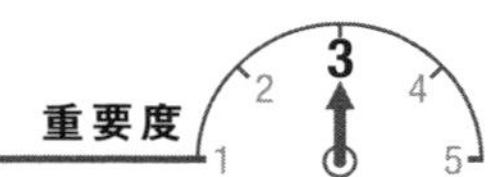

（1）遠隔点呼とは、対面による点呼と同等の効果を有するものとして、貨物自動車運送事業輸送安全規則の規定に基づき、貨物自動車運送事業者が、遠隔点呼機器を用いて、遠隔地にいる運転者または特定自動運行保安員（以下「運転者等」という）に対して行う点呼をいいます。

（2）遠隔点呼は、**点呼を行う運行管理者等がいる自社営業所または自社営業所の車庫と次に揚げるいずれかの場所との間（遠隔点呼実施地点間）**において行うことができます。

①**自社**営業所または**当該営業所の**車庫

②**完全子会社等**※の営業所または**当該営業所の**車庫

③運転者等が従事する運行の業務に係る**事業所用自動車内、待合所、宿泊施設**その他これらに類する場所

※完全子会社等：完全親会社、事業者の完全親会社が同一である他の会社を含む。

遠隔点呼を実施するためには、次の 3 つの要件を備えなければなりません。

（1）遠隔点呼機器の機能の要件

運行管理者等が、映像と音声の送受信によって、通話をすることができる方法により、運転者等の顔の表情、全身、酒気帯びの有無及び**運転者の**疾病、疲労、睡眠不足その他の理由により安全な運転をすることができないおそれの有無を、随時明瞭に確認することができるほか、運行管理者等及び運転者等につ

いて、生体認証（顔認証、静脈認証、虹彩認証等）により個人を識別する機能を有することなどが必要となります。

（2）遠隔点呼機器を設置する施設及び環境の要件

環境照度を確保し、なりすまし、アルコール検知器の不正使用等を防止するため、運行管理者等が**ビデオカメラその他の撮影機器**により、運行管理者等が遠隔点呼を受ける運転者等の**全身を遠隔点呼の実施中に随時明瞭に確認**することができるほか、運行管理者等と運転者等の通信の途絶や対話が妨げられることのないようにするために必要な通信・通話環境を備える必要があります。

（3）遠隔点呼機器の実施時の遵守事項

遠隔点呼機器の故障等で遠隔点呼を行うことが困難になった場合は、対面点呼等の体制の整備や運行管理者等、運転者等の識別に必要な**生体認証その他の**個人情報の取扱い**について、あらかじめ**本人の同意**を得る**ほか、**遠隔点呼の実施に必要な事項に関し**運行管理規程に明記**し関係者に周知**するなどを遵守しなければなりません。

業務後自動点呼

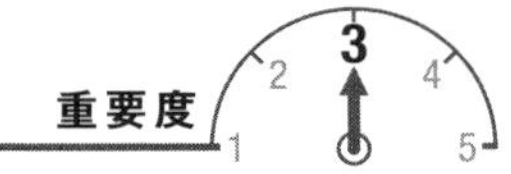

（1）業務後自動点呼とは、対面による点呼と同等の効果を有するものとして、貨物自動車運送事業輸送安全規則の規定に基づき、事業者が、自動点呼機器を用いて、事業用自動車の運行の業務を終了した運転者等に対して行う点呼をいいます。

（2）**業務後自動点呼**は、次に掲げる場所において、**運転者等の属する営業所の運行管理者等が当該運転者等に対して行う**ことができます。

①運転者等の属する営業所または当**該営業所の**車庫

②運転者等が従事する運行の業務を終了した場所が運転者等の属する営業所または営業所の車庫でない場合は、当該業務に係る事業用自動車内、待合所、宿泊施設その他これらに類する場所

第5章 実務上の知識及び能力

業務後自動点呼を実施するためには、次の3つの要件を備えなければなりません。

(1) 自動点呼機器の機能の要件

業務後自動点呼を受ける運転者等ごとに、業務後自動点呼に必要な事項の確認、判断及び記録を実施できる機能を有するほか、**生体認証により確実に識別する機能**を有し、生体認証による識別が行われた場合に、**業務後自動点呼を開始する機能や業務後自動点呼の実施予定時刻を設定**することができることが必要となります。また、当該予定時刻から事業者があらかじめ定めた時間を経過しても**業務後自動点呼が完了しない場合には、運行管理者等に対し警報または通知を発する機能**などを備える必要があります。

(2) 自動点呼機器を設置する施設及び環境の要件

なりすまし、アルコール検知器の不正使用及び所定の場所以外で業務後自動点呼が実施されることを防止するため、ビデオカメラその他の撮影機器により、運行管理者等が、業務後自動点呼を受ける**運転者等の全身を業務後自動点呼の実施中または終了後に、明瞭に確認**することができることが必要となります。

(3) 自動点呼機器実施時の遵守事項

事業者は、**自動点呼機器の使用方法、故障時の対応**等について運行管理者、運転者等その他の関係者に対し、適切に**教育及び指導**を行うほか、**自動点呼機器を適切に使用、管理及び保守**することにより、**常に正常に作動する状態に保持**することなど遵守しなければなりません。

IT 点呼

重要度 3

IT 点呼とは、点呼告示に規定する方法**以外の方法**によるものとして、**国土交通大臣が定めた機器を用いて行う点呼**をいい、次の2通りがあります。

貨物自動車運送事業安全規則に定める営業所	IT 点呼の実施時間
（1）**Gマーク営業所**（「輸送の安全の確保に関する取組が優良であると認められる営業所」（全国貨物自動車運送適正化事業実施機関が認定している安全性優良事業所））	同一事業者内の ①**営業所間** 1 営業日のうち連続する **16 時間以内**[†] ②**営業所と車庫間**※ ③**車庫と車庫間**※ [†] × 18 時間以内
（2）**Gマーク営業所以外の営業所** 《次のすべてを満たしていることが要件です》 ①**開設**されて **3 年**[†]**を経過**していること　[†] × 1 年 ②**過去 3 年間**、**第一当事者**となる自動車事故報告規則に掲げる**事故を発生させていない**こと ③**過去 3 年間**[†]、**点呼の違反に係る行政処分・警告を受けていない**こと　[†] × 1 年間 ④地方貨物自動車運送適正化事業実施機関が行った直近の巡回指導において、**総合評価が「D、E」以外**であり、**点呼の項目の判定が「適」**であることまたは巡回指導時に総合評価が「D、E」、点呼の項目の判定が「否」であったものの、3 カ月以内に改善報告書が提出され、総合評価が「A、B、C」、点呼の項目の判定が「適」に改善が図られていること	①**営業所と車庫間**※ ②営業所の**車庫**と当該営業所の**他の車庫間**※ ※①② IT 点呼の実施時間は 24 時間（Gマーク営業所の②③も同じ）

(1) 確認

IT 点呼を行う営業所（以下「A 営業所」という）の運行管理者は、IT 点呼を受ける運転者が所属する営業所（以下「B 営業所」という）の運転者に対し IT 点呼を実施する際は、当該運転者の**所属営業所名**と **IT 点呼場所の確認**をしなければなりません。

(2) 伝達

IT 点呼を実施する場合、B 営業所の運行管理者は、A 営業所の運行管理者が適切なIT点呼を実施できるよう、あらかじめ、**IT点呼に必要な情報**をA営業所の運行管理者に**伝達**しなければなりません。

(3) 記録・保存と通知

IT点呼を実施した場合、A営業所の運行管理者は、IT点呼実施後、**点呼簿**に**記録**するとともに記録した内容を速やかにB営業所の運行管理者へ**通知**しなければなりません。通知を受けたB営業所の運行管理者は、**通知のあった内容、A営業所の名称及びIT点呼実施者名**を**点呼簿**に**記録**することとし、**双方の営業所**において**保存**しなければなりません。

(4) 遠隔地IT点呼

2地点間を定時で運行するなど、定型的な業務形態にある同一事業者内の一のGマーク営業所に所属する運転者に対する、遠隔地における業務前・業務後・中間点呼については、**同一事業者内の他のGマーク営業所の運行管理者等が、IT点呼機器により点呼**(以下「**遠隔地IT点呼**」という)**を行うことができます**(平成28年7月1日施行)。

遠隔地IT点呼の実施は、1営業日のうち連続する16時間以内です。

図5.4 遠隔地IT点呼

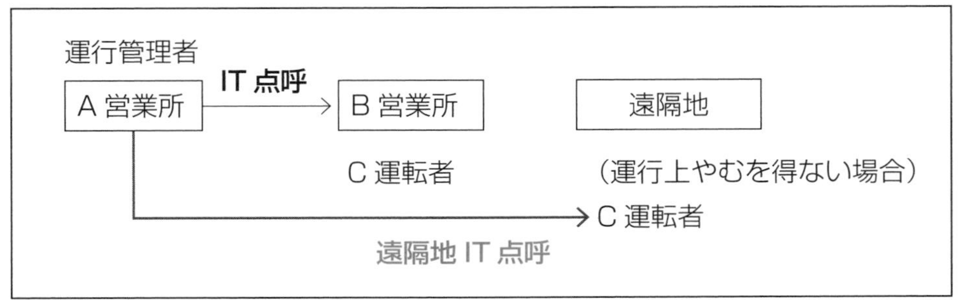

【遠隔点呼、業務後自動点呼、IT 点呼の相違点】

<table>
<tr><td rowspan="2">IT 点呼</td><td colspan="2">「対面による点呼と同等の効果を有するものとして、国土交通大臣が定める方法を定める告示」（点呼告示）に規定する点呼</td></tr>
<tr><td>遠隔点呼</td><td>業務後自動点呼</td></tr>
<tr><td>①Gマーク営業所
②一定の要件を備える非Gマーク営業所</td><td>Gマーク必要なし</td><td>Gマーク必要なし</td></tr>
<tr><td>IT 点呼機器（国土交通大臣が定めた機器）</td><td>①遠隔点呼機器の機能の要件、②機器を設置する施設・環境の要件、③点呼実施時の遵守事項を満たす</td><td>①自動点呼機器の機能の要件、②機器を設置する施設及び環境の要件、③点呼実施時の遵守事項を満たす</td></tr>
<tr><td>（Gマーク営業所）
①営業所とその車庫間、②営業所の車庫と当該営業所の他の車庫間、③営業所と他の営業所間、④営業所と他の営業所の車庫間において実施（他に、遠隔地 IT 点呼あり）
（非Gマーク営業所）
①営業所とその車庫間、②営業所の車庫とその営業所の他の車庫間において実施</td><td>自社営業所または自社営業所の車庫と①自社営業所または自社営業所の車庫、②完全子会社等の営業所または当該営業所の車庫、③事業所自動車内、待合所、宿泊施設その他これらに類する場所との間において実施</td><td>①営業所またはその車庫、②事業用自動車内、待合所、宿泊施設その他これらに類する場所において、運行管理者等の立会いなしでも実施（非常時を除く）</td></tr>
<tr><td>営業所間は連続 16 時間まで
その他は時間制限なし</td><td>時間制限なし</td><td>時間制限なし</td></tr>
</table>

第5章 実務上の知識及び能力

確認テスト

☑欄	空欄に入るべき字句を答えなさい。	解答
□	1. Gマーク営業所間で実施できるIT点呼は、1営業日のうち深夜を含む連続する □ 以内である。	16時間
□	2. Gマーク営業所以外の営業所でも、運輸開始後 □ を経過していることなど一定の要件を満たしている場合には、IT点呼を行うことができる。	3年
□	3. 事業者は、自社営業所と完全子会社等の営業所間において、運転者等に対して、国土交通大臣が告示で要件を満たす方法による点呼として □ 点呼を行うことができる。	遠隔
□	4. □ 点呼は、事業者の営業所または当該営業所の車庫において、国土交通大臣が告示で要件を満たす方法による点呼として、営業所に属する運転者等に対し行うことができる。	業務後自動

5 安全運転支援装置、計算等

「自動車の運転に影響する病気」「安全運転支援装置」のほか、時速・走行距離・時間及び追越しの問題に正解できるように学習しましょう。

自動車の運転に影響する病気

重要度 4

(1) 生活習慣病

脳卒中、心臓病などは、病気の原因が生活習慣に関係しています。

(2) 睡眠時無呼吸症候群（SAS）

睡眠時無呼吸症候群（SAS）は、睡眠中に無呼吸が継続的に起きる病気です。血液が固まりやすくなるため、狭心症、心筋梗塞等の合併症等を伴うおそれがあります†。漫然運転、居眠り運転の原因の一つとされています。

なお、スクリーニング検査を行う場合は、自覚症状がない人がいるため、全員の運転者を対象とします‡。

×合併症等のおそれがありません†

×自己申告した運転者に限定した検査‡

(3) アルコール依存症

アルコール依存症は、専門医による早期の治療をすることにより回復が可能とされていますが、一度回復しても飲酒することにより再発することがあります。そのため、アルコール依存症から回復した運転者に対しても飲酒に関する指導を行う必要があります。

(4) 脳血管疾患

脳血管疾患は症状が現れないまま進行するものがあり、定期健康診断だけでは脳血管の異常を発見することは困難†なため、脳ドック、脳 MRI 検診**を活用し疾病の早期発見、発症の予防**を図る必要があります。

×定期健康診断で脳血管疾患を容易に発見できる†

映像記録型ドライブレコーダー

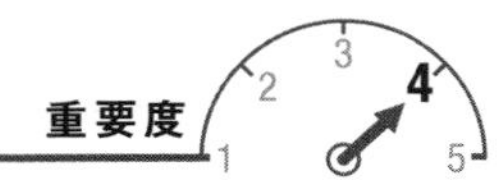

映像記録型ドライブレコーダーとは、交通事故やニアミスなどにより、**急停止等の衝撃**を受けると、**その前後の**映像**とともに**加速度等の走行データを記録する装置（常時記録の機器もある）をいいます。

ヒヤリ・ハットの直前直後の映像だけでなく、運転者のブレーキ操作やハンドル操作などの運行状況を記録し解析診断することで**運転のクセ等を読み取る**ことができるため、運行管理者が行う安全運転の指導に活用されています。

デジタル式運行記録計

デジタル式運行記録計とは、アナログ式運行記録計と同様の瞬間速度、運行距離及び運行時間の記録に加え、広範な運行データを電子情報として記録することにより、急発進、急ブレーキ、速度超過時間等の運行データの収集を可能にすることができます。運転者の運転特性を把握し、運転者ごとの安全運転の指導に効果的に活用できることから、また、運行管理者による**労務管理の効率化**といった面からも有効なものです。▼マークは、最高速度記録を示しています。

衝突被害軽減ブレーキ

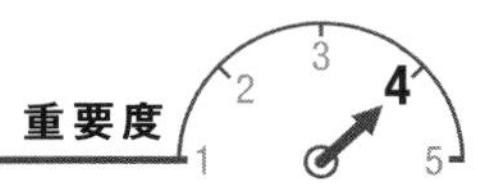

衝突被害軽減ブレーキとは、レーダー等により先行車との距離を常に検出し、追突の危険性が高まったら、まず警報し、**運転者にブレーキ操作を促し**、それでもブレーキ操作をせず、追突の可能性が高いと車両が判断した場合において、**システムにより自動的にブレーキをかけ**、衝突時の速度を低く抑える装置†をいいます。

×衝突を確実に回避できる装置†

車線逸脱警報装置

車線逸脱警報装置とは、走行車線を認識し、**車線から逸脱**した場合あるいは逸脱しそうになった場合には、運転者が**車線中央に戻す操作**をするよう**警報が作動する装置**をいいます。

車両安定性制御装置

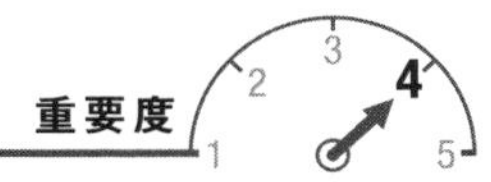

車両安定性制御装置とは、**急なハンドル操作**や積雪がある路面の走行などを原因とした**横転の危険を運転者へ警告**するとともに、エンジン出力やブレーキ力を制御し、**横転の危険を軽減させる装置**をいいます。

アンチロック・ブレーキシステム（ABS）

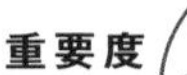

急ブレーキをかけた時などに**タイヤがロック**（回転が止まること）**することを防ぐ**ことにより、車両の**進行方向の安定性を保ち**、**ハンドル操作で障害物を回避できる可能性を高める装置**です。ABS を効果的に作動させるためには、運転者は**強くブレーキペダルを踏み続ける**†**ことが重要**です。

×ポンピングブレーク操作を行う†

イベントデータレコーダー

重要度

イベントデータレコーダー（EDR）とは、エアバッグ等が作動するような事故において、**事故前後の車両の運動データや運転者の操作などを記録する車載機器**をいいます。

時速・走行距離・時間の計算

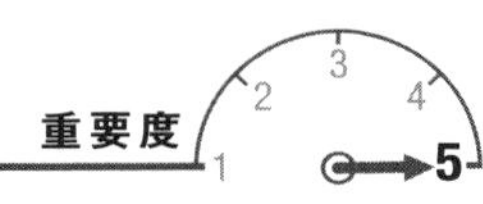

時速、走行距離及び時間に関する計算式は、次のとおりです。

運転時間（h）＝走行距離（km）÷時速（km/h）

時速（km/h）を秒速（m/s）に換算するときは、1時間は3,600秒、1kmは1,000mなので、次のようになります。

秒速（m/s）＝時速（km/h）÷3,600秒×1,000m

アドバイス

試験では電卓の使用が禁止されています。
時速（km/h）を秒速（m/s）に換算するには、時速÷3.6**と覚えましょう。**
秒速（m/s）＝時速（km/h）÷3.6

走行距離（km）＝時速（km/h）×運転時間（h）
時速（km/h）＝走行距離（km）÷運転時間（h）

《例題》 営業所を出発し、A地点で15分休憩してB地点に11時50分に到着するために、ふさわしい営業所の出庫時刻は（　　　）である。

出庫時刻？　　到着時刻11時50分

営業所 ―― 50km／時速40km ―― A地点（休憩15分） ―― 80km／時速60km ―― B地点

解答 時間を求める公式は、距離÷時速です。ここでは簡単な方法で解答します。

設問にあるゴシックの分数がそのまま計算式となります。営業所とA地点の時間は、時速40kmは1時間に40km進むので、1時間の他に（50km－40km）／時速40km＝10km／時速40km＝1／4時間（時計をイメージして60分の1／4）＝15分かかるため、

合計 1 時間 15 分。A 地点と B 地点の時間は、時速 60km は 1 時間に 60km 進むので、1 時間の他に（80km − 60km）／時速 60km = 20km／時速 60km = 1／3 時間（時計をイメージして 60 分の 1／3）= 20 分かかるため、**合計 1 時間 20 分**。営業所と B 地点の所要時間は、運転 2 時間 35 分と休憩 15 分の**合計 2 時間 50 分**。出庫時刻は、B 地点の到着時刻から 2 時間 50 分を差し引くと 9 時となります。

答：9 時

燃料消費率（燃費）の計算

重要度

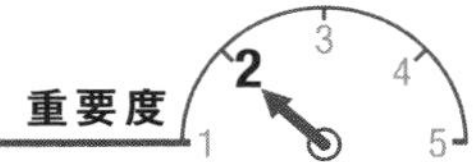

燃料消費率（燃費）に関する計算式は、次のとおりです。

燃料消費率（燃費）＝ 走行距離（km）÷ 消費した燃料（ℓ）

停止距離の計算

重要度

停止距離に関する計算式は、次のとおりです。

停止距離 ＝ 空走距離＋制動距離

時速 36km の自動車が、空走時間 1 秒、**制動距離 8m** のとき、停止距離は、18m となります。**空走距離**は、時速 36km ÷ 3.6（3,600 秒× 1,000m）= 10m であるため、停止距離は、空走距離（10m）＋制動距離（8m）= 18m となります。

すれ違いの計算

重要度

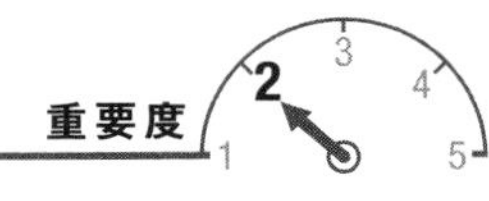

すれ違いに関する計算式は、次のとおりです。

$$\text{すれ違いを完了するために要する時間（s）} = \frac{\text{両車間の距離（m）＋ 両車の長さ（m）}}{\text{両車の秒速（m/s）の合計}}$$

追越しの計算

追越しに関する計算式は、次のとおりです。

追い越すために必要な距離（m）＝

$$\text{後車の時速（km/h）} \times \frac{\text{前車の長さ（m）＋ 後車の長さ（m）＋ 車間距離（m）} \times 2}{\text{後車の時速（km/h）－ 前車の時速（km/h）}}$$

《例題》 下図において、後車が前車を追い越すために必要な距離は、（　　）mである。

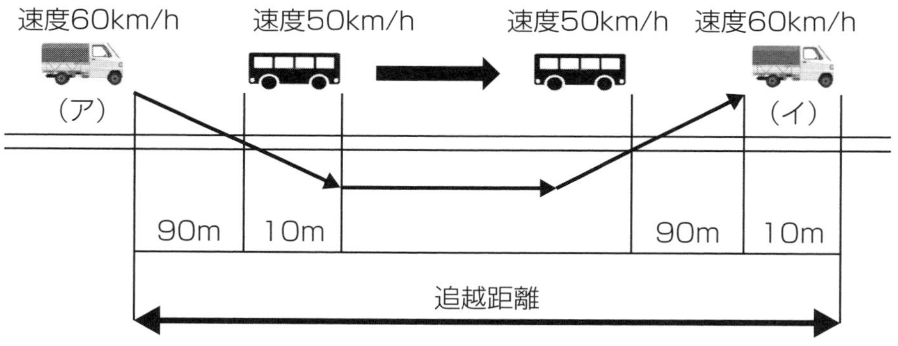

解答 後車が前車を追い越すために必要な距離の計算式は前述のとおりなので、あてはめると

$$60\text{km/h} \times \frac{10\text{m}+10\text{m}+90\text{m}\times 2}{60\text{km/h}-50\text{km/h}} = 60\text{km/h} \times \frac{200\text{m}}{10\text{km/h}}$$

＝1,200m

答：1200

チャート紙

重要度 3

運行記録計のチャート紙は、走行距離は一山10km、また、時間は5分単位となっています。図5.5のチャート紙からそれぞれを読むと、平均速度は35km ÷ 40分 ($\frac{40}{60}$) ＝時速52.5kmとなります。

図5.5 チャート紙の例

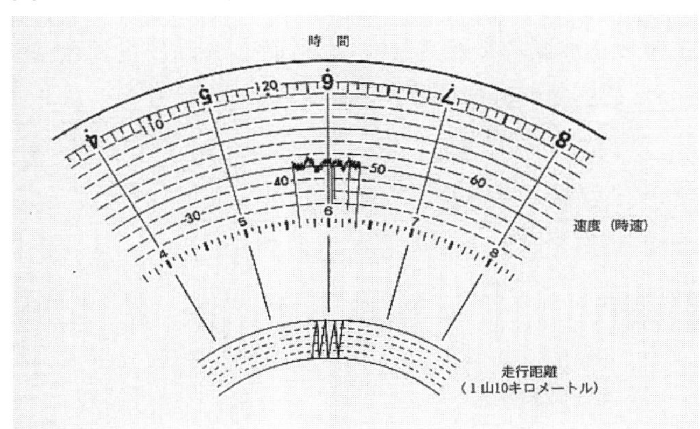

参考

10進数を60進数に変換するときは「**60を乗じる**」。

例：0.2時間× **60** ＝ 12分

60進数を10進数に変換するときは「**60を除する**」。

例：15分÷ **60** ＝ 0.25時間

確認テスト

☑欄	空欄に入るべき字句を答えなさい。	解答
□	1. [　　] は、交通事故やニアミスなどにより急停止等の衝撃を受けると、その前後の映像とともに、加速度等の走行データを記録する装置である。	映像記録型ドライブレコーダー

□	2. □ は、レーダー等により先行者との距離を常に検出し、追突の危険性が高まったら、まずは警報し、運転者にブレーキ操作を促し、それでもブレーキ操作をせず、追突、若しくは追突の可能性が高いと車両が判断した場合において、システムにより自動的にブレーキをかけ、衝突時の速度を低く抑える装置である。	衝突被害軽減ブレーキ
□	3. □ は、急なハンドル操作や積雪がある路面の走行などを原因とした横転の危険を、運転者へ警告するとともに、エンジン出力やブレーキ力を制御し、横転の危険を軽減させる装置である。	車両安定性制御装置
□	4. 時速 72km の自動車が空走時間 1 秒のとき、空走距離は □ m である。	20 (72 ÷ 3.6)

6 特別講座:「適切でないもの」の解説

実務上の知識及び能力の得点力を上げるため、「適切でないもの」だけの事例を抜粋しています。なぜ適切でないかを正しく理解しましょう。

点呼

1. A営業所においては、運行管理者は、昼間のみの勤務体制となっている。このため、運行管理者が不在となる時間帯の点呼が当該営業所における点呼の総回数の7割を超えていることから、その時間帯における点呼については、事業者が選任した複数の運行管理者の補助者に実施させている。しかしながら、運行管理者は、点呼を実施した当該補助者に対し、当該点呼の実施内容の報告を求める等十分な指導及び監督を行っている。

《解説》

運行管理者が行う点呼は、点呼を行うべき総回数の少なくとも$\frac{1}{3}$（33.3%）以上でなければなりません。すなわち、補助者の行う点呼は、点呼を行うべき総回数の少なくとも$\frac{2}{3}$（66.7%）以下でなければならないため、不適切です。

2. 点呼は、運行管理者と運転者が対面で行うとされているが、運行上やむを得ない場合は電話その他の方法によることも認められており、所属する営業所と離れた場所にある車庫から乗務を開始する運転者については、運行上やむを得ない場合に該当することから、電話により点呼を行っている。

《解説》

「運行上やむを得ない場合」とは、遠隔地で業務が開始または終了するため、業務前点呼または業務後点呼を所属する営業所において対面で実施できない場合をいい、①早朝・深夜等において点呼執行者が営業所に出勤していない場合、

第5章 実務上の知識及び能力

②車庫と営業所が離れている場合は「運行上やむを得ない場合」には該当しません。このため、電話、その他による点呼を行うことはできないため、不適切です。

3. 業務後の点呼において、業務を終了した運転者からの当該業務に係る事業用自動車、道路及び運行の状況についての報告は、特に異常がない場合には運転者から求めないこととしており、点呼簿に「異常なし」と記録している。

《解説》

業務後の点呼においては、業務を終了した運転者から事業用自動車、道路及び運行の状況について、必ず報告を求めなければならないため、不適切です。

4. 業務前の点呼における運転者の酒気帯びの有無について、アルコール検知器を用いる等により確認しているので、当該運転者の業務後の点呼において、当該運転者からの報告と目視等による確認で酒気を帯びていないと判断できる場合は、アルコール検知器を用いての確認はしていない。

《解説》

業務後の点呼において酒気帯びの有無を確認する際においても、業務前点呼と同様①運転者の状態を目視等で確認するほか②アルコール検知器を用いて行わなければならないため、不適切です。

5. 業務前の点呼における運転者の酒気帯びの有無について、アルコール検知器が故障により作動しない場合は、運転者からの前日の飲酒の有無についての報告と、当該運転者の顔色、呼気の臭い、応答の声の調子等による確認をしなければならない。この確認により、酒気を帯びていないと判断できれば、当該運転者を運行の業務に従事させてもよい。

《解説》

酒気帯びの確認の有無は、①運転者の状態を目視等で確認するほか、②運転者の属する営業所に備えられたアルコール検知器を用いて行わねばなりません。アルコール検知器が故障により作動しない場合においても、目視等の確認だけで運行の業務に従事させることはできないため、不適切です。

6. 業務前の点呼において、運行管理者が運転者に対して酒気帯びの有無を確認しようとしたところ、営業所に備えられているアルコール検知器が故障して作動しないため使用できずにいた。その際、同僚の運転者から個人的に購入したアルコール検知器があるのでこれを使用してはどうかとの申し出があった。当該運行管理者は、当該アルコール検知器は故障したアルコール検知器と同等の性能のものであったので、これを使用して酒気帯びの有無を確認した。

《解説》

事業者は、アルコール検知器を営業所ごとに備え、これが正常に作動し、故障がない状態で保持しておかなければなりません。故障のアルコール検知器と同等の性能のものであったとしても、営業所に備えられたアルコール検知器を使用しなければならないため、不適切です。個人的に購入したアルコール検知器を使用して酒気帯びの有無を確認することはできません。

7. 運行管理者が業務前の点呼において、運転者の酒気帯びの有無を確認するためアルコール検知器（国土交通大臣が告示で定めたもの）を使用し測定した結果、アルコールを検出したが、道路交通法施行令第44条の3（アルコールの程度）に規定する呼気中のアルコール濃度1リットル当たり0.15ミリグラム未満であったので、運行の業務に従事させた。

《解説》

アルコール検知器でアルコールを検出した場合には、運行の業務に従事させてはなりません。道路交通法施行令に定める「酒気帯び」の基準とは異なるため、不適切です。

8. 業務前及び業務後の点呼のいずれも対面で行うことができない業務を担当する運転者については、運行の安全を確保するために必要な事項等を記載した運行指示書を作成し、これを携行させている。このため、運行管理者は運転者に対し、携行している運行指示書に記載されている事項を確認し、それに基づき運行するよう指導していることから、電話等による業務前の点呼では、改めて事業用自動車の運行の安全を確保するために必要な事項について指示をすることはしていない。

《解説》

運行管理者は、運行指示書を作成し運転者に携行させている場合でも、業務前の点呼において、事業用自動車の運行の安全を確保するため、必要な事項について指示をしなければならず、不適切です。

9. 出庫時から同乗する交替運転者の業務前の点呼については、運転を交替する地点において、テレビ機能付き携帯電話で行い、事業用トラックに車載するアルコール検知器で酒気帯びの有無を確認している。したがって、運行管理者は、出庫時から同乗する交替運転者が出庫時にアルコールの臭いがしていても、運転を交替する地点での業務前の点呼においてアルコールが検知されなければ、当該運転者に運転させている。

《解説》

運行管理者は、事業用自動車の業務を開始しようとする運転者及び同乗する交替運転者に対し、所属する営業所において、「対面点呼」を行わなければならないため、不適切です。なお、出庫時にアルコールの臭いがする交替運転者は同乗させてはなりません。

10. 運行管理者が不在の際、運行管理者の補助者が運転者に対して業務前の点呼を行った。点呼において、運転者の顔色、動作、声等を確認したところ、普段の状態とは違っており、健康状態に問題があり安全な運転に支障があると感じたが、本人から「安全な運転に支障はない」との報告があったので、そのまま運行の業務に従事させた。

《解説》

補助者は、自身が行った点呼において、運転者の顔色等から健康状態に問題があり安全な運転に支障があると感じた場合には、直ちに運行管理者に報告を行い、運行の可否の決定等について指示を仰ぎ、その結果に基づき運転者に対し指示を行わなければならないため、不適切です。

11. 運転者は、事業用トラックの乗務について、疲労等により安全な運転をすることができないおそれがあるとされるとき及び酒気を帯びた状態にあるときは、事業者に申し出ることとされている。したがって、運転者は、点呼において運行管理者からこれらに該当しているか否かについて報告を求められても、既に事業者に申し出ている場合には、運行管理者に申し出る必要はない。

《解説》

運転者は疲労等により安全な運転をすることができないおそれがあるとき及び酒気を帯びた状態にあるときに事業者に申し出なければなりません。また、運行管理者からこれらに該当しているか否かについて報告を求められた場合は、運行管理者に対しても申し出なければならないため、不適切です。

12. 以前に自社の運転者が自動車運転免許の効力の停止の処分を受けているにもかかわらず、事業用自動車を運転していた事案が発覚したことがあったため、運行管理規程に業務前の点呼における実施事項として、自動車運転免許証の提示及び確認について明記した。運行管理者は、その後、業務前の点呼の際の自動車運転免許証の確認は、各自の自動車運転免許証のコピーにより行い、再発防止を図っている。

《解説》

運転免許証の提示・確認は、法令上の義務ではありませんが、点呼の時点において、運転免許証を所持しているか、運転免許証の有効期間の期限切れ等がないかを確認するには、運転免許証の原本で行う必要があるため、不適切です。

13. 運転者Aは、業務を終了して運転者Bと運転を交替するので、当該業務にかかる事業用自動車、道路及び運行の状況について運転者Bに対して通告した。当該通告の内容については、運転者Bの業務後の点呼において報告されることから、運転者Aは、業務後の点呼において当該通告の内容について触れることなく、酒気帯びの有無について報告し、アルコール検知器等による確認を受けた。

《解説》

業務を終了した運転者Aは、当該業務にかかる事業用自動車、道路及び運行の状況について、交替運転者Bに対して「通告した内容」を業務後の点呼において報告しなければならないため、不適切です。

14. 定期健康診断の結果、すべて異常なしとされた運転者については、健康管理が適切に行われ健康に問題がないと判断されること、また、健康に問題があるときは、事前に運行管理者等に申し出るよう指導していることから、業務前の点呼における疾病、疲労、睡眠不足等により安全な運転をすることができないおそれがあるか否かの判断は、本人から体調不良等の報告がなければ、行わないこととしている。

《解説》

本人から体調不良等の報告があるかどうかにかかわらず、業務前の点呼で疾

病、疲労、睡眠不足等により安全な運転をすることができないおそれがあるか否かの判断をしなければならないため、不適切です。

15. Ｇマーク営業所であるＡ営業所とＢ営業所で実施するIT点呼については、1営業日のうち深夜を含む連続する18時間以内としている。

《解説》

Ｇマークの認定を受けている営業所間で行うことができるIT点呼は、1営業日のうち深夜を含む連続する16時間以内でなければならないため、不適切です。

16. 業務を開始する前の運転者は、事業用自動車の日常点検を行ったところ、左前タイヤが摩耗していることを確認したので、整備管理者にこの旨を報告した。整備管理者は、「当該タイヤは、安全上の問題があるが、帰庫後に交換するので、そのまま運行しても差し支えない」と運転者に対し指示をした。
　運行管理者は、業務前点呼の際に当該運転者から当該指示等について報告を受けたが、そのまま業務を開始させた。

《解説》

運行管理者は日常点検について、運転者に対し報告を求めるとともに確認を行わなければならないため、不適切です。整備管理者がタイヤの摩耗は安全上問題があるとしていることから、運行管理者はその確認を行い、業務前に状況に応じタイヤ交換をするなどの必要があります。

運行管理、運行管理者の業務

1. 運行管理者は、事業者の代理人として事業用自動車の輸送の安全確保に関する業務全般を行い、交通事故を防止する役割を担っている。したがって、事故が発生した場合には、事業者と同等の責任を負うこととなる。

《解説》

事業者は、運行管理者に対し、**輸送の安全の確保に関する業務**を行うため必要な権限を与えなければなりません。**運行管理者は事業者から与えられた権限の範囲内で行う**もので、事業者と運行管理者の責任は同等ではなく、運行管理者は事業者の代理人ではないため、不適切です。

2. 運行管理者は、事業者に代わって法令に定められた事業用自動車の運行の安全確保に関する業務を行い、交通事故を防止するという重要な役割を果たすことが求められていることから、運行管理者以外に複数の補助者を選任し運行管理業務に当たらせ、運行管理者は運行管理に関し、これらの補助者の指導・監督のみを行っている。

《解説》

運行管理者は事業者から事業用自動車の運行の安全確保に必要な権限を与えられていますが、補助者の選任は事業者**が行います。また、運行管理者は補助者の指導・監督のみだけでなく、**点呼の総回数**の少なくとも**$\frac{1}{3}$以上**を行わなければならないため、**不適切**です。**

3. 事業用自動車の点検及び整備に関する車両管理については、整備管理者の責務において行うこととされていることから、運行管理者の業務として事業用自動車の日常点検の実施について確認する必要はない。

《解説》

運行管理者は、業務前の点呼時に事業用自動車の日常点検の実施について、業務を開始しようとする運転者に対し「確認」**を求めなければならないため、**不適切**です。**

4. 事業者が、事業用自動車の定期点検を怠ったことが原因で重大事故を起こしたことにより、行政処分を受けることになった場合、当該重大事故を含む運行管理業務上に一切問題がなくても、運行管理者は事業者に代わって事業用自動車の運行管理を行っていることから、事業者が行政処分を受ける際に、運行管理者が運行管理者資格者証の返納を命じられることがある。

《解説》

運行管理者は当該重大事故を含む、運行管理業務上に一切問題がなければ、運行管理者資格者証の返納を命じられることはないため、不適切です。

5. 運行管理者は、運転者に対し業務前の点呼を実施したところ、当該運転者から「業務する事業用トラックの左側のブレーキ・ランプのレンズが割れている。」との報告を受けた。運行管理者は、ブレーキ・ランプについては自動車の日常点検にかかわるものであるが、割れているランプは片側だけであるので運行には差し支えないと考え、整備管理者に確認を求めず出庫させた。

《解説》

運行管理者は運転者から「ブレーキ・ランプのレンズが割れている」との報告を受けた場合には、確認を求めなければならないため、不適切です。

また、ワイパーブレードの劣化により払拭状態が不良の場合も同様です。

なお、日常点検の結果に基づき運行の可否を決定するのは整備管理者です。

6. 事業者が運行管理者の補助者を選任し、運行管理者に対し補助者の指導及び監督を行うよう指示したところ、運行管理者は、補助者の指導等については、他の従業員と同様に事業者の責任において行うべきものであるとして指導等を行わなかった。

《解説》

運行管理者は、事業者により選任された補助者に対し適切な指導及び監督を行わなければならないため、不適切です。

7. 運行管理者は、貨物自動車運送事業法その他の法令に基づく運転者の遵守すべき事項に関する知識のほか、事業用自動車の運行の安全を確保するために必要な運転に関する技能及び知識について、運転者に対する適切な指導及び監督をしなければならないが、その実施については、個々の運転者の状況に応じて適切な時期に行えばよく、継続的、計画的に行わなくてもよい。

《解説》

運行管理者は、貨物自動車運送事業法その他の法令に基づく運転者の遵守すべき事項に関する知識のほか、事業用自動車の運行の安全を確保するために必要な運転に関する技能及び知識について、運転者に対する適切な指導及び監督を継続的、計画的に行わなければならないため、不適切です。

8. 最近、会社として営業所の配置車両を増やしたが、運行管理者は、運転者の数が不足し、法令に基づき定めた乗務時間を超えて運転者を業務させていることが多々あることから、各運転者の健康状態に不安を抱いていた。運行管理者は、この状況を改善するためには新たに運転者を採用する必要があると考えていたが、運転者の確保は事業主の責任で行うべきものであり、自分の責任ではないので、運転者を確保する等の措置をとる必要があることを事業主に助言しなかった。

《解説》

運行管理者は運行の安全確保に関する業務を行っており、事業者に対して、事業用自動車の運行の安全の確保に関し必要な事項については助言することができます。このため、本事案については事業者に対し、適切な助言を行うべきであるため、不適切です。

9. 大型トラックの運転者は、大型自動車の運転免許を受けているので、トラックの構造等について一定の知識を有していることから、運行管理者として、トラックの構造上の特性について指導していない。

《解説》

運行管理者は、すべての運転者に対して、トラックの構造上の特性について指導を行わなければならないため、不適切です。

10. 配送業務である早朝の業務前点呼において、これから業務を開始する運転者の目が赤く眠そうな顔つきであったため、本人に報告を求めたところ、連日、就寝が深夜2時頃と遅く寝不足気味ではあるが、何とか業務は可能であるとの申告があった。このため運行管理者は、当該運転者に対し途中で眠気等があったときには、自らの判断で適宜、休憩をとるなどして運行するよう指示し、出庫させた。

《解説》

運行管理者は、乗務員等の健康状態の把握に努め、疾病、疲労、睡眠不足その他の理由により安全に運行の業務を遂行し、またはその補助をすることができないおそれがある乗務員等を事業用自動車の運行の業務に従事させてはなりません。このため、たとえ、運転者から業務可能との申告があったとしても、睡眠不足により安全に運行の業務を遂行できないおそれのある運転者は、事業用自動車の運行の業務に従事させてはならないため、不適切です。

11. 事業者は、ある高齢運転者が夜間運転業務において加齢に伴う視覚機能の低下が原因と思われる軽微な接触事故が多く見られたため、昼間の運転業務に配置替えをした。しかし、繁忙期であったことから、運行管理者の判断で点呼において当該運転者の健康状態を確認しつつ、以前の夜間運転業務に短期間従事させた。

《解説》

夜間運転業務において加齢に伴う視覚機能の低下が原因と思われる軽微な接触事故が多く見られたことがあるため、昼間の運転業務に配置換したので、運行管理者の判断で、夜間運転業務に従事させることは適切ではないため、不適

切です。

健康管理

1. 事業者は、深夜（夜11時出庫）を中心とした業務に常時従事する運転者に対し、法に定める定期健康診断を1年に1回、必ず、定期に受診させるようにしている。しかし、過去の診断結果に「異常の所見」があった運転者及び健康に不安を持ち受診を希望する運転者に対しては、6カ月ごとに受診させている。

《解説》

「異常の所見」があった運転者及び健康に不安を持ち受診を希望する運転者にかかわらず、深夜業務に従事する者はすべて健康診断を「6カ月」以内ごとに1回受診させなければならないため、不適切です。

2. 事業者は、脳血管疾患の予防のため、運転者の健康状態や疾患につながる生活習慣の適切な把握・管理に努めるとともに、脳血管疾患は法令により義務づけられている定期健康診断において容易に発見することができることから、運転者に確実に受診させている。

《解説》

脳血管疾患が原因の事故を防止することが求められていますが、脳心臓疾患は、症状が現れないまま進行するものがあるため、一般的な定期健康診断や人間ドックだけでは、脳血管の異常を発見することは困難といえます。このため、脳ドックや脳MRI検診を活用して、疾病の早期発見、発症の予防を図ることが必要であるため、不適切です。

3. 運転者は、営業所に帰庫する途中に体調が悪くなり、このままでは運行の継続ができないと判断し、近くの場所に完全に駐車して運行管理者に連絡をした。運行管理者は運転者に対し、しばらくその場所にて休憩を取り、営業所にも近いことから、自らの判断で運行を再開するように指示した。

《解説》

運行管理者は運転者の体調が悪くなり、運行の継続ができない場合には、運転者の判断に任せるのではなく、運行管理者の判断で交替運転者を派遣するなど必要な措置を講じなければならないため、不適切です。

4. 漫然運転や居眠り運転の原因の一つとして、睡眠時無呼吸症候群（SAS）と呼ばれている病気がある。この病気は、狭心症や心筋梗塞などの合併症を引き起こすおそれはないが、安全運転を続けていくためには早期の治療が不可欠であることから、事業者は、運転者に対しSASの症状などについて理解させるよう指導する必要がある。

《解説》

睡眠時無呼吸症候群（SAS）は、睡眠中に無呼吸が継続的に起きる病気で、血液が固まりやすくなるため、狭心症、心筋梗塞等の合併症等を伴うおそれがあるため、不適切です。

5. 常習的な飲酒運転の背景には、アルコール依存症という病気があるといわれている。この病気は専門医による早期の治療をすることにより回復が可能とされており、一度回復すると飲酒しても再発することはないので、事業者は、アルコール依存症から回復した運転者に対する飲酒に関する指導を特別に行うことはしていない。

《解説》

アルコール依存症は、一度回復しても飲酒により再発することが知られています。アルコール依存症から回復した運転者に対し、継続的に飲酒に関する指導を行うことが必要とされるため、不適切です。

6. 事業者は、運行管理者に対し、労働安全衛生法の定めによる定期健康診断を受診した運転者の一部に「要精密検査」との所見があっても、普段の点呼において健康状態に異常があると確認できない限り、次の定期健康診断までの間は医師の意見を聴かなくても、当該運転者に運行の業務に従事させてもよいと指示した。

《解説》

事業者は、定期健康診断を受診した運転者の一部に「要精密検査」との所見があった場合には、普段の点呼において健康状態に異常があると確認できない場合でも、医師から意見を聴かなければなりません。その上で事業者は当該運転者の業務の可否の決定を行うよう、運行管理者に対し指示する必要があるため、不適切です。

7. 運行管理者は、業務終了後の点呼において業務の記録を回収したところ、運転者が記載した筆跡がいつもと異なることに気づいたため、当該運転者に状況を確認した。本人からは、最近ときどき手にしびれが出るが大事ではないとのことであったので、念のためその状況を家族に連絡したが、医師の診断を受けるようにとの指導は行わなかった。

《解説》

業務終了後の点呼時に運転者がいつもと筆跡が異なり、手のしびれの自覚症状がある場合には、脳梗塞等の病気の前兆であることが考えられるので、運行管理者は医師の診断を受けるよう指導する必要があるため、不適切です。

運転者に対する指導監督

1. 大雨、大雪、土砂災害などの異常気象時の措置については、異常気象時等処理要領を作成し、運転者全員に周知させておくとともに運転者とも速やかに連絡が取れるよう緊急時における連絡体制を整えているので、事業用自動車の運行の中断、待避所の確保、徐行運転等の運転に関わることについてはすべて当該運転者の判断に任せ、中断、待避したときは報告するよう指導している。

《解説》

事業者は、異常気象その他の理由により輸送の安全の確保に支障を生ずるおそれがあるときは、乗務員等に対する適切な指示その他輸送の安全を確保するために必要な措置を講じなければなりません。また、運行管理者も上記の措置を講じなければならず、運転に関わることについて、すべて運転者の判断に任せることはできないため、不適切です。

2. 自動車が追越しをするときは、前の自動車の走行速度に応じた追越し距離、追越し時間が必要になるため、前の自動車と追越しをする自動車の速度差が大きい場合には追越しに長い時間と距離が必要になることから、無理な追越しをしないよう運転者に対し指導する必要がある。

《解説》

自動車が追越しをするときは、前の自動車と追越しをする自動車の速度差が大きい場合には追越しに「短い」時間となることから、無理な追越しをしないよう運転者に対し指導する必要があるため、不適切です。

3. 運転者が中型トラックで高速道路を走行中、大地震が発生したのに気づき当該トラックを路側帯に停車させた後、高速道路の車両通行が困難となった場合には、当該運転者は、運行管理者に連絡したうえで、エンジンキーを持ってドアをロックして当該トラックを置いて避難するよう運転者に対し指導する必要がある。

《解説》

大地震の発生時に自動車を道路上に置いて避難するときは、緊急車両や避難

者の障害にならないよう、第三者が動かせる状態にしておく必要があります。このため、できるだけ安全な方法により道路の左側に寄せて駐車し、エンジンキーは「つけたまま」、ドアロックは「しない」で避難するよう運転者に指導する必要があるため、不適切です。

4. 他の自動車に追従して走行するときは、常に「秒」の意識を持って自車の速度と制動距離に留意し、前車との追突等の危険が発生した場合でも安全に停止できるよう制動距離と同じ距離の車間距離を保って運転するよう指導している。

《解説》

他の自動車に追従して走行するときは、常に「秒」の意識を持って、自車の速度と「停止距離」に留意し、前車との追突等の危険が発生した場合でも安全に停止できるような速度、または車間距離を保って運転するよう指導する必要があるため、不適切です。

停止距離とは、空走距離（危険を認知しブレーキ操作までに走行する距離）と制動距離（ブレーキが効き始めてから停止するまでに走行する距離）の合計をいいます。

記録

1. 運行管理者は、選任された運転者ごとに採用時に提出させた履歴書が、法令で定める運転者等台帳の記載事項の内容をほぼ網羅していることから、これを当該台帳として使用し、索引簿なども作成のうえ、営業所に備え管理をしている。なお、他の営業所への転任又は退職した運転者については、余白部にそのことがあった年月日及び理由を記載し、3年間保存している。

《解説》

運行管理者は、法令で定められた事項を「一定の様式」に記載した運転者等

台帳を作成し営業所に備え置かねばなりません。このため、運転者ごとに異なる様式の履歴書を運転者等台帳とすることは、不適切です。

2. 運行管理者は、運転者に法令に基づき作成した運行指示書を携行させ運行させていたが、当該運転者から、運行経路の途中において交通事故が発生しており、その影響で運行の遅延が予想される旨、運行管理者に連絡があった。そこで当該運行管理者は、運行経路を変更すべきと判断し、営業所に保管する当該運行指示書の写しにその変更した内容を記載するとともに、当該運転者に対して電話等により変更の指示を行った。また、運転者に携行させている運行指示書については帰庫後提出させ、運行管理者自ら当該変更内容を記載のうえ保管した。

《解説》

運行管理者は、運行経路を変更すべきと判断した場合、①運行指示書の写しに変更内容を記載し、②運転者に対し適切な指示を行い、③運転者が携行している運行指示書に変更内容を記載させなければならないため、不適切です。帰庫後、運行指示書を提出させ、運行管理者自ら当該変更内容を記載してはなりません。

3. 事業用自動車に係る事故が発生した場合には、加害事故であるか被害事故にかかわらず、運転者にその概要と原因を業務の記録に記録させ、事故の再発防止に活用している。ただし、事故の被害が人身に及ばない事故の場合にあっては、記録させていない。

《解説》

運行管理者は、加害事故であるか被害事故、また、人身事故であるか物損事故であるかにかかわらず、事故に関する事項を業務の記録に記録させなければならないため、不適切です。

自動車の特性と運転

1. 前方の自動車を大型車と乗用車から同じ距離で見た場合、それぞれの視界や見え方が異なり、運転席が高い位置にある大型車の場合は車間距離に余裕がないように感じ、乗用車の場合は車間距離に余裕があるように感じやすくなる。したがって、運転者に対して、運転する自動車による車間距離の見え方の違いに注意して、適正な車間距離をとるよう指導する必要がある。

《解説》

大型車は、運転席が高い位置にあり、前方が遠くまで見通せるため、運転者は車間距離に余裕が「ある」ように感じるのに対し、乗用車の場合は逆に車間距離に余裕が「ない」ように感じやすいため、不適切です。

2. 一般的に車両全長が長い大型車が右左折する場合、ハンドルを一気にいっぱいに切ることにより、その間における車体後部のオーバーハング部分（最後輪より車両後端までのはみ出し部分）の対向車線等へのはみ出し量が少なくなり、対向車などに接触する事故を防ぐことができる。したがって、このような大型車の右左折においては、ハンドルを一気にいっぱいに切るような運転を心がける必要がある。

《解説》

外輪差は、左右折の際にハンドルをいっぱいに切ったときが最大となり、ホイールベースが長いほど大きくなる。ホイールベースの長い大型車が右折、左折のとき、ハンドルを「一気にいっぱい」に切ると、外輪差によってオーバーハング部分が対向車線へ大きくはみ出し、対向車などとの接触事故の危険性が高まります。したがって、大型車の右折、左折においては、ハンドルを「ゆっくり」切るような運転を心がける必要があるため、不適切です。

3. 交通事故の中には、二輪車と四輪車が衝突することによって発生する事故が少なくない。このような事故を防止するためには、四輪車の運転者から二輪車が、二輪車の運転者から四輪車がどのように見えているのかを理解しておく必要がある。四輪車を運転する場合、二輪車に対する注意点として、①二輪車も四輪車と同じように急に停車できない。②二輪車は死角に入りやすく、その存在に気づきにくい。③二輪車は速度が速く感じたり、距離が実際より近くに見えたりする。したがって、運転者に対して、このような二輪車に関する注意点を指導する必要がある。

《解説》

③は誤り。四輪車から見ると、二輪車の速度は「遅く」感じられ、距離は実際より「遠く」に見えたりするため、不適切です。

4. 自動車のハンドルを左に切り旋回した場合、左側の後輪が左側の前輪の軌跡に対し外側を通ることとなり、この前後輪の軌跡の差を内輪差という。大型車などホイールベースが長いほど内輪差が小さくなることから、運転者に対し、交差点での左折時には、内輪差による歩行者や自転車等との接触、巻き込み事故に注意するよう指導する必要がある。

《解説》

自動車のハンドルを左に切り旋回した場合、左側の後輪が左側の前輪の軌跡に対し「内側」を通ることとなり**この前後輪の軌跡の差を内輪差**といい、**大型車などホイールベースが長いほど内輪差が「大きく」なるため、不適切**です。

5. アンチロック・ブレーキシステム（ABS）は、急ブレーキをかけた時などにタイヤがロック（回転が止まること）するのを防ぐことにより、車両の進行方向の安定性を保ち、また、ハンドル操作で障害物を回避できる可能性を高める装置である。ABS を効果的に作動させるためには、運転者はポンピングブレーキ操作（ブレーキペダルを踏み込んだり緩めたりを繰り返す操作）を行うことが必要であり、この点を運転者に指導する必要がある。

《解説》

アンチロック・ブレーキシステム（ABS）を効果的に作動させるためには「ブレーキペダルを強く踏み続ける」ことが重要であるため、不適切です。

走行時に働く力

1. 自動車の重量及び速度が同一の場合には、曲がろうとするカーブの半径が2分の1になると遠心力の大きさが4倍になることから、急カーブを走行する場合の横転などの危険性について運転者に対し指導している。

《解説》

自動車の重量及び速度が同一の場合には、曲がろうとするカーブの半径が2分の1になると遠心力の大きさは「2倍」になるため、不適切です。

2. 自動車に働く慣性力、遠心力及び衝撃力は、速度に比例して大きくなることから、速度が2倍になれば4倍に、速度が3倍になれば6倍となり、制動距離、運転操作及び事故時の被害の程度に大きく影響するため、常に制限速度を守り、適切な車間距離を確保し、運転するよう指導している。

《解説》

自動車に働く慣性力、遠心力及び衝撃力は、速度の「2乗」に比例して大きくなり、速度が2倍になれば4倍に、速度が3倍になれば「9倍」となるため、不適切です。

貨物の積載方法

1. 自動車の長さが10メートルの事業用大型トラックに長大な荷物を積載したところ、当該大型トラックの車体の後端から荷物が1.5メートル突出した状態となったが、当該荷物が荷崩れ等しないような固縛方法を運転者に指導し、そのままの状態で出庫させた。

《解説》

積載物の積載方法は、自動車の車体の前後から自動車の長さの「10 分の 1」の長さを超えてはみ出してはなりません。自動車の長さが 10 メートルの 10 分の 1 である「1 メートル」を 0.5 メートル超えているため違反となるため、不適切です。

なお、積載物の大きさについては自動車の長さの 10 分の 2 を加えたものを超えてはなりません。

2. 荷主から工作機械の運送依頼があり、これを受けて運行管理者が当該工作機械を事前に確認したところ、当該工作機械は、配車予定の事業用トラックの荷台に比べサイズは小さいものの相当な重量物であることが判明した。そこで当該運行管理者は、運送を担当する運転者に対し、発進時や制動時等において、当該工作機械が移動や転倒をしないように確実な固縛を行うため、重心が荷台の前方になるが、荷台の最前部に積載し固縛のうえ、走行速度を抑える等注意して運行するよう指導した。

《解説》

重心が荷台の前方になる荷台の最前部への積載は、偏荷重が生じるおそれがあるため、不適切です。

特殊車両通行許可

乗車定員 2 名、最大積載量が 13,450kg、車両総重量が 24,750kg の事業用トラックに、運転者 2 名（交替運転者を含む）を乗車させ、13,200kg の建築部材を積載した状態で重量を計測したところ、24,500kg であった。運行管理者は、この重量が当該トラックの車両総重量 24,750kg を超えていないため、どのような道路でも通行できることから、当該運送については特殊車両通行許可及び制限外許可を受ける必要はないと考え、通行する道路については運転者の判断に任せ、特に指示はしなかった。

《解説》

車両総重量が 20 トンを超える自動車は、原則として、高速自動車国道または道路管理者が指定した道路（重さ指定道路）以外の道路を通行することはできません。高速自動車国道または道路管理者が指定した道路（重さ指定道路）以外の道路を通行する場合には、「特殊車両通行許可」が必要となるため、不適切です。

交通事故防止対策

1. 適性診断は、運転者の運動能力、運転態度及び性格等を客観的に把握し、運転の適性を判定することにより、運転に適さないものを運転者として選任しないようにするためのものであり、ヒューマンエラーによる交通事故の発生を未然に防止するための有効な手段となっている。

《解説》

適性診断の目的は、運転者の運転行動や運転態度を安全運転の方向へ向けさせ、運転者自身の安全意識を向上させるためのものであり、運転に適さない者を選別するためのものではないため、不適切です。

2. 交通事故は、そのほとんどが運転者等のヒューマンエラーにより発生するものである。したがって、事故惹起運転者の社内処分及び再教育に特化した対策を講じることが、交通事故の再発を未然に防止するには最も有効である。そのためには、発生した事故の調査や事故原因の分析よりも、事故惹起運転者及び運行管理者に対する特別講習を確実に受講させる等、ヒューマンエラーの再発防止を中心とした対策に努めるべきである。

《解説》

交通事故の再発を未然に防止するためには、発生した事故の調査や事故原因を分析することが最も有効であり、併せて、事故惹起運転者及び運行管理者に対する特別講習を確実に受講させる等の対策を講じることが必要となるため、不適切です。

自動車事故報告書

事業用自動車の運転者が、運行途中に軽度の心臓発作により体調不良に陥り、運転の継続が困難となった。当該運転者からの連絡を受け、営業所の運行管理者はただちに救急車の手配等をするとともに交替運転者を派遣して運行を継続し、運行計画どおり終了したので、自動車事故報告書を提出しなかった。

《解説》

交替運転者により運行計画のとおり運行を終了しても、「運転者の疾病により事業用自動車の運転を継続することができなくなった」場合には、自動車事故報告書を 30 日以内に提出しなければならないため、不適切です。

過去問にチャレンジ

問1　貨物自動車運送事業の事業用自動車の運転者に対する点呼の実施等に関する次の記述のうち、【適切なものをすべて】選びなさい。なお、解答にあたっては、各選択肢に記載されている事項以外は考慮しないものとする。

1. 運行管理者は、業務開始及び業務終了後の運転者に対し、原則、対面で点呼を実施しなければならないが、遠隔地で業務が開始又は終了する場合、車庫と営業所が離れている場合、又は運転者の出庫・帰庫が早朝・深夜であり、点呼を行う運行管理者が営業所に出勤していない場合等、運行上やむを得ず、対面での点呼が実施できないときには、電話、その他の方法で行っている。

2. 3日間にわたる事業用トラックの運行で、2日目は業務前及び業務後の点呼を対面で行うことができない業務のため、携帯電話による業務前及び業務後の点呼を実施するほか、携帯電話による中間点呼を1回実施した。

3. 同一の事業者内の輸送の安全の確保に関する取組が優良であると認められる営業所において、A営業所とB営業所間で国土交通大臣が定めた機器を用いて実施するIT点呼については、1営業日のうち連続する18時間以内としている。

4. 業務前の点呼においてアルコール検知器を使用するのは、身体に保有している酒気帯びの有無を確認するためのものであり、道路交通法施行令で定める呼気中のアルコール濃度1リットル当たり0.15ミリグラム以上であるか否かを判定するためのものではない。

問2　一般貨物自動車運送事業者が事業用自動車の運転者に対して行う指導・監督に関する次の記述のうち、【適切なものをすべて】選びなさい。なお、解答にあたっては、各選択肢に記載されている事項以外は考慮しないものとする。

1. 時速36キロメートルで走行中の自動車の運転者が、前車との追突の危険を認知しブレーキ操作を行い、ブレーキが効きはじめるまでに要する空走時間を1秒間とし、ブレーキが効きはじめてから停止するまでに走る制動距離を8メートルとすると、当該自動車の停止距離は13メートルとなることを指導している。

2. 危険ドラッグ等の薬物を使用して運転した場合には、重大な事故を引き起こす危険性が高まり、その結果取り返しのつかない被害を生じることもあることから、運行管理者は、常日頃からこれらの薬物を使用しないよう、運転者等に対し強く指導している。

3. 四輪車を運転する場合、二輪車との衝突事故を防止するための注意点として、①二輪車は死角に入りやすいため、その存在に気づきにくく、また、②二輪車は速度が実際より速く感じたり、距離が近くに見えたりする特性がある。したがって、運転者に対してこのような点に注意するよう指導している。

4. 実際の事故事例やヒヤリハット事例のドライブレコーダー映像を活用して、事故前にどのような危険が潜んでいるか、それを回避するにはどのような運転をすべきかなど運転者に考えさせる等、実例に基づいた危険予知訓練を実施している。

問3 事業用自動車の運転者の健康管理及び就業における判断・対処に関する次の記述のうち、【適切なものをすべて】選びなさい。なお、解答にあたっては、各選択肢に記載されている事項以外は考慮しないものとする。

1. 事業者は、運転者が医師の診断を受ける際は、自身が職業運転者で勤務時間が不規則であることを伝え、薬を処方されたときは、服薬のタイミングと運転に支障を及ぼす副作用の有無について確認するよう指導している。

2. 事業者は、法令により定められた健康診断を実施することが義務付けられているが、運転者が自ら受けた健康診断（人間ドックなど）であっても法令で必要な定期健康診断の項目を充足している場合は、法定健診として代用することができる。

3. 事業者は、健康診断の結果、運転者に心疾患の前兆となる症状がみられたので、当該運転者に医師の診断を受けさせた。その結果、医師より「直ちに入院治療の必要はないが、より軽度な勤務において経過観察することが必要」との所見が出されたが、繁忙期であったことから、運行管理者の判断で従来と同様の乗務も続けさせた。

4. 漫然運転や居眠り運転の原因の１つとして、睡眠時無呼吸症候群（SAS）と呼ばれている病気がある。安全運転を確保するためには、この病気の早期発見が重要であることから、事業者は、運転者に対し雇い入れ時、その後は定期的に医療機関によるSASスクリーニング検査を実施している。

問４ 自動車の走行時に生じる諸現象とその主な対策に関する次の文中、A、B、C、Dに入るべき字句を下の枠内の選択肢（1～6）から選びなさい。

1. [A] とは、雨の降りはじめに、路面の油や土砂などの微粒子が雨と混じって滑りやすい膜を形成するため、タイヤと路面との摩擦係数が低下し急ブレーキをかけたときなどにスリップすることをいう。これを防ぐため、雨の降りはじめには速度を落とし、車間距離を十分にとって、不用意な急ハンドルや急ブレーキを避けるよう運転者に対し指導する必要がある。

2. [B] とは、タイヤの空気圧不足で高速走行したとき、タイヤに波打ち現象が生じ、セパレーション（剥離）やコード切れ等が発生することをいう。これを防ぐため、タイヤの空気圧が適当であることを、日常点検で確認するよう運転者に対し指導する必要がある。

3. [C] とは、フット・ブレーキを使い過ぎると、ブレーキ・ドラムやブレーキ・ライニングが摩擦のため過熱することにより、ドラムとライニングの間の摩擦力が低下し、ブレーキの効きが悪くなることをいう。これを防ぐため、長い下り坂などでは、エンジン・ブレーキ等を使用し、フット・ブレーキ等の使用を避けるよう運転者に対し指導する必要がある。

4. [D] とは、路面が水でおおわれているときに高速で走行するとタイヤの排水作用が悪くなり、水上を滑走する状態になって操縦不能になることをいう。これを防ぐため、日頃よりスピードを抑えた走行に努めるべきことや、タイヤの空気圧及び溝の深さが適当であることを日常点検で確認することの重要性を、運転者に対して指導する必要がある。

1. スタンディング・ウェーブ現象	2. ベーパー・ロック現象
3. ハイドロプレーニング現象	4. ウェット・スキッド現象
5. クリープ現象	6. フェード現象

問５　交通事故及び緊急事態が発生した場合における事業用自動車の運行管理者又は運転者の措置に関する次の記述のうち、【適切なものをすべて】選びなさい。なお、解答にあたっては、各選択肢に記載されている事項以外は考慮しないものとする。

1.　大型トラックに荷物を積載して運送中の運転者から、営業所の運行管理者に対し、「現在走行している地域の天候が急変し、集中豪雨のため、視界も悪くなってきたので、一時運転を中断している。」との連絡があった。連絡を受けた運行管理者は、「営業所では判断できないので、運行する経路を運転者自ら判断し、また、運行することが困難な状況に至った場合は、適当な待避場所を見つけて運転者自らの判断で運送の中断等を行うこと」を指示した。

2.　運転者は、中型トラックで高速道路を走行中、大地震が発生したのに気づき当該トラックを路側帯に停車させ様子を見ていた。この地震により高速道路の車両通行が困難となったので、当該運転者は、運行管理者に連絡したうえで、エンジンキーを持ってドアをロックして当該トラックを置いて避難した。

3.　運転者は、交通事故を起こしたので、二次的な事故を防ぐため、事故車両を安全な場所に移動させるとともに、ハザードランプの点灯、発炎筒の着火、停止表示器材の設置により他の自動車に事故の発生を知らせるなど、安全に留意しながら道路における危険防止の措置をとった。

4.　運転者が中型トラックを運転して踏切にさしかかりその直前で一旦停止した。踏切を渡った先の道路は混んでいるが、前の車両が前進すれば通過できると判断し踏切に進入したところ、車両の後方部分を踏切内に残し停車した。その後、踏切の警報機が鳴り、遮断機が下り始めたが、前方車両が動き出したため遮断機と接触することなく通過することができた。

問６　荷主から貨物自動車運送事業者に対し、往路と復路において、それぞれ荷積みと荷下ろしを行うよう運送の依頼があった。これを受けて、運行管理者として運転者に対し当該運送の指示をするため、次に示す「当日の運行計画」を立てた。この運行に関する次のア～ウについて解答しなさい。なお、解答にあたっては、「当日の運行計画」及び各選択肢に記載されている事項以外は考慮しないものとする。

「当日の運行計画」

往路

○ A 営業所を 7 時 30 分に出庫し、20 キロメートル離れた B 地点まで平均時速 30 キロメートルで走行する。

○ B 地点において 30 分間の荷積みを行う。

○ B 地点から 150 キロメートル離れた C 地点までの間、一部高速自動車国道を利用し、平均時速 45 キロメートルで走行して、C 地点に 12 時 00 分に到着する。

○ C 地点において 20 分間の荷下ろし後、1 時間の休息をとる。

復路

○休憩後、C 地点を 13 時 20 分に出発し、荷積みのため 30 キロメートル離れた D 地点まで平均時速 30 キロメートルで走行する。

○ D 地点において 30 分間の荷積みを行う。

○荷下ろしのため 90 キロメートル離れた E 地点まで平均時速 30 キロメートルで走行し、E 地点にて 20 分間の荷下ろしを行う。

○荷下ろし後、帰庫のため E 地点から 40 キロメートル離れた A 営業所まで平均時速 30 キロメートルで走行し、A 営業所には 19 時 30 分に帰庫する。

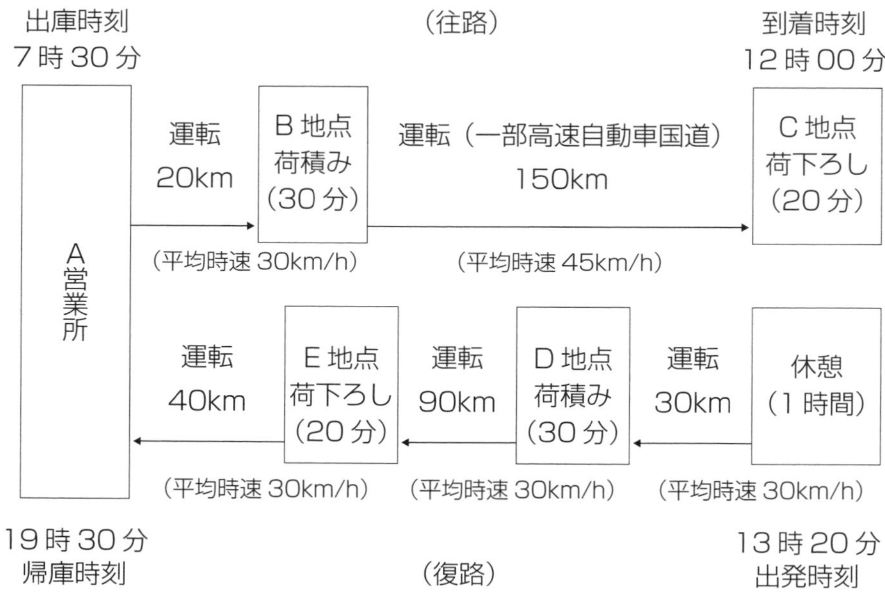

ア　B地点とC地点の間の運転時間について、次の1～3の中から【正しいものを1つ】選びなさい。

1. 2時間40分　　2. 3時間20分　　3. 4時間

イ　当該運転者の前日の運転時間は9時間であり、また、当該運転者の翌日の運転時間は8時間50分と予定した。当日を特定日とした場合の2日を平均した1日当たりの運転時間は、「自動車運転者の労働時間等の改善のための基準」（以下「改善基準」という。）に照らし、違反しているか否かについて、次の1～2の中から【正しいものを1つ】選びなさい。

1. 違反している
2. 違反していない

ウ　当日の全運行において、連続運転時間は「改善基準」に照らし、違反しているか否かについて、次の1～2の中から【正しいものを1つ】選びなさい。

1. 違反している
2. 違反していない

問7　自動車の追い越しに関する次の文中、A、Bに入るべき字句を、下の枠内の選択肢（1～6）から選びなさい。

1. 高速自動車国道を車両の長さ10メートルのトラックが、時速80キロメートルで走行中、下図のとおり、時速70キロメートルで前方を走行中の車両の長さが10メートルのバスを追い越すために要する追越距離は［A］である。なお、この場合の「追越」とは、トラックが前走するバスの後方90メートル（ア）の位置から始まり、バスを追い越してバスとの車間距離が90メートル（イ）の位置に達するまでのすべての行程をいう。

2. 「1」の場合において、追い越しに要する時間は、［B］である。なお、解答として求めた数値に1未満の端数がある場合には、小数点第一位以下を四捨五入すること。

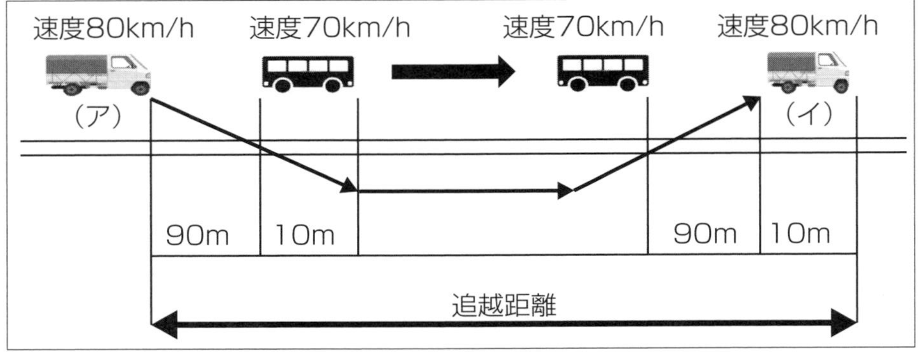

（注1）追越車両の左右の移動量は、考慮しないものとする。
（注2）各々の車両は、一定速度で走行しているものとする。

1. 1,440 メートル	2. 1,520 メートル	3. 1,600 メートル
4. 72 秒	5. 68 秒	6. 65 秒

解答・解説

問1 **解答** 2．4．

1．不適切。運行上やむを得ず、電話その他の方法による点呼が実施できる**のは、**遠隔地で業務を開始または終了する場合をいい、**①車庫と営業所が離れている場合、②早朝・深夜等で点呼執行者が営業所に出勤していない場合は、**電話その他の方法による点呼を実施することはできないため、不適切。
2．適切。中間点呼は3日間（2泊3日）以上の運行に限る。
3．不適切。**同一の事業者内の輸送の安全の確保に関する取組が優良であると認められる**営業所間におけるIT点呼は、**1営業日のうち連続する**「16時間」**以内**であるため、不適切。
4．適切。

問2 **解答** 2．4．

1．不適切。**時速36kmの自動車が、空走時間1秒間に進む距離（空走距離）は10m（時速36km ÷ 3.6）**であり、制動距離の8mを合計し、停止距離が18mとなるため、不適切。
2．適切。
3．不適切。四輪車を運転する場合、二輪車は速度が実際より「遅く」感じたり、距離が「遠く」に見えたりする特性があるため、不適切。
4．適切。

問3 **解答** 1．2．4．

1．適切。
2．適切。事業者の指定した医師の健康診断を希望しない者は、他の医師の行う健康診断を受け、その結果を証明する書面を事業者に提出することができる。
3．不適切。健康診断の結果、運転者に心疾患の前兆となる症状が見られることから、運行管理者は、繁忙期でも、運行管理者の判断で従来と同様の業務を続けさせるのではなく、医師の所見を基に、より軽度な勤務において経過観察することが必要であるため、不適切。

4. 適切。

問4 解答 A＝4. B＝1. C＝6. D＝3.

1. ウェット・スキッド現象 とは、**雨の降りはじめ**に、路面の油や土砂などの微粒子が雨と混じって滑りやすい膜を形成するため、タイヤと路面との摩擦係数が低下し**急ブレーキをかけたときなどにスリップ**することをいう。これを防ぐため、雨の降りはじめには速度を落とし、車間距離を十分にとって、不用意な急ハンドルや急ブレーキを避けるよう運転者に対し指導する必要がある。
2. スタンディング・ウェーブ現象 とは、タイヤの空気圧不足で高速走行したとき、**タイヤに波打ち現象**が生じ、セパレーション（剥離）やコード切れ等が発生することをいう。これを防ぐため、タイヤの空気圧が適当であることを、日常点検で確認するよう運転者に対し指導する必要がある。
3. フェード現象 とは、フット・ブレーキを使い過ぎると、ブレーキ・ドラムやブレーキ・ライニングが摩擦のため過熱することにより、**ドラムとライニングの間の摩擦力が低下**し、ブレーキの効きが悪くなることをいう。これを防ぐため、長い下り坂などでは、エンジン・ブレーキ等を使用し、フット・ブレーキ等の使用を避けるよう運転者に対し指導する必要がある。
4. ハイドロプレーニング現象 とは、**路面が水でおおわれている**ときに高速で走行するとタイヤの排水作用が悪くなり、**水上を滑走する状態**になって操縦不能になることをいう。これを防ぐため、日頃よりスピードを抑えた走行に努めるべきことや、タイヤの空気圧及び溝の深さが適当であることを日常点検で確認することの重要性を、運転者に対して指導する必要がある。

問5 解答 3.

1. 不適切。運行管理者は、**異常気象その他の理由により輸送の安全の確保に支障を生ずるおそれがあるときは、運転者に対し適切な指示その他輸送の安**

全を確保するために必要な措置を講じなければならないため、不適切。

2. 不適切。トラックを置いて避難するときは**エンジンキーを「付けたまま」ドアを「ロックしてはならない」**ため、不適切。
3. 適切。
4. 不適切。踏切の直前において、踏切を渡った先の道路が混んでいる状況においては、踏切に進入してはならないため、不適切。

問 6 解答 **ア＝ 2. イ＝ 1. ウ＝ 1.**

ア. B 地点から C 地点までの運転時間を求めるには、時速 45km は 1 時間に 45km 進むため、150km は 3 時間の他に（150km－135km＝15km）÷時速 45km＝1/3 時間（時計をイメージして 60 分の 1/3）＝20 分かかります。**合計 3 時間 20 分。**

イ. 特定日（当日）の運転時間は、A―B 間は運行計画にある数字（20km/時速 30km）が計算式となりますので、2/3 時間（時計をイメージして 60 分の 2/3）＝40 分、B―C 間は 3 時間 20 分、C―D 間は 30km/ 時速 30km＝1 時間、D―E 間は 90km/ 時速 30km＝3 時間、E―A 間は時速 30km は 1 時間に 30km 進むため、40km は 1 時間の他に（40km－30km＝10km）÷時速 30km＝1/3 時間（時計をイメージして 60 分の 1/3）＝20 分で、計 1 時間 20 分となり、**合計 9 時間 20 分。**
特定日の前日の運転時間（9 時間）と特定日の運転時間（9 時間 20 分）の平均運転時間及び特定日の運転時間（9 時間 20 分）と特定日の翌日の運転時間（8 時間 50 分）の平均運転時間がともに 9 時間（合計 18 時間）を超えているため、改善基準に**違反**。

ウ. 復路：運転開始 1 時間後、D 地点で 30 分の運転の中断があるため、リセット。次は、運転開始 3 時間後、運転の中断 20 分、運転時間 1 時間 20 分となっており、通算運転時間が 4 時間時点では、運転の中断が、途中の 20 分しかなく（運転中のため直後は 0 分）、30 分以上ないため、改善基準に**違反**。なお、往路は違反していない。

問 7 解答 **A ＝ 3. B ＝ 4.**

1. 追い越すために必要な距離（m）の計算式は、次のとおりです。

$$\text{後車の時速(km/h)} \times \frac{\text{前車の長さ(m)} + \text{後車の長さ(m)} + \text{車間距離(m)} \times 2}{\text{後車の時速(km/h)} - \text{前車の時速(km/h)}}$$

$$= 80\text{km/h} \times \frac{10\text{m} + 10\text{m} + (90\text{m} \times 2)}{80\text{km/h} - 70\text{km/h}} = \underline{1{,}600\text{m}}$$

2. 追い越しに要する時間は、1,600m ÷ 80km/h

80km/h を秒速 m にする場合には、80 ÷ 3.6 = 22.22m/ 秒

1,600m ÷ 22.22m/ 秒＝ <u>72 秒</u>

付録1 事業者と運行管理者の業務の整理

項　目	事業者の遵守すべき事項	運行管理者の業務
運行管理者の権限	運行管理者に対し、国土交通省令で定める運行管理者の業務を行うため、必要な権限を与えなければならない。	なし
運行管理者の助言	運行管理者がその業務として行う助言を尊重しなければならず、事業用自動車の運転者その他の従業員は、運行管理者がその業務として行う指導に従わなければならない。	一般貨物自動車運送事業者等に対し、**事業用自動車の運行の安全の確保**に関し必要な事項について助言を行うことができる。
運転者の選任	事業計画に従い業務を行うに必要な員数の事業用自動車の**運転者**または**特定自動運行保安員**を常時選任しておかなければならない。	**運転者**（特定自動運行貨物運送を行う場合は**特定自動運行保安員**）として**選任された者**以外の者を事業用自動車の運行の業務に従事させない。
選任してはならない運転者等	選任する運転者及び特定自動運行保安員は、①**日々雇い入れられる者**、②2ヵ月**以内の期間を定めて使用される者**、③**試みの使用期間中の者**（14日を超えて引き続き使用されるに至った者を除く。）**であってはならない。**	
休憩・睡眠施設	乗務員等が有効に利用することができるように、**休憩**に必要な施設を整備し、及び乗務員等に**睡眠**を与える必要がある場合にあっては**睡眠**に必要な施設を整備し、並びにこれらの施設を適切に管理し、及び保守しなければならない。	**乗務員等が休憩または睡眠のために利用することができる施設を適切に**管理する。
勤務時間・乗務時間	休憩又は睡眠のための時間及び勤務が終了した後の**休息のための時間が十分に確保されるように**、国土交通大臣が告示で定める基準に従って、運転者の勤務時間及び乗務時間を定め、当該運転者にこれらを**遵守**させなければならない。	左記により、定められた勤務時間及び乗務時間の**範囲内**において乗務割を作成し、**これに従い運転者を事業用自動車に乗務させる。**

項　目	事業者の遵守すべき事項	運行管理者の業務
健康状態の把握	乗務員等の 健康状態の把握 に努め、疾病、疲労、 睡眠不足 **その他の理由**により安全に運行の業務を遂行し、又はその補助をすることができないおそれがある乗務員を事業用自動車の運行の業務に従事させてはならない。	乗務員等の 健康状態の把握 に努め、疾病、疲労、 睡眠不足 **その他の理由**により安全に運行の業務を遂行し、又はその補助をすることができないおそれがある乗務員等を事業用自動車の運行の業務に従事させない。
酒気帯び	酒気を帯びた状態にある乗務員等を事業用自動車の運行の業務に従事させてはならない。	酒気を帯びた状態にある乗務員等を事業用自動車の運行の業務に従事させない。
交替運転者の配置	運転者が 長距離 運転又は 夜間 の運転に従事する場合であって、 疲労等 により 安全な運転を継続 **することができないおそれがあるとき**は、あらかじめ、当該運転者と交替するための運転者を配置しておかなければならない。	運転者が 長距離 運転又は 夜間 の運転に従事する場合であって、 疲労等 により 安全な運転を継続 **することができないおそれがあるとき**は、あらかじめ、当該運転者と交替するための運転者を配置する。
特定自動運行保安員	貨物の運送の用に供するには、次のいずれかに掲げる措置を講じなければならない。 ①特定自動運行事業用自動車に特定自動運行保安員を乗務させる。 ②次に掲げる措置を講ずる。 ア 積載された**貨物の状況を確認することができる装置**を特定自動運行事業用自動車に**備える**。 イ 営業所等に特定自動運行保安員を配置し、**特定自動運行保安員に**遠隔監視装置**等を用いて**遠隔から運行の安全の確保に関する業務を行わせる。	特定自動運行事業用自動車による運送を行おうとする場合は、**特定自動運行事業用自動車に**特定自動運行保安員を乗務（これと同等の措置を含む）させ、または遠隔からその業務を行わせる。
過積載の防止	過積載による運送の防止について、運転者その他の従業員に対する適切な指導及び監督を怠ってはならない。	過積載による運送の防止について、従業員に対する指導及び監督を行う。
貨物の積載方法	貨物の積載時だけでなく、**偏荷重・貨物の落下等、貨物の運送に支障が生ずる事態が発生**したまたは発生しそうな場合に、貨物を積み直す必要があることを運転者、特定自動運行保安員その他の従業員に指導することが必要であることに留意する。	貨物の積載方法について、従業員に対する指導及び監督を行う。 ※落下防止のため貨物にロープ・シートを掛ける等必要な措置を講ずる。

項目	事業者の遵守すべき事項	運行管理者の業務
自動車車庫の確保	事業用自動車の保管の用に供する**自動車**車庫を適切に確保しておかなければならない。	なし ※車庫の管理は「整備管理者」
業務前点呼	事業用自動車の運行の業務に従事しようとする運転者等に対し、対面により、または対面による点呼と同等の効果を有するものとして国土交通大臣が定める方法（**運行上やむを得ない場合は電話その他の方法**。）により点呼を行い、次に掲げる事項について報告を求め、及び確認を行い、並びに**事業用自動車の運行の安全を確保するために**必要な指示を与えなければならない。 ①運転者に対しては酒気帯びの有無 ②運転者に対しては疾病、疲労、睡眠不足その他の理由により安全な**運転**をすることが**できないおそれ**の有無 ③日常点検整備の**実施**又はその**確認** ④**特定自動運行保安員**に対しては、**特定自動運行事業用自動車**による運送を行うために必要な自動運行装置の設定の状況に関する**確認**	運転者等に対して点呼を行い、報告を求め、確認を行い、及び指示を与え、並びに**記録し、及びその記録を保存し、**並びに**アルコール検知器を**常時有効に保持する。
業務後点呼	事業用自動車の業務の運行を終了した運転者等に対し、対面により、または対面による点呼と同等の効果を有するものとして国土交通大臣が定める方法（**運行上やむを得ない場合は電話その他の方法**。）により点呼を行い、当該業務に係る事業用自動車、道路及び運行の状況について報告を求め、かつ、運転者に対しては、酒気帯びの有無について確認を行わなければならない。この場合において、当該運転者等が他の運転者等と交替した場合にあっては、当該運転者等が交替した運転者等に対して行った通告についても報告を求めなければならない。	

項　目	事業者の遵守すべき事項	運行管理者の業務
中間点呼	**業務前（後）の点呼**の いずれも 対面により、または対面による点呼と同等の効果を有するものとして国土交通大臣が定める方法で行うことができない業務を行う運転者等に対し、当該点呼のほかに、当該業務の途中において 少なくとも１回電話その他の方法 により**点呼を行い**、一定の事項について 報告を求め 、及び 確認を行い 、並びに**事業用自動車の** 運行の安全を確保 **するために** 必要な指示 をしなければならない。	運転者等に対して 点呼を行い 、報告を求め 、確認を行い 、及び 指示を与え 、並びに**記録し、及びその記録を保存し、**並びに**アルコール検知器を** 常時有効に保持 する。
アルコール検知器	**アルコール検知器を** 営業所ごとに備え 、常時有効に保持 するとともに、酒気帯び**の有無について**確認**を行う場合**には、運転者の状態を 目視等で確認 する**ほか**、当該運転者の属する 営業所に備えられた **アルコール検知器**を用いて行わなければならない。	運転者に対して 点呼を行い 、報告を求め 、確認を行い 、及び 指示を与え 、並びに**記録**し、及びその**記録を保存**し、並びに運転者に対して使用する**アルコール検知器を** 常時有効に保持 する。
点呼の記録	点呼を行い、 報告を求め 、 確認を行い 、及び 指示 をしたときは、**運転者等ごとに点呼を行った旨、報告、確認及び指示の内容並びに点呼の日時、方法などの事項を記録**し、かつ、その記録を **１年間保存** しなければならない。	運転者等に対して 点呼を行い 、報告を求め 、確認を行い 、及び 指示を与え 、並びに**記録し、及びその記録を保存し、**並びに運転者に対して使用する**アルコール検知器を** 常時有効に保持 する。
業務の記録	事業用自動車に係る運転者等の業務について、当該業務を行った**運転者等ごとに業務の開始及び終了の地点及び日時並びに** 主な経過地点 及び 業務に従事した距離 などの事項を記録させ、かつ、その記録を **１年間保存** しなければならない。	運転者等に対して業務を記録させ、及びその記録を保存する。
事故の記録	事故が発生した場合には、**事故の発生日時、場所等の事項を記録**し、その記録を**当該事業用自動車の運行を管理する** 営業所 において ３年間保存 しなければならない。	**事故の発生日時、場所等を記録し、及びその記録を保存する。**

項　目	事業者の遵守すべき事項	運行管理者の業務
運行記録計による記録	車両総重量が7トン以上又は最大積載量が4トン以上の普通自動車である事業用自動車に係る運転者等の業務について、当該事業用自動車の瞬間速度、運行距離及び運行時間を**運行記録計により記録**し、かつ、その記録を**1年間保存**しなければならない。	**運行記録計を管理し、及びその記録を保存する。** なお、運行記録計により記録することのできないものを運行の用に供さない。
運行指示書の作成・指示・携行	**運行の開始及び終了の地点及び日時等の事項を記載した**運行指示書**を**作成し、これにより事業用自動車の運転者等に対し適切な指示を行い、及びこれを当該運転者等に携行させなければならない。	左記より、**運行指示書を作成し、及びその写しに変更の内容を記載し、運転者等に対し適切な**指示を行い、運行指示書を事業用自動車の運転者等に携行させ、及び変更の内容を記載させ、並びに**運行指示書**及び**その写し**の保存をする。
運行指示書の変更	**運行の途中において、一定の事項に変更が生じた場合には、**運行指示書の写し**に当該**変更の内容（変更の内容を含む。）**を**記載**し、**これにより運転者等に対し**電話その他の方法により当該変更の内容について適切な**指示を行い、及び当該運転者等が携行している**運行指示書**に当該変更の内容を記載させなければならない。	
運行指示書の保存	**運行指示書及びその写しを**運行の終了の日から**1年間保存**しなければならない。	
運転者等台帳の作成	運転者等ごとに運転者等に選任された年月日などを記載し、かつ、6ヵ月**以内の写真を貼り付けた運転者等台帳を作成**し、これを当該運転者等の属する営業所**に備えて**おかなければならない。	左記により、**運転者等台帳を作成**し、営業所に備え置く。
運転者等台帳の保存	**運転者等が転任、退職その他の理由により**運転者等でなくなった場合には、**直ち**に、当該運転者等に係る運転者等台帳に運転者等でなくなった年月日及び理由**を記載**し、これを3年間保存しなければならない。	

項　目	事業者の遵守すべき事項	運行管理者の業務
補助者	**運行管理者資格者証を有する者**または国土交通大臣の認定を受けた講習（**基礎講習）を修了した者**のうちから、**運行管理者の業務を補助させるための者**（補助者）**を**選任することができる。	**選任された補助者に対する指導及び監督を行う。** ※補助者を選任するのは「事業者」
従業員に対する指導及び監督	貨物自動車運送事業に係る主な道路の状況その他の事業用自動車の運行に関する状況、その状況の下において事業用自動車の運行の安全を確保するために必要な運転の技術及び法令に基づき自動車の運転に関して遵守すべき事項について、**運転者に対する適切な指導及び監督をしなければならない。**この場合においては、**その日時、場所及び内容並びに指導及び監督を行った者及び受けた者を記録**し、かつ、**その記録を**営業所**において**3年間保存**しなければならない。**	左記により、**乗務員等に対する指導、監督及び**特別な指導**を行うとともに、運転者に対する指導及び監督を記録し、及びその記録を保存する。** **運転者に**適性診断**を受けさせる。** 事業用自動車に備えられた非常信号用具及び消火器**の取扱いについて、当該事業用自動車の乗務員等に対する適切な指導**をしなければならない。
	次に掲げる運転者に対して、**事業用自動車の運行の安全を確保するために遵守すべき事項について**特別な指導を行い、**かつ、**国土交通大臣が告示で定める適性診断**を受けさせなければならない。** ①死者**又は**負傷者**が生じた事故を引き起こした者** ②**運転者として新たに雇い入れた者** ③**高齢者**（65歳**以上**の者をいう。）	**重大事故の発生**に伴い、事故警報の規定により定められた事故防止対策に基づき、**事業用自動車の運行の安全の確保について、**従業員に対する指導及び監督を行う。
	事業用自動車に備えられた非常信号用具及び消火器の取扱いについて、当該事業用自動車の乗務員等に対する適切な指導をしなければならない。	
輸送の安全に関する基本的な方針の策定	従業員に対し、**効果的かつ適切に指導及び監督を行うため、**輸送の安全に関する基本的な方針の策定その他の国土交通大臣が**告示で定める措置を講じなければならない。**	なし

項　目	事業者の遵守すべき事項	運行管理者の業務
安全管理規程	事業者｛**事業用自動車（被けん引を除く）数が** 200両 **未満を**除く｝は 安全管理規程 を**定め**、国土交通省令で定めるところにより、国土交通大臣に**届け出**なければならない。これを変更しようとするときも、同様とする。	なし
運行管理規程	運行管理者の 職務及び権限 、 統括運行管理者 を 選任しなければならない 営業所にあってはその 職務及び権限 並びに**事業用自動車の運行の安全の確保に関する業務の** 処理基準 **に関する規程（** 運行管理規程 **）を定めなければならない。**	なし
運行管理者の指導及び監督	運行管理者の業務の適確な処理及び運行管理規程の遵守について、**運行管理者に対する適切な指導及び監督**を行わなければならない。	なし
異常気象時等における措置	異常気象**その他の理由により輸送の安全の確保に支障を生ずるおそれがある**ときは、**乗務員等に対する適切な指示その他**輸送の安全を確保**するために** 必要な措置 を講じなければならない。	異常気象**その他の理由により輸送の安全の確保に支障を生ずるおそれがある**ときは、乗務員等に対する適切な指示その他輸送の安全を確保するために 必要な措置 を講じる。
点検整備	事業用自動車の構造及び装置並びに運行する道路の状況、走行距離その他事業用自動車の使用の条件を考慮して、 定期に行う点検の基準 を作成し、これに基づいて**点検をし、必要な整備**をすること。	なし

付録2 数字総まとめ

数字	キーワード	該当部分
0.1	0.1 倍	積載物の方法は、**自動車の長さの**（前・後のはみだし）各 0.1 倍まで、**自動車の幅**の（左・右のはみだし）各 0.1 倍まで
0.15	0.15mg 以上	**呼気 1 ℓ 中のアルコール濃度** 0.15mg 以上（**酒気帯び運転**）
0.5	0.5m 以上	**転落**（落差 0.5m 以上）
1	1ヵ月以内	**事故惹起運転者、初任運転者**に対する**特別な指導**及び**適性診断**の実施時期については、やむを得ない事情がある場合には、再度乗務を開始後 1ヵ月以内に実施する
		高齢運転者の特別な指導は、適齢診断の結果が判明した後、1ヵ月以内に実施
	1ヵ月前	自動車検査証の有効期間が満了する日の 1ヵ月前**から**当該期間が満了する日までの間に**継続検査**を行い、有効期間を記入する場合は**自動車検査証の有効期間が満了する日の翌日**を自動車検査証の有効期間の**起算日**とする
	1 年以内	**死者または重傷者**の事故のあった日から 1 年以内に運行管理者は、**特別講習**を受講
	1 年	**事業用自動車の自動車検査証の有効期間は** 1 年（**初めて自動車検査証**の交付を受ける**車両総重量 8 トン未満のトラックは 2 年**）
	1m 以内	**火災報知機**から 1m 以内は、**駐車禁止**
1.2	1.2 倍	積載物の大きさは、**自動車の長さの** 1.2 倍まで、**自動車の幅**の 1.2 倍まで
1.6	1.6mm 以上	**タイヤの滑り止めの溝の深さ**はいずれの部分において 1.6mm 以上
1.8	1.8m 以下	**後写鏡**は歩行者に接触した場合、最下部が地上 1.8m 以下のものは、衝撃を緩衝できる構造でなければならない
2	2 人以上	2 人以上**の死者**の事故のときは①**自動車事故報告書**、②**速報の両方が必要**
	2 年ごと	新たに選任された運行管理者は、**基礎講習または一般講習を**選任届を提出した日の属する年度に受講し、その後は 2 年ごとに受講

数字	キーワード	該当部分
2	2年	**整備管理者が解任され、その日から**2年（乗車定員11人以上の事業用自動車は5年）**を経過しない者は選任できない**
	2ヵ月以内	2ヵ月以内の期間を定めて使用される者は、**運転者に選任することができない**
		2ヵ月以内の期間を定めて使用される者は、**解雇の予告の規定**が適用されない
		深夜業に従事する労働者が、**自ら受けた健康診断の結果を証明する書面を事業者に提出**した場合は、その健康診断の結果に基づく**医師からの意見聴取**は健康診断の結果を証明する書面が事業者に提出された日から2ヵ月以内に行わなければならない
	2トン以上	**準中型自動車は、**最大積載量2トン以上**4.5トン未満、**乗車定員10人以下
	2時間	坑内労働など法令で定める**健康上、特に有害な業務の労働時間の延長**は、1日について　2時間を超えてはならない
	2週間	**休日労働**は、2週間に**1回**が限度
	2分の1	業務の必要上、勤務の終了後継続9時間（宿泊を伴う長距離貨物運送は継続8時間）以上の休息期間を与えることが困難な場合には、当分の間、一定期間（1ヵ月程度）における全勤務回数の2分の1**の回数を限度**として、1日において1回当たり**継続3時間以上**とし休息期間を2分割又は3分割として与えることができる
		フェリー乗船時間は休息期間として取り扱う。これにより休息期間とされた時間を休息期間の9時間（宿泊を伴う長距離貨物運送は継続8時間）から減じることができる。ただし、減算後の休息期間は2人乗務を除き、**フェリー下船時刻から勤務終了時刻までの間の時間**の2分の1を下回ってはならない
	2倍	重量・速度が同じとき、**半径が1／2になると遠心力の大きさは**2倍**になる**
	2乗	**慣性力、遠心力、衝撃力**は、自動車の**速度の**2乗**に比例**することから、**速度が2倍になると4倍、速度が3倍になると9倍**になる
2.5	2.5m	**自動車の幅**は、2.5mを超えてはならない
3	3年	**労働契約**は、**期間の定めのないものを除き、一定の事業の完了に必要な期間を定めるもののほか**は3年を超える期間について締結してはならない（例外5年ある）

数字	キーワード	該当部分
3	3 年間	**軽傷者の事故**を引き起こし、かつ、事故前 3 年間に事故を引き起こした運転者は、**事故惹起運転者**の特別な指導及び適性診断の対象者
		初任運転者に対する**特別な指導**の対象者は初めて乗務する前 3 年間に**他の事業者の運転者として選任されていた運転者を除く**
		貨物自動車運送事業法の保存期間は、①**運転者等台帳、**②**教育の記録（運転者に対する指導監督）、**③**事故の記録**は 3 年間保存、それ以外は 1 年間保存
	3ヵ月ごと	**スペアタイヤの取付状態・取付装置の緩み・がた・損傷、ツールボックスの取付部の緩み・損傷**等は 3ヵ月ごとに点検（**車両総重量 8 トン以上**または乗車定員 30 人以上に限る）
	3ヵ月間	**平均賃金**は、算定すべき事由が発生した日以前 3ヵ月間**に支払われた賃金の総額をその期間の総日数で除した金額**
	3ヵ月	**雇入時の健康診断**について、医師による健康診断を受けた後、3ヵ月**を経過しない者を雇い入れる場合、健康診断の結果を証明する書面を提出したときは、健康診断の項目に相当する項目**については、受診を要しない
	3 秒前	同一方向に進行しながら**進路を左方・右方に変える**とき、**合図の時期**は**その行為をしようとする時の** 3 秒前のとき
	3 時間以上	**鉄道施設を損傷し** 3 時間以上**本線で鉄道車両の運転休止**のとき、**自動車事故報告書**を提出
		高速国道、自動車専用道路で 3 時間以上**の通行禁止のとき、自動車事故報告書を提出**
		業務の必要上、勤務の終了後継続 9 時間（宿泊を伴う長距離貨物運送は継続 8 時間）以上の休息期間を与えることが困難な場合には、当分の間、一定期間（1ヵ月程度）における全勤務回数の **2 分の 1 の回数を限度**として、1 日において 1 回当たり継続 3 時間以上とし休息期間を 2 分割又は 3 分割として与えることができる
	3m 以内	**人の乗降、貨物の積卸し、駐車・自動車の格納・修理**のため道路外に設けられた施設・場所の出入口から 3m 以内は、**駐車禁止**
	3 分の 1 以上	**運行管理者**の行うべき点呼は**点呼の総回数の** 3 分の 1 以上でなければならない
	3 分の 2 以下	**補助者**の行うべき点呼は、**点呼の総回数の** 3 分の 2 以下でなければならない

数字	キーワード	該当部分
3.5	3.5m 以上	車両の右側に 3.5m 以上の余地がなければ**駐車禁止**
	3.5 トン以上	**準中型自動車**は、車両総重量 3.5 トン以上 **7.5 トン未満**、乗車定員 10 人以下
3.6	3.6	**時速（km）を秒速（m）**に変換するとき 3.6 を使う（時速 36km ÷ 3.6 ＝秒速 10m）
3.8	3.8m	**自動車の高さ**は、3.8m を超えてはならない
4	4 種類	道路交通法では**「車両」**は 4 種類**（自動車、原動機付自転車、軽車両、トロリーバス）**
	4 時間	**アルコール 1 単位（純アルコール約 20g）**の処理に必要な時間の目安は概ね 4 時間とされる
		連続運転時間（1 回が連続 10 分以上で、合計が 30 分以上の運転の中断をすることなく連続して運転する時間）は 4 時間を超えない
	4ヵ月以内	**季節的業務**に 4ヵ月以内の期間を定めて使用される者は**解雇の予告の規定**が適用されない
	4 輪以上	改善基準告示の対象となる「**自動車運転者**」は 4 輪以上**の自動車の運転従事者**
5	5 人以上	5 人以上の**重傷者**の事故のときは①**自動車事故報告書**、②**速報の両方が必要**
	5 日以内	**臨時運行許可証**の**有効期間**及び**返納期間**はそれぞれ 5 日以内
	5 日	使用者は**年次有給休暇の日数**が **10 労働日以上**の労働者に対し、年次有給休暇の日数のうち 5 日については、基準日から 1 年以内の期間に**労働者ごとにその時季を定める**ことにより与えなければならない
	5 種類	道路運送車両法の**自動車の種別**は 5 種類**（普通自動車、小型自動車、軽自動車、大型特殊自動車、小型特殊自動車）**
		自動車の検査は 5 種類**（新規検査、継続検査、構造等変更検査、臨時検査、予備検査）**
	5m 以内	交差点・道路のまがりかど、横断歩道・自転車横断帯から 5m 以内は、**駐停車禁止**
		道路工事、消防用機械器具の置場・消防用防火水槽、消火栓から 5m 以内は、**駐車禁止**
	5 年	一般貨物運送事業の**許可の取り消しの日から** 5 年**を経過していない者は許可できない**
		運行管理者資格者証の返納を命じられ、その日から 5 年**を経過していない者**には**運行管理者資格者証の交付は行わない**
	5 年間	**健康診断個人票**は、5 年間保存

数字	キーワード	該当部分
6	6 時間以上	**事故惹起運転者**に対する**特別な指導**は、安全運転の実技を除き、6 時間以上実施
	6m 未満	道路の左側部分の幅員が 6m に満たない道路において、他の車両を追い越そうとするときは、**道路の中央から右の部分にその全部・一部をはみ出して通行できる**
	6ヵ月以内ごと	**深夜業** (22:00〜5:00) に従事する労働者の**健康診断**は 6ヵ月以内ごと**に 1 回**受診させる
	6ヵ月間	雇入れの日から起算して、6ヵ月間**継続勤務**し**全労働日の 8 割以上出勤**した場合には **10 労働日の有給休暇**を与えなければならない
6.5	6.5 トン以上	**大型自動車**は、最大積載量 6.5 トン以上または**車両総重量 11 トン以上**、乗車定員 30 人以上
7	7 トン以上	車両総重量 7 トン以上の貨物の運送の用に供する普通自動車の後面に後部反射器のほか**大型後部反射器**を備える
		車両総重量 7 トン以上または**最大積載量 4 トン以上**の普通自動車である事業用自動車は、**運行記録計による記録の義務**
	7 日以内	使用者は、労働者の**死亡・退職**の場合において、権利者の請求があつた場合においては、7 日以内に**賃金を支払**わなければならない
8	8 トン以上	車両総重量 8 トン以上または**最大積載量 5 トン以上**のトラックは、①**貨物の積載状況**、②**荷主都合による 30 分以上の待機**、③**荷役作業、附帯業務（契約書に明記された荷役作業、附帯業務は 1 時間以上に限る）**は「業務の記録」に記録
		日常点検（ディスクホイールの取付状態が不良でないことは、車両総重量 8 トン以上または乗車定員 30 名以上に限る）
		定期点検（スペアタイヤの取付状態・取付装置の緩み・がた・損傷、ツールボックスの取付部の緩み・損傷。車両総重量 8 トン以上または乗車定員 30 人以上に限る）
	8 トン未満	初めて自動車検査証の交付を受ける車両総重量 8 トン未満の貨物事業用自動車の**自動車検査証の有効期間**は、**2 年**（7,000kg 台は 2 年、8,000kg 台は 1 年）
	8 時間	使用者は**休憩時間を除き**、1 日 8 時間、**1 週間 40 時間**を超えて労働させてはならない
9	9 時間	**運転時間**は、**2 日**（始業時刻から起算して 48 時間）**を平均し 1 日当たり** 9 時間を超えない
		1 日の休息期間は勤務終了後、継続 11 時間以上与えるよう努めることを基本とし継続 9 時間を下回ってはならない。

数字	キーワード	該当部分
10	10分未満	10分未満**の休憩**は「業務の記録」の記録を**省略できる**
	おおむね10分以上	運転の中断は、1回がおおむね連続10分以上とした上で分割できる
	10人以上	10人以上**の負傷者**の事故のときは①**自動車事故報告書**、②**速報の両方が必要**
		常時10人以上の労働者を使用する使用者は、**就業規則を作成し、行政官庁に届出**
	10m以内	**安全地帯、停留所、踏切**から10m以内は、**駐停車禁止**（停留所・停留場は乗合自動車、トロリーバス、路面電車の運行時間中に限る）
	10トン以内	**自動車の軸重**（車軸にかかる荷重）は10トン以内
	10労働日	雇入れの日から起算して、**6ヵ月間継続勤務**し**全労働日の8割以上出勤**した場合には10労働日**の有給休暇**を与えなければならない
	10分の1	**減給は、1回の額が平均賃金の1日分の半額**を超え、総額が1賃金支払期における**賃金の総額**の10分の1を超えてはならない
11	11時間以上	**1日の休息期間**は勤務終了後、継続11時間以上与えるよう努めることを基本とし、継続9時間を下回ってはならない
12	12m	**自動車の長さ**は、12mを超えてはならない
	12カ月ごと	12ヵ月ごとにOBD（車載式故障診断装置）**点検**を行わなければならない
13	13時間	**1日（始業時刻から24時間）の拘束時間**は、13時間を超えない
14	14日	**試みの使用期間中の者**は、**運転者に選任できない**（ただし、14日を超えて引き続き使用される者を除く）
		試みの使用期間中の者は、**解雇の予告の規定が適用されない**（ただし、14日を超えて引き続き使用される者を除く）
	14時間	1日の拘束時間が、**1週間で**14時間**を超える回数は2回まで**が目安
15	15時間以上	**初任運転者**に対する**特別な指導における「安全運転の実技」以外**は合計15時間以上
	15時間	**1日**（始業時刻から24時間）**の最大拘束時間**は15時間（宿泊を伴う長距離貨物運送は16時間）
	15日以内	**道路運送車両法**では「**○○日以内**」は臨時運行許可と領置以外は15日以内

数字	キーワード	該当部分
16	16時間以内	Gマーク営業所の**営業所間のIT点呼**は、1営業日のうち深夜を含む連続する16時間以内
	満16歳以上	使用者は**交替制によって使用する**満16歳以上**の男性に限り、午後10時から午前5時までの間において使用することができる**（例外）
18	満18歳未満	使用者は、満18歳に満たない者について、その年齢を証明する**戸籍証明書**を事業場に備え付けなければならない
		使用者は満18歳に満たない者を**午後10時から午前5時までの間**において使用してはならない（原則）
19	19歳以上	**大型自動車免許、中型自動車免許**の取得年齢は19歳以上（所定の講習修了者）、**免許の通算期間が1年以上**（所定の講習修了者）
20	20時間以上	**初任運転者**に対する**特別な指導における「安全運転の実技」**は、合計20時間以上
		隔日勤務の休息期間は、勤務終了後、継続20時間以上を与える
	20時間	**2人乗務の1日の最大拘束時間**は、20時間まで延長できる
21	21時間	隔日勤務（**2暦日の拘束時間**）の拘束時間は21時間を超えない
24	24時間以内	事故のあったときから24時間以内に電話等により**速報**
30	30	営業所ごとに事業用自動車の数を30で除して得た数に**1を加算した数以上**の**運行管理者**を選任（小数点切り捨て）
	30分以上	30分以上の**荷主都合による待機**があったときは「業務の記録」に記録
	30日以内	事故のあった日から30日以内に**自動車事故報告書**を提出
	30日以上	**重傷者（入院**を要する障害で医師の治療を要する期間が30日以上）
	30m手前	合図の時期は、左折・右折、転回しようとする地点から30m手前の地点に達したとき
	30m以内	**追越禁止場所（交差点、踏切、横断歩道、自転車横断帯**及びこれらの手前の側端から前に30m以内）
	30日間	解雇制限期間（①**業務上の負傷、疾病による療養の期間**とその後30日間、②**産前6週間、産後8週間の期間**とその後30日間）
	30日	解雇の予告（使用者は労働者を解雇する場合、30日前に解雇予告しなければならない。30日前に予告をしない場合、30日分**以上**の平均賃金を支払わなければならない）

数字	キーワード	該当部分
30	30分	**生後1年に達しない生児を育てる女性**は、**休憩時間のほか、1日2回各々少なくとも**30分その生児を育てるための時間を請求できる
	30分以上	運転開始後、**4時間以内**または**4時間経過直後**に30分以上**の運転の中断**をしなければならない
35	35度以上	**「転覆」**（路面と35度以上の傾斜） 「横転」は、「転覆」に該当する
40	40時間	1週間の労働時間は、休憩時間を除き40時間
	40m	**すれ違い用前照灯**（ロービーム）**の照射範囲**は、**前方**40m
	時速40km	**車両総重量2トン以下の車をその車の3倍以上の車でけん引するときの最高速度**は、時速40km（**原則は、時速30km**）
44	44時間	**運転時間**は、**2週間を平均し1週間当たり**44時間を超えない
45	45分	**労働時間が6時間を超え、8時間以内のとき**は少なくとも45分の**休憩時間**
50	時速50km	**高速道路の最低速度**は、時速50km
	50m以下	夜間以外で、**一般道路**において**視界が**50m以下の暗い場所を通行するときは**灯火を点灯**
55	55kg	車両総重量で**乗車定員1人の重量**は55kg
60	時速60km	**一般道路**の自動車の**最高速度は**時速60km
	60分	労働時間が**8時間を超えるとき**は、少なくとも60分の**休憩時間**
	60時間	法定労働時間を超えて労働させた時間が**1ヵ月**について60時間を超えたときは、その超えた労働時間について**5割以上の率で計算した割増賃金**を支払わなければならない
65	65歳	**高齢運転者に対する適齢診断**は、65歳に達した日後、**1年以内に1回**、その後は**3年以内ごとに1回**受診
70	70%以上	自動車の前面、側面の窓ガラスの**可視光線の透過率**は70%以上
	70歳以上	免許の更新期間が満了する日の年齢が70歳以上の者は、更新期間が満了する日（誕生日の1ヵ月後の日）**前6ヵ月以内**に**高齢者講習**を受講
90	時速90km	**高速道路の大型貨物自動車**（最大積載量6.5トン以上または車両総重量11トン以上）、**特定中型貨物自動車**（最大積載量5トン以上または車両総重量8トン以上）の**最高速度**は、時速90km（トレーラ等を除く）
		速度抑制装置は時速90kmに制限（最大積載量5トン以上または車両総重量8トン以上の貨物自動車に限る）

数字	キーワード	該当部分
100	100m	**走行用前照灯**（ハイビーム）**の照射範囲**は　**前方** 100m
	100km	**特別積み合せ貨物運送**の運行系統の起点から終点までの距離が 100km を超えるものごとに運行業務基準を定め、乗務員等に対し指導監督
	100 日以内	**輸送の安全に関する情報**は、毎事業年度の経過 100 日以内に公表
	時速 100km	**高速道路の最高速度は**時速 100km（大型貨物自動車、特定中型貨物自動車を除く）
144	144 時間以内	一運行の乗務開始から乗務終了までの時間は 144 時間を超えてはならない（ただし、フェリー乗船の休息期間を除く）
150	150m	**後部反射器（赤色）**は**夜間後方** 150m **の距離**から**走行用前照灯**で照射した場合にその反射光を照射位置から確認
200	200 両以上	事業用自動車（被けん引を除く）の数が 200 両以上の事業者は、**安全管理規程**を作成し届出
	200m	**非常信号用具**は、**夜間** 200m の距離から確認できる**赤色の灯光**を発する
		停止表示器材は、**夜間** 200m **の距離**から**走行用前照灯**で照射した場合、その反射光から照射位置から確認
	200m 以下	夜間以外で、**高速道路、自動車専用道路において視界が** 200m 以下の暗い場所を通行するときは、**灯火を点灯**
284	284 時間	**1ヵ月の拘束時間**は、284 時間を超えず、1 年について **3,300 時間**を超えない
310	310 時間	**労使協定**を**締結**したときは **1 年のうち 6ヵ月**までは **1 年間の拘束時間**が **3,400 時間**を超えない範囲内で 310 時間**まで延長**できる
450	450km	**長距離貨物運送**とは一運行の走行距離が 450km 以上
3300	3,300 時間	**1ヵ月の拘束時間**は **284 時間**を超えず、1 年について 3,300 時間を超えない
3400	3,400 時間	**労使協定**を**締結**したときは **1 年のうち 6ヵ月**までは **1 年間の拘束時間**が 3,400 時間を超えない範囲内で **310 時間まで延長**できる

模擬試験問題

1. 貨物自動車運送事業法関係

問1 貨物自動車運送事業に関する次の記述のうち、【正しいものを1つ】選びなさい。
なお、解答にあたっては、各選択肢に記載されている事項以外は考慮しないものとする。

1. 貨物自動車運送事業とは、一般貨物自動車運送事業、特定貨物自動車運送事業、貨物軽自動車運送事業及び貨物自動車利用運送事業をいう。

2. 一般貨物自動車運送事業を経営しようとする者は、国土交通大臣の認可を受けなければならない。

3. 一般貨物自動車運送事業者（以下「事業者」という。）は、「各営業所に配置する事業用自動車の種別ごとの数」の事業計画の変更をするときは、法令で定める場合を除き、あらかじめその旨を、国土交通大臣に届け出なければならない。

4. 事業者は、「自動車車庫の位置及び収容能力」の事業計画の変更をしたときは、遅滞なくその旨を、国土交通大臣に届け出なければならない。

問2 次の記述のうち、貨物自動車運送事業の運行管理者の行わなければならない業務として【誤っているものをすべて】選びなさい。なお、解答にあたっては、各選択肢に記載されている事項以外は考慮しないものとする。

1. 法令の規定により、運転者に対して点呼を行い、報告を求め、確認を行い、及び指示を与え、並びに記録し、及びその記録を保存し、並びに国土交通大臣が告示で定めるアルコール検知器を常時有効に保持すること。

2. 乗務員が有効に利用することができるように、休憩に必要な施設を整備し、及び乗務員に睡眠を与える必要がある場合にあっては睡眠に必要な施設を整備し、並びにこれらの施設を適切に管理し、及び保守すること。

3. 法令に規定する運行管理者資格者証を有する者又は国土交通大臣が告示で定める運行の管理に関する講習であって国土交通大臣の認定を受けたもの（基礎講習）を修了した者のうちから、運行管理者の業務を補助させるための者（補助者）を選任すること並びにその者に対する指導及び監督を行うこと。

4. 事業用自動車の保管の用に供する自動車車庫を適切に確保し、管理すること。

問3 一般貨物自動車運送事業者（以下「事業者」という。）の運行管理者の選任、輸送の安全に係る情報の公表及び安全管理規程等に関する次の記述のうち、【正しいものを1つ】選びなさい。なお、解答にあたっては、各選択肢に記載されている事項以外は考慮しないものとする。

1. 国土交通大臣は、運行管理者資格者証の交付を受けている者が、貨物自動車運送事業法若しくはこの法律に基づく命令又はこれらに基づく処分に違反したときは、その運行管理者資格者証の返納を命ずることができる。また、運行管理者資格者証の返納を命ぜられ、その日から2年を経過しない者に対しては、運行管理者資格者証の交付を行わないことができる。

2. 事業者は、毎事業年度の経過後100日以内に、輸送の安全に関する基本的な方針その他の輸送の安全に係る情報であって国土交通大臣が告示で定める①輸送の安全に関する基本的な方針、②輸送の安全に関する目標及びその達成状況、③自動車事故報告規則第2条に規定する事故に関する統計について、インターネットの利用その他の適切な方法により公表しなければならない。

3. 事業用自動車（被けん引自動車を除く。）の保有車両数が100両以上の事業者は、安全管理規程を定めて国土交通大臣に届け出なければならない。これを変更しようとするときも、同様とする。

4. 事業者は、新たに選任した運行管理者に、選任届出をした日の属する年度（やむを得ない理由がある場合にあっては、当該年度の翌年度）に基礎講習又は一般講習（基礎講習を受講していない当該運行管理者にあっては、基礎講習）を受講させなければならない。ただし、他の事業者において運行管理者として選任されていた者にあっては、この限りでない。

問４ 貨物自動車運送事業の事業用自動車の運転者等に対する点呼に関する次の記述のうち、【正しいものを２つ】選びなさい。なお、解答にあたっては、各選択肢に記載されている事項以外は考慮しないものとする。

1. 貨物自動車運送事業者は、事業用自動車の運行の業務に従事しようとする運転者等に対して対面により、又は対面による点呼と同等の効果を有するものとして国土交通大臣が定める方法（運行上やむを得ない場合は電話その他の方法。）により点呼を行い、次に掲げる事項について報告を求め、及び確認を行い、並びに事業用自動車の運行の安全を確保するために必要な指示を与えなければならない。
   一　運転者に対しては、酒気帯びの有無
   二　運転者に対しては、疾病、疲労、睡眠不足その他の理由により安全な運転をすることができないおそれの有無
   三　道路運送車両法第 47 条の 2 第 1 項及び第 2 項の規定による点検（定期点検）の実施又はその確認
   四　特定自動運行保安員に対しては、特定自動運行事業用自動車による運送を行うために必要な自動運行装置の設定の状況に関する確認

2. 貨物自動車運送事業者は、事業用自動車の運行の業務を終了した運転者等に対して対面により、又は対面による点呼と同等の効果を有するものとして国土交通大臣が定める方法（運行上やむを得ない場合は電話その他の方法。）により点呼を行い、当該業務に係る事業用自動車、道路及び運行の状況について報告を求め、かつ、運転者に対しては酒気帯びの有無について確認を行わなければならない。この場合において、当該運転者等が他の運転者等と交替した場合にあっては、当該運転者等が交替した運転者等に対して行った法令の規定による通告についても報告を求めなければならない。

3. 2日間にわたる運行（営業所から出発し1日目を遠隔地で終了、2日目に営業所に戻るもの。）については、1日目の業務前の点呼及び2日目の業務後の点呼についてはいずれも対面で行うことができることから、業務前の点呼及び業務後の点呼のほかに、当該業務途中において少なくとも1回電話その他の方法により点呼（中間点呼）を行う必要はない。

4. 貨物自動車運送事業輸送安全規則第7条第4項（点呼等）に規定する「アルコール検知器を営業所ごとに備え」とは、営業所又は営業所の車庫に設置されているアルコール検知器をいい、携帯型アルコール検知器は、これにあたらない。

問5 一般貨物自動車運送事業者の自動車事故報告規則に基づく自動車事故報告書（以下「報告書」という。）及び速報に関する次の記述のうち、【正しいものを2つ】選びなさい。なお、解答にあたっては、各選択肢に記載されている事項以外は考慮しないものとする。

1. 事業用自動車が交差点を通過するため進入したところ、交差する道路の左方から進入してきた原動機付自転車と出合い頭に衝突した。当該事故で原動機付自転車の運転者に40日間の医師の治療を要する傷害を生じさせた。この場合、国土交通大臣に報告書を提出しなければならない。

2. 事業用自動車が交差点を左折するため速度を減速しながらハンドルを左に切った際、荷崩れが起き道路上に横転して止まった。この事故で、他の車には被害はなかったものの、当該事業用自動車の運転者が、10日間の医師の治療を要する傷害を負った。この場合、国土交通大臣に報告書を提出しなければならない。

3. 事業用自動車の運転者が、運転中に胸に強い痛みを感じたので、直近の駐車場に駐車し、その後の運行を中止した。当該運転者は狭心症と診断された。この場合、国土交通大臣に報告書を提出しなければならない。

4. 事業用自動車の運転者が高速自動車国道を走行中、ハンドル操作を誤り、道路の中央分離帯に衝突したことにより、当該事業用自動車に積載していた消防法に規定する危険物の灯油がタンクから一部漏えいした。この場合、24時間以内においてできる限り速やかに、その事故の概要を運輸支局長等に速報することにより、国土交通大臣への報告書の提出を省略することができる。

問6 一般貨物自動車運送事業者（以下「事業者」という。）の過労運転の防止等に関する次の記述のうち、【正しいものを1つ】選びなさい。なお、解答にあたっては、各選択肢に記載されている事項以外は考慮しないものとする。

1. 事業者は、休憩又は睡眠のための時間及び勤務が終了した後の休息のための時間が十分に確保されるように、国土交通大臣が告示で定める基準に従って、運転者の勤務日数及び乗務距離を定め、当該運転者にこれらを遵守させなければならない。

2. 事業者は、事業計画に従い業務を行うに必要な員数の運転者又は特定自動運行保安員を常時選任しておかなければならず、この場合、選任する運転者及び特定自動運行保安員は、日々雇い入れられる者、3ヵ月以内の期間を定めて使用される者又は試みの使用期間中の者（14日を超えて引き続き使用されるに至った者を除く。）であってはならない。

3. 運転者等の業務について、当該事業用自動車の瞬間速度、運行距離及び運行時間を運行記録計により記録しなければならない車両は、車両総重量が8トン以上又は最大積載量が5トン以上の普通自動車である。

4. 特別積合せ貨物運送を行う事業者は、当該特別積合せ貨物運送に係る運行系統であって起点から終点までの距離が100キロメートルを超えるものごとに、所定の事項について事業用自動車の運行の業務に関する基準を定め、かつ、当該基準の遵守について乗務員等に対する適切な指導及び監督を行わなければならない。

問7 一般貨物自動車運送事業者の事業用自動車の運行の安全を確保するために、事業者が行う国土交通省告示で定める特定の運転者に対する特別な指導の指針に関する次の文中、A、B、C、Dに入るべき字句として【下の選択肢①～⑧から】選びなさい。

1. 事業者は、軽傷者（法令で定める傷害を受けた者）を生じた交通事故を引き起こし、かつ、当該事故前の［A］に交通事故を引き起こした運転者に対し、国土交通大臣が告示で定める適性診断であって国土交通大臣の認定を受けたものを受診させること。

2. 事業者が行う初任運転者に対する特別な指導については、貨物自動車運送事業法その他の法令に基づき運転者が遵守すべき事項、事業用自動車の運行の安全を確保するために必要な運転に関する事項等について、［B］以上実施するとともに、安全運転の実技について、20時間以上実施する。

3. 事業者は、適齢診断（高齢運転者のための適性診断として国土交通大臣が認定したもの。）を運転者が65才に達した日以後1年以内に1回受診させ、その後、［C］以内ごとに1回受診させること。

4. 事業者は、初任運転者に対する特別な指導について、当該事業者において初めて事業用自動車に乗務する前に実施すること。ただし、やむを得ない事情がある場合には、乗務を開始した後、［D］以内に実施すること。

①1ヵ月	②3ヵ月	③1年	④3年
⑤1年間	⑥3年間	⑦6時間	⑧15時間

問8 一般貨物自動車運送事業者（以下「事業者」という。）の事業用自動車の運行に係る記録等に関する次の記述のうち、【正しいものを1つ】選びなさい。なお、解答にあたっては、各選択肢に記載されている事項以外は考慮しないものとする。

1. 事業者は、車両総重量が8トン以上又は最大積載量が5トン以上の普通自動車である事業用自動車に運転者に運行の業務を従事させた場合にあっては、当該業務を行った運転者ごとに貨物の積載状況を「業務の記録」に記録させ、かつ、その記録を1年間保存しなければならない。

2. 事業者が、貨物自動車運送事業輸送安全規則に定める「事故の記録」として記録しなければならない事故とは、死者又は負傷者を生じさせたものと定められており、物損事故については、当該記録をしなければならないものに該当しない。

3. 事業者は、法令の規定により運行指示書を作成した場合には、当該運行指示書を、運行を計画した日から1年間保存しなければならない。

4. 事業者は、特定自動運行保安員が転任、退職その他の理由により特定自動運行保安員でなくなった場合には、直ちに、当該特定自動運行保安員に係る運転者等台帳に特定自動運行保安員でなくなった年月日及び理由を記載し、これを1年間保存しなければならない。

2. 道路運送車両法関係

問9 自動車の登録等に関する次の記述のうち、【正しいものを2つ】選びなさい。

1. 自動車の所有者は、当該自動車の使用の本拠の位置に変更があったときは、道路運送車両法で定める場合を除き、その事由があった日から30日以内に、国土交通大臣の行う変更登録の申請をしなければならない。

2. 登録自動車の使用者は、当該自動車が滅失し、解体し（整備又は改造のために解体する場合を除く。）又は自動車の用途を廃止したときは、速やかに、当該自動車検査証を国土交通大臣に返納しなければならない。

3. 登録自動車の所有者は、当該自動車の使用者が道路運送車両法の規定により自動車の使用の停止を命ぜられ、自動車検査証を返納したときは、遅滞なく、当該自動車登録番号標及び封印を取りはずし、自動車登録番号標について国土交通大臣の領置を受けなければならない。

4. 登録を受けた自動車（自動車抵当法第2条ただし書きに規定する大型特殊自動車を除く。）の所有権の得喪は、登録を受けなければ、第三者に対抗することができない。

問 10　自動車の検査及び点検整備等に関する次の記述のうち、【誤っているものをすべて】選びなさい。

1. 自動車は、指定自動車整備事業者が継続検査の際に交付した有効な保安基準適合標章を表示しているときは、自動車検査証を備え付けていなくても、運行の用に供することができる。

2. 車両総重量 8,580 キログラムの貨物自動車運送事業の用に供する自動車の使用者は、スペアタイヤの取付状態等について、1ヵ月ごとに国土交通省令で定める技術上の基準により自動車を点検しなければならない。

3. 初めて自動車検査証の交付を受ける貨物の運送の用に供する事業用自動車であって、車両総重量 7,950 キログラムの自動車の当該自動車検査証の有効期間は 1 年である。

4. 自動車検査証の有効期間の起算日については、自動車検査証の有効期間が満了する日の 2ヵ月前（離島に使用の本拠の位置を有する自動車を除く。）から当該期間が満了する日までの間に継続検査を行い、当該自動車検査証に有効期間を記入する場合は、当該自動車検査証の有効期間が満了する日の翌日とする。

問 11　自動車の検査及び点検整備等についての次の文中、A，B，C，D に入るべき字句を【下の枠内の選択肢（1〜8)】から選びなさい。なお、解答にあたっては、各選択肢に記載されている事項以外は考慮しないものとする。

1. 自動車運送事業の用に供する自動車の使用者又は当該自動車を運行する者は、1 日 1 回、その運行の開始前において、国土交通省令である定める技術上の基準により、灯火装置の点灯、［ A ］の作動その他の日常的に点検すべき事項について、目視等により自動車を点検しなければならない。

2. 車両総重量［ B ］以上又は乗車定員 30 人以上の自動車は、日常点検において「ディスク・ホイールの取付状態が不良でないこと。」について点検しなければならない。

3. 自動車運送事業の用に供する自動車の日常点検の結果に基づく運行可否の決定は、自動車の使用者より与えられた権限に基づき、［ C ］が行わなければならない。

4. 自動車の使用者は、自動車の点検をし、及び必要に応じ整備することにより、当該自動車を道路運送車両の［ D ］に適合するように維持しなければならない。

1. 7トン	2. 8トン	3. 運行管理者	4. 制動装置
5. 点検基準	6. 動力伝達装置	7. 保安基準	8. 整備管理者

問12 道路運送車両の保安基準及びその細目を定める告示に関する次の記述のうち、【正しいものを1つ】選びなさい。なお、解答にあたっては、各選択肢に記載されている事項以外は考慮しないものとする。

1. 自動車は、告示で定める方法により測定した場合において、長さ（セミトレーラにあっては、連結装置中心から当該セミトレーラの後端までの水平距離）12メートル（セミトレーラのうち告示で定めるものにあっては、13メートル）、幅2.6メートル、高さ3.8メートルを超えてはならない。

2. 貨物の運送の用に供する普通自動車であって、車両総重量が5トン以上のものの後面には、所定の後部反射器を備えるほか、反射光の色、明るさ等に関し告示で定める基準に適合する大型後部反射器を備えなければならない。

3. 自動車の後面には、夜間にその後方150メートルの距離から走行用前照灯で照射した場合にその反射光を照射位置から確認できる赤色の後部反射器を備えなければならない。

4. 自動車の空気入ゴムタイヤの接地部は滑り止めを施したものであり、滑り止めの溝は、空気入ゴムタイヤの接地部の全幅にわたり滑り止めのために施されている凹部（サイピング、プラットフォーム及びウエア・インジケータの部分を除く。）のいずれの部分においても0.8ミリメートル（二輪自動車及び側車付二輪自動車に備えるものにあっては、0.6ミリメートル）以上の深さを有すること。

3. 道路交通法関係

問13 道路交通法に定める車両の交通方法等についての次の記述のうち、照らし、次の記述のうち、【正しいものを1つ】選びなさい。なお、解答にあたっては、各選択肢に記載されている事項以外は考慮しないものとする。

1. 一般乗合旅客自動車運送事業者による路線定期運行の用に供する自動車（以下「路線バス等」という。）の優先通行帯であることが道路標識等により表示されている車両通行帯が設けられている道路においては、自動車（路線バス等を除く。）は、路線バス等が後方から接近してきた場合に当該道路における交通の混雑のため当該車両通行帯から出ることができないこととなるときであっても、路線バス等が実際に接近してくるまでの間は、当該車両通行帯を通行することができる。

2. 車両は、道路の中央から左の部分の幅員が8メートルに満たない道路において、他の車両を追い越そうとするとき（道路の中央から右の部分を見とおすことができ、かつ、反対の方向からの交通を妨げるおそれがない場合に限るものとし、道路標識等により追越しのため道路の中央から右の部分にはみ出して通行することが禁止されている場合を除く。）は、道路の中央から右の部分にその全部又は一部をはみ出して通行することができる。

3. 車両は、道路外の施設又は場所に出入するためやむを得ない場合において歩道等を横断するとき、又は法令の規定により歩道等で停車し、若しくは駐車するため必要な限度において歩道等を通行するときは、徐行しなければならない。

4. 車両等は、夜間（日没時から日出時までの時間をいう。）、道路にあるときは、道路交通法施行令で定めるところにより、前照灯、車幅灯、尾灯その他の灯火をつけなければならない。ただし、高速自動車国道及び自動車専用道路においては前方200メートル、その他の道路においては前方50メートルまで明りょうに見える程度に照明が行われているトンネルを通行する場合は、この限りではない。

問14 道路交通法に照らし、次の記述のうち、【正しいものを1つ】選びなさい。なお、解答にあたっては、各選択肢に記載されている事項以外は考慮しないものとする。

1. 乗車定員が2人、最大積載量が4,850キログラム、及び車両総重量7,980キログラムの貨物自動車の種類は、準中型自動車である。

2. 車両は、人の乗降、貨物の積卸し、駐車又は自動車の格納若しくは修理のため、道路外に設けられた施設又は場所の道路に接する自動車用の出入口から5メートル以内の道路の部分においては、駐車してはならない。

3. 車両は、交差点の側端又は道路の曲がり角から10メートル以内の道路の部分においては、法令の規定若しくは警察官の命令により、又は危険を防止するため一時停止する場合のほか、停車し、又は駐車してはならない。

4. 下に掲げる標識は、車両の横断を禁止する。ただし、道路外の施設又は場所に出入りするための左折を伴う横断を除く。
「道路標識、区画線及び道路標示に関する命令」に定める様式文字及び記号を青色、斜めの帯及び枠を赤色、縁及び地を白色とする。

問15 道路交通法に定める事項について、次の文中、A，B，C，Dに入るべき数字を【下の枠内の選択肢（ア～カ)】から選びなさい。なお、解答にあたっては、各選択肢に記載されている事項以外は考慮しないものとする。

1. 貨物自動車運送事業の用に供する車両総重量7,980キログラム、最大積載量4,550キログラムであって乗車定員2名の自動車の最高速度は、道路標識等により最高速度が指定されていない高速自動車国道の本線車道(政令で定めるものを除く。）においては、時速 [A] キロメートルである。

2. 自動車は、道路標識等によりその最高速度が指定されている道路においてはその最高速度を、高速自動車国道の本線車道（往復の方向にする通行が行われている本線車道で、本線車線が道路の構造上往復の方向別に分離されていないものを除く。）並びにこれに接する加速車線及び減速車線以外の道路においては、［B］キロメートル毎時をこえる速度で進行してはならない。

3. 貨物自動車運送事業の用に供する車両総重量が5,985キログラムの自動車が、故障した車両総重量1,900キログラムの普通自動車をロープでけん引する場合の最高速度は、道路標識等により最高速度が指定されていない一般道路においては、時速［C］キロメートルである。

4. 貨物自動車は、高速自動車国道の往復の方向にする通行が行われている本線車道で、道路の構造上往復の方向別に分離されている本線車道においては、道路標識等により自動車の最低速度が指定されている区間にあってはその最低速度に、その他の区間にあっては、［D］キロメートル毎時の最低速度に達しない速度で進行してはならない。

ア．30	イ．40	ウ．50
エ．60	オ．80	カ．100

問16 道路交通法に定める運転者の義務等についての次の記述のうち、【正しいものを2つ】選びなさい。なお、解答にあたっては、各選択肢に記載されている事項以外は考慮しないものとする。

1. 車両等（優先道路を通行している車両等を除く。）は、交通整理の行われていない交差点に入ろうとする場合において、交差道路が優先道路であるとき、又はその通行している道路の幅員よりも交差道路の幅員が明らかに広いものであるときは、その前方に出る前に必ず一時停止しなければならない。

2. 車両等は、横断歩道等に接近する場合には、当該横断歩道等によりその進路の前方を横断し、又は横断しようとする歩行者等があるときは、当該歩行者等の直前で停止することができるような速度で進行し、かつ、その通行を妨げないようにしなければならない。

3. 自動車の運転者は、故障その他の理由により高速自動車国道等の本線車道若しくはこれに接する加速車線、減速車線若しくは登坂車線又はこれらに接する路肩若しくは路側帯において当該自動車を運転することができなくなったときは、道路交通法施行令で定めるところにより、停止表示器材を後方から進行してくる自動車の運転者が見やすい位置に置いて、当該自動車が故障その他の理由により停止しているものであることを表示しなければならない。

4. 積載物の長さは、自動車（大型自動二輪車及び普通自動二輪車を除く。以下同じ）の長さにその長さの10分の2の長さを加えたものを超えてはならず積載の方法は、自動車の車体の前後から自動車の長さの10分の1の長さを超えてはみ出してはならない。

問17 車両等の運転者の遵守事項に関する次の記述のうち、【誤っているものをすべて】選びなさい。なお、解答にあたっては、各選択肢に記載されている事項以外は考慮しないものとする。

1. 車両等の運転者は、児童、幼児等の乗降のため、道路運送車両の保安基準に関する規定に定める非常点滅表示灯をつけて停車している通学通園バスの側方を通過するときは、できる限り安全な速度と方法で進行しなければならない。

2. 車両等は、交差点又はその直近で横断歩道の設けられていない場所において歩行者が道路を横断しているときは、必ず一時停止し、その歩行者の通行を妨げないように努めなければならない。

3. 車両等の運転者は、自動車を運転する場合において、道路交通法に規定する初心運転者の標識を付けた者が普通自動車（以下「表示自動車」という。）を運転しているときは、危険防止のためやむを得ない場合を除き、当該自動車が進路を変更した場合にその変更した後の進路と同一の進路を後方から進行してくる表示自動車が当該自動車との間に同法に規定する必要な距離を保つことができないこととなるときは進路を変更してはならない。

4. 車両等の運転者は、身体障害者用の車椅子が通行しているときは、その側方を離れて走行し、車椅子の通行を妨げないようにしなければならない。

4. 労働基準法関係

問18 労働基準法の定めに関する次の記述のうち、【正しいものを1つ】選びなさい。

1. 使用者は、労働者を解雇しようとする場合においては、法第20条の規定に基づき、少なくとも30日前にその予告をしなければならない。30日前に予告をしない使用者は、30日分以上の平均賃金を支払わなければならない。

2. 法第20条（解雇の予告）の規定は、「季節的業務に6ヵ月以内の期間を定めて使用される者」に該当する労働者について、当該者が法に定める期間を超えて引き続き使用されるに至らない限り適用しない。

3. 労働契約は、期間の定めのないものを除き、一定の事業の完了に必要な期間を定めるもののほかは、1年を超える期間について締結してはならない。

4. 使用者は、労働者の同意が得られた場合においては、労働契約の不履行について違約金を定め、又は損害賠償額を予定する契約をすることができる。

問19 労働基準法の定めに関する次の記述のうち、【正しいものを1つ】選びなさい。

1. 使用者は、当該事業場に、労働者の過半数で組織する労働組合がある場合においてはその労働組合、労働者の過半数で組織する労働組合がない場合においては使用者が指名する労働者との書面による協定をし、これを行政官庁に届け出た場合においては、法定労働時間又は法定休日に関する規定にかかわらず、その協定で定めるところによって労働時間を延長し、又は休日に労働させることができる。

2. 労働者は、労働契約の締結に際し使用者から明示された賃金、労働時間その他の労働条件が事実と相違する場合においては、少くとも30日前に使用者に予告したうえで、当該労働契約を解除することができる。

3. 使用者は、労働者の死亡又は退職の場合において、権利者の請求があった場合においては、30日以内に賃金を支払い、積立金、保証金、貯蓄金その他名称の如何を問わず、労働者の権利に属する金品を返還しなければならない。

4. 使用者は、年次有給休暇の日数が10労働日以上の労働者に対し、年次有給休暇の日数のうち5日については、基準日（継続勤務した期間を6ヵ月経過日から1年ごとに区分した各期間（最後に1年未満の期間を生じたときは、当該期間）の初日をいう。）から1年以内の期間に労働者ごとにその時季を定めることにより与えなければならない。

問20 「自動車運転者の労働時間等の改善のための基準」（以下「改善基準告示」という。）に定める貨物自動車運送事業に従事する自動車運転者（以下「トラック運転者」と　いう。）の拘束時間についての次の文中、A、B、C、Dに入るべき字句として【いずれか正しいものを1つ】選びなさい。ただし、1人乗務で、隔日勤務に就く場合には該当しないものとする。

1日についての拘束時間は、13時間を超えないものとし、当該拘束時間を延長する場合であっても、最大拘束時間は［ A ］とすること。ただし、トラック運転者に係る1週間における運行が全て長距離貨物運送（一の運行（自動車運転者が所属する事業場を出発してから当該事業場に帰着するまでをいう。）の走行距離が［ B ］以上の貨物運送をいう。）であり、かつ、一の運行における休息期間が、当該自動車運転者の住所地以外の場所におけるものである場合においては、当該1週間について[C]に限り最大拘束時間を[D]とすることができる。

A	①	14時間	②	15時間
B	①	400キロメートル	②	450キロメートル
C	①	2回	②	3回
D	①	15時間	②	16時間

問21　貨物自動車運送事業の「自動車運転者の労働時間等の改善のための基準」に関する次の記述のうち、【誤っているものをすべて】選びさい。なお、解答にあたっては、各選択肢に記載されている事項以外は考慮しないものとする。

1. 使用者は、貨物自動車運送事業に従事する自動車運転者（以下「トラック運転者」という。）の運転時間については、2日（始業時刻から起算して48時間をいう。）を平均し1日当たり9時間、2週間を平均し1週間当たり40時間を超えないものとすること。

2. 使用者は、業務の必要上やむを得ない場合には、当分の間、トラック運転者を隔日勤務に就かせることができる。この場合、2暦日における拘束時間は、一定の要件に該当する場合を除き、20時間を超えてはならない。

3. 使用者は、トラック運転者に労働基準法第35条の休日に労働させる場合は、当該労働させる休日は2週間について1回を超えないものとし、当該休日の労働によって改善基準告示第4条第1項に定める拘束時間及び最大拘束時間の限度を超えないものとする。

4. 連続運転時間（1回がおおむね連続10分以上で、かつ、合計が30分以上の運転の中断をすることなく連続して運転する時間をいう。）は、4時間を超えないものとすること。ただし、高速自動車国道又は自動車専用道路のサービスエリア又はパーキングエリア等に駐車又は停車できないため、やむを得ず連続運転時間が4時間を超える場合には、連続運転時間を4時間30分まで延長することができるものとする。なお、運転の中断については、原則として休憩を与えるものとする。

問22　下表は、貨物自動車運送事業に従事する自動車運転者（隔日勤務に就く運転者以外のもの。）の1年間における各月の拘束時間の例を示したものであるが、このうち、「自動車運転者の労働時間等の改善のための基準」に【適合するものを1つ】選びなさい。ただし、「1ヵ月及び1年の拘束時間の延長に関する労使協定」があるものとする。

1.

	4月	5月	6月	7月	8月	9月	10月	11月	12月	1月	2月	3月	1年間
拘束時間	278時間	256時間	276時間	297時間	308時間	295時間	272時間	276時間	285時間	296時間	285時間	274時間	3,398時間

2.

	4月	5月	6月	7月	8月	9月	10月	11月	12月	1月	2月	3月	1年間
拘束時間	268時間	271時間	277時間	256時間	269時間	275時間	289時間	283時間	303時間	306時間	296時間	290時間	3,383時間

3.

	4月	5月	6月	7月	8月	9月	10月	11月	12月	1月	2月	3月	1年間
拘束時間	254時間	285時間	276時間	301時間	282時間	291時間	285時間	281時間	311時間	302時間	261時間	263時間	3,392時間

4.

	4月	5月	6月	7月	8月	9月	10月	11月	12月	1月	2月	3月	1年間
拘束時間	288時間	272時間	285時間	291時間	277時間	265時間	271時間	299時間	281時間	287時間	293時間	288時間	3,397時間

問23　下図は、貨物自動車運送事業に従事する自動車運転者（1乗務で隔日勤務に就く運転者以外のもの。）の5日間の勤務状況の例を示したものであるが、次の1～4の拘束時間のうち、「自動車運転者の労働時間等の改善のための基準」における1日についての拘束時間として、【正しいものを1つ】選びなさい。

（前日休日）

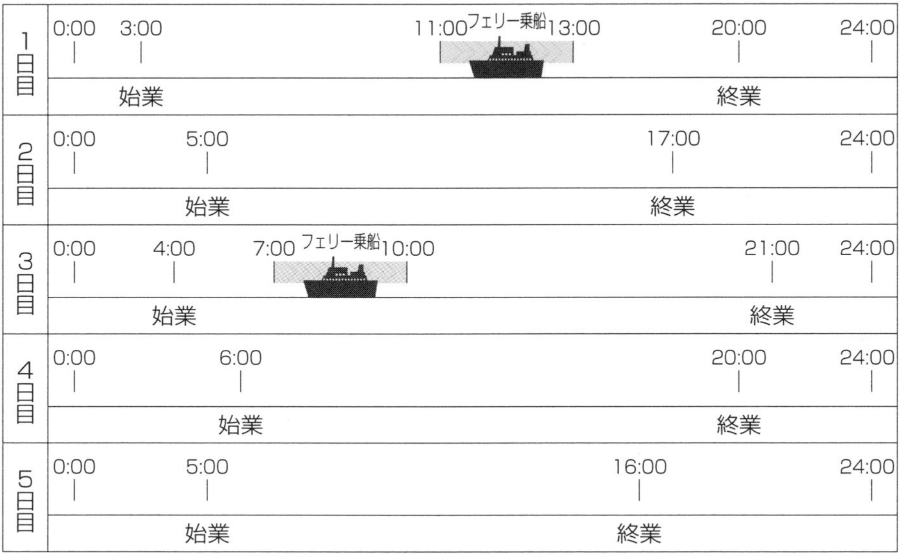

1日目	0:00　3:00　11:00 フェリー乗船 13:00　20:00　24:00	始業 3:00　終業 20:00
2日目	0:00　5:00　17:00　24:00	始業 5:00　終業 17:00
3日目	0:00　4:00　7:00 フェリー乗船 10:00　21:00　24:00	始業 4:00　終業 21:00
4日目	0:00　6:00　20:00　24:00	始業 6:00　終業 20:00
5日目	0:00　5:00　16:00　24:00	始業 5:00　終業 16:00

（翌日休日）

1. 1日目：13時間　2日目：13時間　3日目：12時間　4日目：14時間

2. 1日目：13時間　2日目：14時間　3日目：12時間　4日目：14時間

3. 1日目：15時間　2日目：13時間　3日目：14時間　4日目：15時間

4. 1日目：15時間　2日目：14時間　3日目：14時間　4日目：15時間

5. 実務上の知識及び能力

問24　点呼に関する次の記述のうち、【適切なものをすべて】選びなさい。なお、解答にあたっては、各選択肢に記載されている事項以外は考慮しないものとする。

1. 業務前の点呼においてアルコール検知器を使用するのは、身体に保有している酒気帯びの有無を確認するためのものであり、道路交通法施行令で定める呼気中のアルコール濃度1リットル当たり0.15ミリグラム以上であるか否かを判定するためのものではない。

2. A営業所においては、運行管理者は昼間のみの勤務体制となっている。運行管理者が不在となる時間帯の点呼が当該営業所における点呼の総回数の6割を超えていないことから、その時間帯における点呼については、複数の運行管理者の補助者に実施させている。運行管理者は、点呼を実施した当該補助者に対し、点呼の実施内容の報告を求める等十分な指導及び監督を行っている。

3. 全国貨物自動車運送適正化事業実施機関が認定している安全優良事業所（Gマーク営業所）以外であっても、①開設されてから3年を経過していること。②過去1年間点呼の違反に係る行政処分又は警告を受けていないことなどに該当する一般貨物自動車運送事業者の営業所にあっては、当該営業所と当該営業所の車庫間で行う点呼に限り、対面による点呼と同等の効果を有するものとして国土交通大臣が定めた機器を用いた点呼（IT点呼）を実施できる。

4. 全国貨物自動車運送適正化事業実施機関が認定している安全優良事業所（Gマーク営業所）である営業所と当該営業所の車庫間で行うIT点呼の実施は、1営業日のうち連続する16時間以内としなければならない。

問25 一般貨物自動車運送事業者が事業用自動車の運転者に対して行う指導・監督に関する次の記述のうち、【適切なものをすべて】選びなさい。なお、解答にあたっては、各選択肢に記載されている事項以外は考慮しないものとする。

1. 時速72キロメートルで走行中の自動車の運転者が、前車との追突の危険を認知しブレーキ操作を行い、ブレーキが効きはじめるまでに要する空走時間を1秒間とし、ブレーキが効きはじめてから停止するまでに走る制動距離を33メートルとすると、当該自動車の停止距離は53メートルとなることを運転者に指導する必要がある。

2. 自動車のハンドルを左に切り旋回した場合、左側の後輪が左側の前輪の軌跡に対し外側を通ることとなり、この前後輪の軌跡の差を内輪差という。大型車などホイールベースが長いほど内輪差が小さくなることから、運転者に対し、交差点での左折時には、内輪差による歩行者や自転車等との接触、巻き込み事故に注意するよう指導している。

3. 自動車が追越しをするときは、前の自動車の走行速度に応じた追越し距離、追越し時間が必要になるため、前の自動車と追越しをする自動車の速度差が大きい場合には追越しに長い時間と距離が必要になることから、無理な追越しをしないよう指導している。

4. 大型トラックの原動機に備えなければならない「速度抑制装置」とは、当該トラックが時速100キロメートルを超えて走行しないよう燃料の供給を調整し、かつ、自動車の速度の制御を円滑に行うためのものである。したがって、運転者に対しては、速度抑制装置の機能等を理解させるとともに、追突事故の防止等安全運転に努めるよう指導している。

問26 事業用自動車の運転者の健康管理に関する次の記述のうち、【適切なものをすべて】選びなさい。なお、解答にあたっては、各選択肢に記載されている事項以外は考慮しないものとする。

1. 事業者は、運転者が軽症度の睡眠時無呼吸症候群（SAS）と診断された場合は、残業を控えるなど業務上での負荷の軽減や、睡眠時間を多く取る、過度な飲酒を控えるなどの生活習慣の改善によって、業務が可能な場合があるので、医師と相談して慎重に対応している。

2. 自動車の運転中に、心臓疾患（心筋梗塞、心不全等）や、大血管疾患（急性大動脈解離、大動脈瘤破裂等）が起こると、ショック状態、意識障害、心停止等を生じ、運転者が事故を回避するための行動をとることができなくなり、重大事故を引き起こすおそれがある。そのため、健康起因事故を防止するためにも発症する前の早期発見や予防が重要となってくる。

3. 事業者は、深夜業（22時～5時）の業務に常時従事する運転者に対し、法令に定める定期健康診断を6ヵ月以内ごとに1回、定期的に受診させるようにしている。この場合、健康診断の結果に基づき、健康診断個人票を作成し、3年間保存している。また、運転者が自ら受けた健康診断の結果を提出したものについても同様に保存している。

4. 飲酒は、速度感覚の麻痺、視力の低下、反応時間の遅れ、眠気が生じるなど自動車の運転に極めて深刻な影響を及ぼす。個人差はあるものの、体内に入ったビール500ミリリットル（アルコール5%）が分解処理されるのに概ね2時間が目安とされていることから、乗務前日の飲酒・酒量については、運転に影響のないよう十分気をつけることを運転者に指導している。

問27 自動車の運転に関する次の記述のうち、【適切なものをすべて】選びなさい。なお、解答にあたっては、各選択肢に記載されている事項以外は考慮しないものとする。

1. 同一速度で走行する場合、カーブの半径が大きいほど遠心力は大きくなるため、カーブを走行する場合の横転などの危険性について運転者に対し指導する必要がある。

2. 自動車がカーブを走行するとき、自動車の重量及びカーブの半径が同一の場合に、速度を2分の1に落として走行すると遠心力の大きさは2分の1になる。

3. 自動車が衝突するときの衝撃力は、速度が2倍になると2倍になる。

4. 自動車の夜間の走行時においては、自車のライトと対向車のライトで、お互いの光が反射し合い、その間にいる歩行者や自転車が見えなくなることがあり、これを蒸発現象という。蒸発現象は暗い道路で特に起こりやすいので、夜間の走行の際には十分注意するよう運転者に対し指導する必要がある。

問28 自動車の走行時に生じる諸現象及び交通事故防止対策に関する次の記述のうち、【適切なものをすべて】選びなさい。なお、解答にあたっては、各選択肢に記載されている事項以外は考慮しないものとする。

1. ベーパー・ロック現象とは、フット・ブレーキを使い過ぎると、ブレーキ・ドラムやブレーキ・ライニングが摩擦のため過熱することにより、ドラムとライニングの間の摩擦力が低下し、ブレーキの効きが悪くなることをいう。これを防ぐため、長い下り坂などでは、エンジン・ブレーキ等を使用し、フット・ブレーキのみの使用を避けるよう運転者に対し指導する必要がある。

2. 前方の自動車を大型車と乗用車から同じ距離で見た場合、それぞれの視界や見え方が異なり、大型車の場合には運転席が高いため、車間距離をつめてもあまり危険に感じない傾向となるので、この点に注意して常に適正な車間距離をとるよう運転者を指導する必要がある。

3. 四輪車を運転する場合、二輪車との衝突事故を防止するための注意点として、①二輪車は死角に入りやすいため、その存在に気づきにくく、また、②二輪車は速度が実際より速く感じたり、距離が近くに見えたりする特性がある。したがって、運転者に対してこのような点に注意するよう指導する必要がある。

4. アンチロック・ブレーキシステム（ABS）は、急ブレーキをかけた時などにタイヤがロック（回転が止まること）するのを防ぐことにより、車両の進行方向の安定性を保ち、また、ハンドル操作で障害物を回避できる可能性を高める装置である。ABSを効果的に作動させるためには、運転者はポンピングブレーキ操作（ブレーキペダルを踏み込んだり緩めたりを繰り返す操作）を行うことが必要であり、この点を運転者に指導する必要がある。

問29 荷主から貨物自動車運送事業者に対し、B地点で荷積みをし、C地点に11時半ごろを目標に到着させるよう運送の依頼があった。これを受けて、運行管理者として運転者に対し当該運送の指示をするため、運行計画を立てた。この運行に関する次のア～ウについて解答しなさい。なお、解答にあたっては、記載されている事項以外は考慮しないものとする。

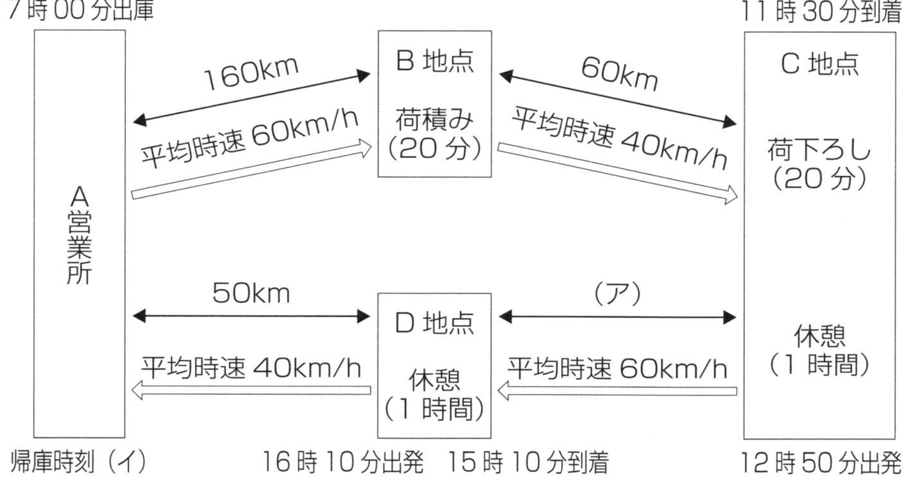

ア　C地点とD地点の間の距離（ア）について、次の1～3の中から【正しいものを1つ】選びなさい。

1. 130キロメートル　　2. 140キロメートル　　3. 150キロメートル

イ　当該運転者がA営業所に帰庫する時刻（イ）について、次の1～3の中から【正しいものを1つ】選びなさい。

1. 17時25分　　2. 17時35分　　3. 17時45分

ウ　当日の全運行において、連続運転時間は「自動車運転者の労働時間等の改善のための基準」に照らし、違反しているか否かについて、次の1～2の中から【正しいものを1つ】選びなさい。

1. 違反している

2. 違反していない

問30　運行管理者が運転者に対し実施する危険予知訓練に関し、下図の交通場面の状況において、<運転者が予知すべき危険要因>1～3に対応する<運行管理者による指導事項>をア～オの中から最もふさわしいものをそれぞれ1つずつ選びなさい。

【交通場面の状況】
・住宅街の道路を走行している。
・前方に二輪車が走行している。
・右側の脇道から車や自転車が出ようとしている。
・前方の駐車車両の向こうに人影が見える。

＜運転者が予知すべき危険要因＞

1. 駐車車両に進路を塞がれた二輪車が右に進路を変更してくることが予測されるのでこのまま進行すると二輪車と衝突する危険がある。
2. 前方右側の脇道から左折しようとしている車の影に見える自転車が道路を横断してくると衝突する危険がある。
3. 駐車車両の先に歩行者が見えるが、この歩行者が道路を横断してくるとはねる危険がある。

＜運行管理者による指導事項＞

ア　住宅街を走行する際に駐車車両があるときは、その付近の歩行者の動きにも注意しスピードを落として走行する。

イ　単路でも、いつ前車が進路変更などのために減速や停止をするかわからないので、常に車間距離を保持しておく。

ウ　進路変更するときは、必ず後続車の有無を確認するとともに、後続車があるときは決して強引な進路変更はしない。

エ　右側の脇道から自転車が出ようとしているので、周辺の交通状況を確認のうえ、脇道の自転車の動きに注意し走行する。仮に出てきた場合は先に行かせる。

オ　二輪車は、後方の確認をしないまま進路を変更することがよくあるので、二輪車を追い越そうとはせず先に行かせる。

模擬試験
解答・解説

1．貨物自動車運送事業法関係

問1 解答 3

1：誤。貨物自動車運送事業は3種類（①一般貨物自動車運送事業、②特定貨物自動車運送事業、③貨物軽自動車運送事業）。 ×利用運送事業

2：誤。**一般貨物自動車運送事業を経営**しようとする者は、国土交通大臣の「許可」を受けなければなりません。 ×認可

3：正。

4：誤。**「自動車車庫の位置及び収容能力」の事業計画の変更**をしようとするときは、国土交通大臣の「認可」を受けなければなりません。 ×届出

問2 解答 2，3，4

1：正。**アルコール検知器を**「備え置く」ことは「事業者」の業務。

2：誤。休憩・睡眠施設の「整備」**管理**「保守」は「事業者」の業務。運行管理者は「管理」のみ。

3：誤。補助者を「選任する」ことは「事業者」の業務。

4：誤。車庫を確保することは「事業者」の業務であり、車庫を管理することは「整備管理者」の業務。

問3 解答 2

1：誤。運行管理者資格者証の返納を命ぜられ、その日から「5年」を経過しない者に対しては、運行管理者資格者証の交付を行わないことができます。 ×2年

2：正。

3：誤。**安全管理規程を定めて届け出なければならないのは**、事業用自動車（被けん引を除く）の数は「200両」以上。 ×100両

4：誤。「ただし、他の事業者において運行管理者として選任されていた者にあっては、この限りでない。」を削除すると正しい。

問4 解答 2，3

1：誤。道路運送車両法の規定による「日常点検」の実施又はその確認。 ×定期点検

2：正。

3：正。**中間点呼は「3日間以上」の運行のときに必要。**

4：誤。「アルコール検知器を営業所ごとに備え」とは、①**営業所・営業所の車庫に設置**、②営業所に備え置き（携帯型アルコール検知器等）、③**事業用自動車に設置**されているものをいう。

問5 解答 2，3

1：誤。医師の治療を要する期間が30日以上のみでは「重傷者」には該当しないため、報告書の提出は要しない（「重傷者」は、入院を要する傷害で、医師の治療を要する期間が30日以上のもの）。

2：正。「横転」は転覆（35度以上の傾斜）に該当するため報告書が必要です。

3：正。疾病により運転の継続ができなかったときは、報告書が必要です。

4：誤。「中央分離帯」と衝突したことにより危険物である灯油が漏えいしたときは、速報を要する。加えて、危険物である灯油が漏えいしたため、報告書を30日以内に提出しなければなりません。 ×省略できる

問6 解答 4

1：誤。「勤務時間」及び「乗務時間」。 ×勤務日数 ×乗務距離

2：誤。「2ヵ月以内」の期間を定めて使用される者。 ×3ヵ月以内

3：誤。**運行記録計による記録**は**車両総重量「7トン以上」**又は**最大積載量**「4トン以上」の普通自動車。 ×8トン以上 ×5トン以上

4：正。

問 7 解答　A＝6（3 年間）　B＝8（15 時間）
C＝4（3 年）　D＝1（1ヵ月）

問 8 解答　1

1：正。
2：誤。「事故の記録」として記録しなければならない事故は、死者又は負傷者を生じさせたもののほか、物損事故についても、記録をしなければなりません。
3：誤。**運行指示書**は、運行を「**終了した日**」から 1 年間保存　×計画した日
4：誤。特定自動運行保安員が転任等で特定自動運行保安員でなくなった場合には、**運転者等台帳**に特定自動運行保安員でなくなった年月日及び理由を記載し、これを「**3 年間**」保存。　× 1 年間

2. 道路運送車両法関係

問 9 解答　3，4

1：誤。自動車の使用の本拠の位置に変更があったときは、その事由があった日から「**15 日**」以内に、変更登録の申請をしなければなりません。　× 30 日
2：誤。使用者は、自動車が滅失し、解体し（整備又は改造のために解体する場合を除く。）又は自動車の用途を廃止したときは、「**15 日以内**」に自動車検査証を返納しなければなりません。　×速やかに
3：正。**「領置」があるときは「遅滞なく」**となります。
4：正。

問 10 解答　2，3，4

1：正。
2：誤。車両総重量「**8 トン以上**」または乗車定員 30 人以上の自動車の使用者は、**スペアタイヤの取付状態**等について「**3ヵ月**」ごとに国土交通省令で定める技術上の基準により自動車を点検しなければなりません。　× 1ヵ月
3：誤。初めて交付を受ける**車両総重量 8 トン未満**の自動車検査証の有効期間

は、「2年」（その他の事業用自動車の自動車検査証の有効期間は1年）。

4：誤。自動車検査証の有効期間の起算日については、自動車検査証の有効期間が満了する日の「1ヵ月前」から当該期間が満了する日までの間に継続検査を行い、自動車検査証に有効期間を記入する場合は、自動車検査証の有効期間が満了する日の翌日です。 × 2ヵ月前

問11 **解答** A＝4（制動装置） B＝2（8トン）
C＝8（整備管理者） D＝7（保安基準）

問12 **解答** 3

1：誤。自動車は長さ12m、幅「2.5m」高さ3.8mを超えてはならない。

2：誤。車両総重量「7トン」以上のものの後面には、後部反射器のほか、**大型後部反射器**を備えなければなりません。 ×5トン

3：正。

4：誤。タイヤの溝の溝の深さはいずれの部分においても「1.6mm」（2輪車は0.8mm）以上の深さ。 × 0.8mm

3. 道路交通法関係

問13 **解答** 4

1：誤。路線バス等が後方から接近してきた場合に道路における交通の混雑のため車両通行帯から出ることができないこととなるときは、「当該車両通行帯を通行してはならない」。 ×通行できる

2：誤。車両は、道路の中央から左の部分の幅員が「6m」に満たない道路において、他の車両を追い越そうとするときは、道路の中央から右の部分にその全部又は一部をはみ出して通行することができます。 × 8m

3：誤。車両は、**道路外の施設又は場所に出入するため**やむを得ない場合において**歩道等を横断するとき**等は、歩道等に入る直前で「一時停止」し、かつ、歩行者の通行を妨げないようにしなければなりません。 ×徐行

4：正。

問 14 解答 4

1：誤。**最大積載量 4,850kg、車両総重量 7,980kg** の貨物自動車は「**中型自動車**」。
準中型自動車は、最大積載量 2トン以上 4.5トン未満、車両総重量 3.5トン以上 7.5トン未満。

2：誤。**人の乗降、貨物の積卸し、駐車又は自動車の格納若しくは修理のため、道路外に設けられた施設又は場所の道路に接する自動車用の出入口**から「**3m**」以内の道路の部分は、**駐車禁止**。 ×5m

3：誤。**交差点の側端又は道路の曲がり角**から「**5m**」以内の道路の部分においては、**駐停車禁止**。 ×10m

4：正。

問 15 解答 A＝カ（100） B＝エ（60）
C＝イ（40） D＝ウ（50）

問 16 解答 3，4

1：誤。車両等は、交通整理の行われていない**交差点に入ろうとする場合**において、交差道路が優先道路であるとき、またはその通行している道路の幅員よりも交差道路の幅員が明らかに広いものであるときは「**徐行**」しなければなりません。 ×一時停止

2：誤。車両等は、横断歩道等に接近する場合には、横断歩道等によりその進路の前方を横断し、または**横断しようとする歩行者等があるとき**は、横断歩道等の直前で「**一時停止**」し、かつ、その通行を妨げないようにしなければなりません。 ×停止するような速度で進行

3：正。

4：正。

問17 **解答** 1，2，4

1：誤。**通学通園バスの側方を通過**するときは、「**徐行**」して安全を確認しなければなりません。 ×できる限り安全な速度と方法で進行

2：誤。交差点又はその直近で横断歩道の設けられていない場所において**歩行者が道路を横断**しているときは「**その歩行者の通行を妨げてはならない**」。 ×一時停止

3：正。

4：誤。**身体障害者用の車椅子が通行しているとき**は「**一時停止**」しまたは「**徐行**」してその通行を妨げないようにしなければなりません。 ×側方を離れて走行

4. 労働基準法関係

問18 **解答** 1

1：正。

2：誤。解雇の予告の規定は、「**季節的業務に「4ヵ月」以内の期間を定めて使用される者**」に該当する労働者について、「当該者が法に定める期間を超えて引き続き使用されるに至らない限り適用しない」。 ×6ヵ月

3：誤。**労働契約は、**期間の定めのないものを除き、一定の事業の完了に必要な期間を定めるもののほかは、「**3年**」を超える期間について締結してはなりません。 ×1年

4：誤。労働契約の不履行について労働者の同意があっても違約金を定め、または損害賠償額を予定する契約をすることはできません。

問19 **解答** 4

1：誤。労働者の過半数で組織する労働組合がない場合は「**労働者の過半数を代表する者**」と書面による協定をし、行政官庁に届け出た場合において、法定労働時間・法定休日に関する規定にかかわらず、その協定で定めるところによって労働時間を延長し、休日に労働させることができます。 ×使用者が指名する労働者

2：誤。明示された**労働条件が事実と相違**する場合においては、労働者は「**即時に**」**労働契約を解除**することができます。　×30日前に使用者に予告

3：誤。使用者は、**労働者の死亡又は退職の場合**において、権利者の請求があった場合においては「**7日**」以内に**賃金を支払い**、労働者の権利に属する金品を返還しなければなりません。　×30日

4：正。

問20 解答　A＝2（15時間）　B＝2（450キロメートル）
C＝1（2回）　D＝2（16時間）

問21 解答　1，2

1：誤。運転時間は2日（始業時刻から起算して48時間）を平均し1日当たり9時間、2週間を平均し1週間当たり「**44時間**」を超えないものとします。　×40時間

2：誤。隔日勤務の2暦日における拘束時間は、一定の要件に該当する場合を除き「**21時間**」を超えてはなりません。　×20時間

3：正。

4：正。

問22 解答　1

拘束時間は、1ヵ月は284時間を超えず、かつ、1年について3,300時間を超えてはなりません。ただし、労使協定により、1年について6ヵ月までは、1年について3,400時間の範囲内において、310時間まで延長することができます。1ヵ月の拘束時間が284時間を超える月が、連続3ヵ月を超えてはなりません。

1．適合。

2．不適合。1ヵ月の拘束時間が284時間を超える月が連続3ヵ月を超え、連続4ヵ月（12月から3月まで）となっています。

3．不適合。12月の拘束時間（311時間）が310時間を超えています。

4．不適合。1ヵ月の拘束時間が284時間を超えて310時間までの月が、7

ヵ月（4月、6月、7月、11月、1月、2月、3月）となっています。

問23 解答 3

1日の拘束時間は、始業時刻から起算して24時間をいいます。なお、フェリー乗船時間は原則として休息期間として取り扱います。各日の拘束時間は次のとおりです。

1日目：15時間＝(終業20時－始業3時)－休息期間（フェリー乗船2時間）

2日目：13時間＝(終業17時－始業5時)＋翌日1時間（5時－4時）

3日目：14時間＝(終業21時－始業4時)－休息期間（フェリー乗船3時間）

4日目：15時間＝(終業20時－始業6時)＋翌日1時間（6時－5時）

5日目：11時間＝(終業16時－始業5時)

正解は3。

5. 実務上の知識及び能力

問24 解答 1，2

1：正。

2：正。**運行管理者は、点呼の総回数の$\frac{1}{3}$以上実施**（補助者は$\frac{2}{3}$以下）。

3：誤。②過去「**3年間**」点呼の違反に係る行政処分又は警告を受けていないこと。　×過去1年間

4：誤。Gマーク営業所である**営業所と当該営業所の車庫間**で行うIT点呼の実施は、**時間の制限はありません**。同一事業者内の**営業所間**については1営業日のうち連続する**16時間以内**としなければなりません。

問25 解答 1

1：正。空走距離は**時速72km÷3.6**(3600秒×1000m)＝**20m**。
停止距離（53m）＝空走距離（20m）＋制動距離（33m）

2：誤。自動車のハンドルを左に切り旋回した場合、左側の後輪が左側の前輪

の軌跡に対し「内側」を通ることとなり、この前後輪の軌跡の差を内輪差という。大型車などホイールベースが長いほど内輪差が「大きく」なります。

×外側 ×小さくなる

3：誤。前の自動車と追越しをする自動車の速度差が大きい場合には追越しに「短い」時間と距離が必要になります。 ×「長い」時間と距離

4：誤。「速度抑制装置」とは、当該トラックが「時速 90km」を超えて走行しないよう燃料の供給を調整し、かつ、自動車の速度の制御を円滑に行うためのものです。 ×時速 100km

問 26 解答 1，2

1：正。

2：正。

3：誤。健康診断個人票は作成して「5 年間」保存。 ×3 年間

4：誤。飲酒は、個人差はあるものの、体内に入ったビール 500mℓ（アルコール 5%）が分解処理されるのに概ね「4 時間」が目安。 ×2 時間

問 27 解答 4

1：誤。同一速度で走行する場合、カーブの半径が「小さい」ほど遠心力は大きくなるため、カーブを走行する場合の横転などの危険性があります。

2：誤。速度を $\frac{1}{2}$ に落として走行すると遠心力の大きさは「$\frac{1}{4}$」になります（遠心力は自動車の「速度の 2 乗」に比例）。

3：誤。速度が **2 倍**になると衝撃力は「4 倍」になります（衝撃力は自動車の「速度の 2 乗」に比例）。

4：正。

問 28 解答 2

1：誤。これは「フェード現象」の説明です。 ×ベーパー・ロック現象

2：正。

3：誤。二輪車は速度が実際より「遅く」感じたり、距離が「遠く」に見えた

りする特性があります。　　×速く ×近く

4：誤。**ABS を効果的に作動させる**ためには「ブレーキペダルを強く踏み続ける」。　　×ポンピングブレーキ操作を行う

問 29 **解答**　**ア＝2，イ＝1，ウ＝1**

ア：C 地点と D 地点の距離の求め方は、時速×時間です。所要時間は 2 時間 20 分（15:10－12:50）。平均時速 60km は 1 時間に 60km 進むので、2 時間で 120km 進む。20 分は 1 時間の$\frac{1}{3}$である。時速 60km で$\frac{1}{3}$時間を進むと 20km。C 地点と D 地点の距離は、合計 140km（120km＋20km）が正解。

イ：D 地点と A 営業所の所要時間の求め方は、

距離÷時速 $\left(\text{計算式は}\frac{50\text{km}}{\text{時速}40\text{km}}\right)$。時速 40km は 1 時間に 40km 進むので、1 時間の他に$\frac{(50\text{km}-40\text{km})}{\text{時速}40\text{km}}$。$\frac{10\text{km}}{\text{時速}40\text{km}}=\frac{1}{4}$時間。

時計をイメージして 60 分の$\frac{1}{4}$は 15 分。合計で 1 時間 15 分。

A 営業所の帰庫時刻は D 地点の出発時刻 16 時 10 分から 1 時間 15 分後の 17 時 25 分が正解。

ウ：往路は、A 営業所と B 地点の所要時間の求め方は、前述と同様、

距離÷時速 $\left(\text{計算式は問題文のとおり}\frac{160\text{km}}{\text{時速}60\text{km}}\right)$。時速 60km は 1 時間に 60km 進むので、2 時間の他に$\frac{(160\text{km}-120\text{km})}{\text{時速}60\text{km}}$。$\frac{40\text{km}}{\text{時速}60\text{km}}=\frac{2}{3}$時間。時計をイメージして 60 分の$\frac{2}{3}$は 40 分。合計で 2 時間 40 分。

B 地点と C 地点の所要時間の求め方は、前述と同様、時速 40km は 1 時間に 40km 進むので、1 時間の他に$\frac{(60\text{km}-40\text{km})}{\text{時速}40\text{km}}$。$\frac{20\text{km}}{\text{時速}40\text{km}}=\frac{1}{2}$時間。

時計をイメージして 60 分の$\frac{1}{2}$は 30 分。合計で 1 時間 30 分。

つまり、2 時間 40 分運転の後、荷積み 20 分、運転 1 時間 30 分となり、運転開始から通算で 4 時間（運転中）時点では、運転の中断は途中 20 分しかなく、運転の中断が 30 分を満たしていないため、違反（復路は違反は

ない)。

問30 **解答** **1：オ、2：エ、3：ア**

【交通場面の状況】を確認し、①＜運転者が予知すべき危険要因＞1～3に対する＜運行管理者による指導事項＞を個別に確認します。②二輪車、自転車、歩行者にスポットを当て、＜運行管理者による指導事項＞の中から、最もふさわしいものを解答とします。
1：オ（二輪車）、2：エ（自転車）、3：ア（歩行者）

運行管理者試験合格の8つの心得

運行管理者試験に合格するためには、次の「8つの心得」を参考にしてください。

1. “必ず合格するぞ！”という強い意志を持つこと！

合格を目指して、自らが「必ず合格するぞ！」という強い意志を持つことが大切です。身の回りの人にも合格を公言し、自分にプレッシャーを与えることにより、学習せざるを得なくなる環境を作ることも一つの方法です。

2. 毎日1時間以上は学習すること！

毎日、学習を計画的に少なくても1時間以上継続することが大切です。1時間は取れないと思われがちですが、昼休み時間や休憩時間などの隙間時間を活用すれば取ることは可能なはずです。継続こそが、合格への近道！です。

3. 楽しみながら学習すること！

学習することにより、これまで知らなかったことを知識として習得することができる喜びを実感してもらいたい。運行管理者試験は各分野で、各2問不正解でも合格できる試験ですから、心にゆとりを持って学習してください。

4. 苦手な分野を作らないこと！

運行管理者試験に合格するためには、30問中18問の正解に加え、実務上の知識・能力は2問以上の正解、その他の分野は1問以上を正解することが必要となります。決して苦手な分野を作ることなく、各分野、万遍なく得点できるように学習をすることが大切です。

5. 重要な「語句」、「数字」は、工夫して覚えること！

運行管理者試験は覚えることがたくさんあるため、単に覚えようとするのではなく、頭の中で、できる限りイメージを描いて覚えるようにしてください。

例えば、「追越し禁止場所」の設問で、危険な場所であることをイメージして覚えておかないと、勾配の急な「下り」坂のところを、勾配の急な「上り」坂として出題されても間違いに気づかないことになります。

6. 黙読するより、声を出し、紙に書いて覚えること！

参考書を黙読するだけでは、頭の中ではわかったつもりでも、問題を解くと、意外に正解できないことがあります。しっかり覚えるためには、声を出すこと、また、紙に書いて覚えることをお勧めいたします。

7. 覚えるまで、何度も繰り返すこと！

“人間はそもそも忘れる動物”であることを念頭に置いて、くじけることなく、覚えるまで、何度も繰り返しの学習をしてください。

何度も繰り返すことにより、頭の中で知識が定着するものなのです。

8. 最後まで絶対に諦めないこと！

学習を始めるからには、合格するまで決して諦めないでください。必ず合格してください。

運行管理者試験の直近及び当日の心構え

1．試験の1週間前からは、試験モードにするように頭を切り替えること！

試験の1週間前からは、生活を試験モードに切り替えて、学習の総まとめに集中してください。

特に、試験前日の学習の総まとめは、その場で覚えたことを忘れることなく、試験に臨むことができるため、とても有効です。試験前日の学習の総まとめができない方は、試験当日、試験会場に出発するまでの時間を使って、最後の“おさらい”をしてください。

2．気持ちに“ゆとり”を持って試験に臨むこと！

運行管理者試験は、正解率60%で合格できる試験と心得て、気持ちに“ゆとり”を持って試験に臨んでください。

3．初めてみる問題に戸惑わないこと！

本試験では過去問にない出題が必ずあることをあらかじめ承知しておいてください。試験会場では常に平常心を保ち、戸惑わないようにしてください。初めてみる問題は、他の受験者も同じですから、落ち着いて問題を解いてください。

4．わかる問題から解き始め、わからない問題は後回しにすること！

問題の解答は1問につき2分を目安に、わかる問題から解答してください。わからない問題や時間のかかる問題は、後回しにして、残りの時間で解答するようにしてください。なお、行き詰まったら、深呼吸をしたり、背伸びするなどして、気分転換をするようにしてください。

5．設問の「問い」をよく確認すること！

設問が「正しいもの」を求めているのか、または「誤っているもの」を求めているのかを確認してください。次に、「正しいもの」または「誤っているもの」の数は1つなのか、2つなのか、すべてなのか、を確認してください。

例えば、「正しいもの１つ」であれば、「○１」、「誤っているもの２つ」であれば、「×２」と、配付されるメモ用紙に記載しておくとミスをなくすことができます。

6．消去法により正解を導くこと！

設問を解答するに当たって、１肢ごとに「正解」と思うものを「○」、「誤り」と思うものを「×」、「不明」なものを「△」とメモ用紙に記載し、「△」は残った時間で再度見直してください。正解をズバリ求めることができなかった場合には、消去法によって正解を導き出してください。

7．長文に惑わされないこと！

本試験では、修飾語または括弧書きによって長文となる設問があります。このため、まずはキーワードとなる「語句」または「数字」を確認してください。「語句」または「数字」だけで正解に導くことができる場合があります。

8．最後まで諦めないこと！

これまで学習してきたことの集大成として、今回の試験を、“最後”と肝に銘じて、90分間の試験時間を最後まで有効に活用してください。

解答にあたっての５つのチェックポイント！

設問を解答するにあたって、次の５つのチェックポイントを確認することにより、誤りの設問に気づくことがありますので、参考にしてください。

1．語句または数字が、置き換えられていないか！

<出題例>

停車とは、車両等が客待ち、荷待ち、貨物の積卸し、故障その他の理由により継続的に停止すること（貨物の積卸しのための停止で５分を超えない時間内のもの及び人の乗降のための停止を除く。）、又は車両等が停止し、かつ、当該車両等の運転をする者がその車両等を離れて直ちに運転することができない状態にあることをいう。（道路交通法）

下線部分の「停車」は、正しくは「駐車」です。似た語句を置き換えて出題されたケースです。

2．文章（語句）を挿入されていないか！

<出題例>

貨物自動車運送事業とは、一般貨物自動車運送事業、特定貨物自動車運送事業及び貨物軽自動車運送事業（及び貨物自動車利用運送事業）をいう。（貨物自動車運送事業法）

正しくは、「貨物自動車運送事業とは、一般貨物自動車運送事業、特定貨物自動車運送事業及び貨物軽自動車運送事業」です。本来含まれていない「（及び貨物自動車利用運送事業）」が挿入されています。

3．文章（語句）が、削除されていないか！

<出題例>

事業者は、事故惹起運転者に対する特別な指導については、やむを得ない事情がある場合又は外部の専門的機関における指導講習を受講する予定である場合を除き、当該交通事故を引き起こした後、再度事業用自動車に乗務を開始し

た後１カ月以内に実施する。（貨物自動車運送事業法）

正しくは、「事業者は、事故惹起運転者に対する特別な指導については、交通事故を引き起こした後、再度事業用自動車に乗務する前に実施する。ただし、やむを得ない事情がある場合」です。下線部分が削除されています。

4. 語尾が置き換えられていないか！

（例）①「しなければならない」を「努めなければならない」に
②「できる」を「できない」に
③「ある」を「ない」に

＜出題例＞

使用者は、労働者の国籍、信条又は社会的身分を理由として、賃金、労働時間その他の労働条件について、差別的取扱をしないように努めなければならない。（労働基準法）

下線部分の正解は、差別的取扱を「してはならない」です。語尾が置き換えられています。

5. 極端な表現のある問題は、誤りの問題と疑え！

①「すべて」

＜出題例＞

運行管理者は、事業者から運行の安全の確保に関する業務を行うため必要な権限を与えられているが、運行管理者の勤務体制上その業務のすべてを運行管理者が適切に行うことは困難である。したがって、点呼については、事業者が選任する運行管理者の補助者にすべて一任しており、当該補助者は、日々の点呼の実施による運行可否の判断やその記録及び当該記録の保存までを行い、これを運行管理者に報告している。（実務上の知識及び能力）

正しくは運行管理者は補助者にすべて一任することはできず、「運行管理者は、点呼の総回数の 1/3 以上をしなければなりません。」

②「必ず」

＜出題例＞

車両等（自転車以外の軽車両を除く。）の運転者は、左右の見とおしのきかない交差点、見とおしのきかない道路のまがりかど又は見とおしのきかない上り坂の頂上を通行するときは、必ず警音器を鳴らさなければならない。（道路交通法）

正しくは「道路標識等により指定された場所を通行しようとするときは、警音器を鳴らさなければならない」であり、「必ず」ではありません。

③「限定」または「限り」

＜出題例＞

睡眠時無呼吸症候群（SAS）は大きないびきや昼間の強い眠気など容易に自覚症状を感じやすいので、事業者は自覚症状を感じていると自己申告をした運転者に限定してSASスクリーニング検査を実施している。（実務上の知識及び能力）

正しくは、睡眠時無呼吸症候群（SAS）は自覚症状がない人がいるため、SASスクリーニング検査を実施するときは「全員の運転者」を対象としなければなりません。

④「いかなる場合であっても」

＜出題例＞

左折又は右折しようとする車両が、法令の規定により、それぞれ道路の左側端、中央又は右側端に寄ろうとして手又は方向指示器による合図をした場合においては、その後方にある車両は、いかなる場合であっても当該合図をした車両の進路を妨げてはならない。（道路交通法）。

正しくは、その後方にある車両は「その速度又は方向を急に変更しなければならないこととなる場合を除き」、当該合図をした車両の進路の変更を妨げてはならない、であり、いかなる場合であってもではありません。

⑤「写し」

＜出題例＞

自動車は、自動車検査証又は当該自動車検査証の写しを備え付け、かつ、検査標章を表示しなければ、運行の用に供してはならない。（道路運送車両法）

正しくは、自動車は、「自動車検査証」を備え付けなければなりません。「写し」を備えることはできません。

⑥「省略することができる」

＜出題例＞

事業用自動車が高速自動車国道において、路肩に停車中の車両に追突したため、後続車６台が衝突する多重事故が発生し、この事故により６人が重傷、４人が軽傷を負った。この場合、24時間以内においてできる限り速やかに、その事故の概要を運輸支局長等に速報することにより、国土交通大臣への自動車事故報告書の提出を省略することができる。

正しくは、国土交通大臣に速報することにより、自動車事故報告書の提出を「省略することはできません。」

索引

す

せ

そ

た

著者紹介

山田 信孝（やまだ のぶたか）

株式会社WINGジャパン代表取締役
東京ウイング社労士事務所代表
特定社会保険労務士、行政書士

運送業のコンサルティングに携わる傍ら、国土交通大臣の認定機関として株式会社WINGジャパンの基礎講習・一般講習を実施している。運行管理者試験「合格講座」（貨物・旅客）は、合格率が高く、わかりやすいとの定評がある。関東のトラック協会、バス協会において、運行管理者試験対策の講師を、長年務めている。
関東運輸局部長、観光庁室長、独立行政法人自動車事故対策機構審議役を歴任。
独立行政法人自動車事故対策機構第一種講師・第一種カウンセラー。産業カウンセラー。
主な著書に『運行管理教科書 運行管理者〈旅客〉テキスト＆問題集』（翔泳社）がある。令和４年春の叙勲（瑞宝小綬章）受章。山口県出身。

株式会社 WINGジャパン
https://win-wing-japan.co.jp

東京ウイング社労士事務所
https://sr-yamada.jp

装丁　結城 亨（SelfScript）　　DTP　株式会社明昌堂

運行管理教科書

運行管理者〈貨物〉テキスト&問題集 第３版

2017年10月23日　初　版 第１刷発行
2024年 6月17日　第３版 第１刷発行

著　者　山田 信孝（やまだ のぶたか）
発行人　佐々木 幹夫
発行所　株式会社 翔泳社（https://www.shoeisha.co.jp）
印刷　昭和情報プロセス株式会社
製本　株式会社国宝社

本書へのお問い合わせについては、ii ページに記載の内容をお読みください。

造本には細心の注意を払っておりますが、万一、乱丁（ページの順序違い）や落丁（ページの抜け）がございましたら、お取り替えします。03-5362-3705 までご連絡ください。

ISBN978-4-7981-8456-2　　Printed in Japan